Col·lecció Ramon Llull
Sèrie Biografies i Memòries/4

La col·lecció RAMON LLULL, diversificada en vàries sèries —novel·la, biografies i memòries, assaig, etc.—, vol oferir, sempre dins l'àmbit de la llengua catalana, els títols més representatius de la vida i de la cultura d'avui. Fidel al que representa el nom que ha pres com a emblema, el del genial polígraf mallorquí, estarà oberta a tota curiositat intel·lectual, que aspira presentar als lectors catalans amb el màxim rigor i llibertat d'esperit.

Marià Manent.
Biografia íntima i literària

Aquesta biografia obtingué el Premi de les Lletres Catalanes Ramon Llull 1995, concedit pel següent jurat: Maria Teresa Bosch, Carme Riera, Pere Gimferrer, Gabriel Oliver, Valentí Puig, Carlos Pujol, Antoni Vilanova i Marcel Plans, que actuà de secretari.

Albert Manent
Marià Manent.
Biografia íntima i literària

Premi de les Lletres Catalanes
Ramon Llull
1995

PLANETA

Aquest llibre no podrà ser reproduït,
ni totalment ni parcial, sense el previ permís
escrit de l'editor. Tots els drets reservats

© Albert Manent, 1995

© Editorial Planeta, S. A., 1995
Còrsega, 273-279, 08008 Barcelona
(Espanya)

Realització de coberta: Departament de
Disseny d'Editorial Planeta (foto © Pilar
Aymerich)

Il·lustració interior: Arxiu de l'autor

Primera edició: abril de 1995

Dipòsit Legal: B. 13.643-1995

ISBN 84-08-01489-7

Composició: Víctor Igual, S. L.

Paper: Offset Rotoform, de Clariana, S. A.

Impressió: Duplex, S. A.

Enquadernació: Serveis Gràfics, S. L.

Printed in Spain - Imprès a Espanya

ÍNDEX

Justificació	9
Capítol I/La formació intel·lectual i moral d'un jove noucentista. La família i el lleure	13

Manent i Cisa, dues velles nissagues de Premià, *13*; El pare i la mare. Marià fill únic, *16*; Un alumne estudiós i brillant, *20*; Inicis literaris. Formació intel·lectual i moral, *21*; Una passió jovenívola: la cacera, *25*; Premià de Dalt, petit paradís, Joana. Densitat de lectures: 1914-1918. Patriotisme, *29*; Formació i amistat literàries. Primera feina remunerada, *36*; Les estades a Samalús. Empleat de la Caixa de Pensions des de 1915, *39*.

Capítol II/L'esplet d'una vocació literària	45

Mestre López-Picó, *45*; La mort del pare, *46*; Companys de generació. *El Camí*. Amics morts en flor, *49*; Mestre Ruyra, *52*; Premis a Jocs Florals (1915-1920), *54*; Primer llibre publicat: *La Branca*, *58*; Mestre Josep Carner, *63*; Mestre Eugeni d'Ors, *66*; Altres grans amistats literàries: de «Guerau de Liost» a Carles Riba, *69*; Altres companys de generació: Joan Salvat-Papasseit, Tomàs Garcés, Josep Maria de Sagarra, Josep Pla, Rossend Llates, Jaume Bofill i Ferro. Militància i teorització noucentista, *71*; Presència o col·laboració en revistes de grup: *Ofrena*, *L'Instant*, *Terramar*, *Monitor*, *76*.

Capítol III/La consolidació pública d'una vocació literària: poeta, traductor i crític	79

Sonets i odes de J. Keats, *79*; *La collita en la boira*, *82*; *El llibre de la jungla* de Kipling, una traducció clàssica, *84*; Fundador d'«Amics de la Poesia» i director de *Revista de Poesia*, *85*; Lectures. Una salut feble. L'encís de Premià i de Viladrau. Joana, encara. El dietari contra l'oblit. Amistats eclesiàstiques, *89*; Propietats urbanes i rústiques. Dimiteix de la Caixa de Pensions. Copropietari de la imprenta Atenas A. G. Nacionalisme creixent. Mort de la mare, *98*; *L'aire daurat*, versions de poesia xinesa. Viatges. Casament, *104*; *L'ombra* i el postsimbolisme, *112*; *Poemes* de Rupert Brooke. Col·laborador de *La Veu de Catalunya*, *116*; *Notes sobre literatura estrangera* i *Quaderns de poesia*, *119*; La guerra civil (1936-1939) *125*.

Capítol IV/La primera postguerra	137

Retorn a Barcelona. Sense feina fixa. Temences i estretors econòmiques. L'exili interior. Uns mesos a Tarragona. El recer de Sant Gervasi, *137*; Treballs per a l'editorial Lucero. Crisis de salut. La família creix. Mort de la tia Alberta, *142*; Viure de traduccions. La Caixa de la Diputació. Josep

Zendrera i l'editorial Joventut. Amics i tertúlies. La por d'una nova guerra mundial, *149*; Dels estius al Mas de Segimon. Lectures. El *hobby* de l'art com a complement econòmic. Una antologia de la poesia anglesa en tres volums. Lenta represa de les activitats i les publicacions en català. L'amistat amb Carles Riba, *160*.

Capítol V/Un món literari, viu i condicionat   177

Els Congressos de Poesia. *Poesia anglesa i nord-americana*. L'obra poètica completa. Antologies. El retorn públic de l'obra de Josep Carner. Manent traductor en català i en castellà. Presència activa de l'escriptor en la vida cultural catalana, *177*; *La ciutat del temps* i el retorn del poeta, *187*; El «Contubernio de Munich» i *Cómo nace el poema*, *189*; Reunions periòdiques amb intel·lectuals castellans, *191*; Esdeveniments familiars i culturals, *194*; Noves versions de poesia xinesa. La «Lletra d'Or», *199*; *A flor d'oblit*, un dietari, *200*.

Capítol VI/Plenitud de la glòria literària   203

El vel de Maia, premi Josep Pla de prosa, *204*; La transició política. Altres amics. Els 80 anys. Versions poètiques de D. Thomas, Blake, Dickinson i MacLeish, *205*; Més versions poètiques. Premi d'Honor de les Lletres Catalanes. La poesia completa definitiva, *209*; Un altre dietari i quatre llibres de crítica i d'assaig. La mort a frec dels noranta anys, *211*.

Notes   215
Índex onomàstic   223

Justificació

Que un fill escrigui la biografia del pare és un fet insòlit o almenys singular. Hom té el risc d'ésser massa benvolent i més aviat acrític. I comprenc que un pudor excessiu hagi frenat algun projecte biogràfic com el meu. Tanmateix, un repàs apressat de la memòria històrica, amb l'ajut d'un amic, m'ha fet descobrir d'altres llibres semblants i relativament recents. Maria Rusiñol de Planàs va publicar uns records íntims sota el títol de *Santiago Rusiñol vist per la seva filla* (1950). Ramon Folch i Camarasa té una biografia, punyent i sentimental: *Bon dia, pare. Josep Maria Folch i Torres evocat pel seu fill* (1969). Roser Matheu treballà eruditament la biografia paterna: *Vida i obra de Francesc Matheu* (1971). I recentment ha sortit un llibre, pòstum, de Gabriel Maragall i Noble, un dels fills del poeta: *Joan Maragall, esbós biogràfic* (1988). Dins el nostre segle xx comptem, doncs, amb quatre biografies o semblances extenses d'escriptors catalans, escrites per filles o per fills dels biografiats. És probable que me n'oblidi alguna altra, però, a tall d'exemple, en tinc prou per no sentir-me una excepció única. D'altra banda, per afinitat vull esmentar *Un advocat del segle XIX: Maurici Serrahima i Palà* (1951), una biografia de l'avi, escrita per un nét escriptor: Maurici Serrahima i Bofill. I encara la curiosa, eruditíssima, i a estones divertida, obra de Martí de Riquer *Quinze generacions d'una família catalana* (1979), sobre la nissaga dels Riquer i que arriba fins al seu pare.

Una altra raó m'ha mogut a escriure la biografia del meu pare i és el fet que ja he publicat les de quatre escriptors de la generació noucentista: Jaume Bofill i Mates («Guerau de Liost»), Josep Carner, Carles Riba i J. V. Foix.

Aquesta biografia vol ésser, tal com ho aclareix el subtítol, «íntima i literària». M'ha semblat que jo tenia una posició de privilegi per aplegar i donar a conèixer notícies, anècdotes, ambients, opinions desconegudes del meu pare, comptant amb l'ajut del seu extens dietari, que dura mig segle, amb dos llargs intervals de silenci, però que abasta de 1914 a 1986. Ell, exigent i molt autocrític, en publicà una petita part, que considerà elaborada i fonamental literària. De la resta, dies abans de morir, em digué repetidament que no en publiquéssim cap més volum unitari, però no em demanà que no en féssim esmentats fragmentaris. Per això en aquesta biografia ben sovint parla el mateix Marià Manent, directament i entre cometes, o indirectament, quan em serveixo de la rica pedrera dietarística per reconstruir el mosaic de la seva vida. He comptat, naturalment, amb les vivències, els records i els aclariments sobretot de la meva mare, Josefina Segimon i Cisa, i de les meves germanes Roser, Maria i Fina o escadusserament d'altres familiars. I també amb la bona memòria d'algun amic.

No obstant això, ha calgut que m'endinsés en el paperam, força dispers, que conservava el meu pare, especialment retalls de premsa sobre la seva obra o algunes cartes, per poder arrodonir l'obra. També m'ha calgut fer recerca i descobrir en d'altres diaris, revistes o llibres referències a la seva vida i obra. M'ha servit molt l'excel·lent recull de Miquel Batalla *Bibliografia de Marià Manent* (Publicacions de l'Abadia de Montserrat, 1993).

Per no haver-ho d'escriure jo, quan vull emmarcar el conjunt de la seva obra literària o per explicar cadascun dels seus llibres, dono les opinions, quan les he trobades, de crítics o d'historiadors de la literatura, fórmula que em sembla més objectiva. La biografia aporta alhora informacions inèdites sobre els moviments culturals del segle xx.

Probablement en algunes planes algun lector trobarà excés de dades, com per exemple quan detallo les seves lectures en diverses èpoques, però m'ha semblat que així feia un servei als estudiosos.

La reconstrucció de la vida quotidiana, íntima i familiar, amb els gustos, les afeccions no literàries, les amistats de joventut o de maduresa i allò que s'anomena «petita història» és el fruit, combinat, de les notes de dietari i dels records personals o familiars.

Els lectors i els crítics hauran de jutjar aquesta biografia, íntima i literària, del meu pare, escrita també com un deure filial per tal d'oferir una semblança, ampla i minuciosa, però en tot abreujada, de qui fou per a mi mestre de vida, d'espiritualitat cristiana, de patriotisme i de cultura.

ALBERT MANENT

CAPÍTOL I

La formació intel·lectual i moral d'un jove noucentista. La família i el lleure

Manent i Cisa, dues velles nissagues de Premià

Premià de Dalt compta amb un poblat ibèric, molt conegut i excavat: la Cadira del Bisbe.[1] El nom del poble és tanmateix d'origen romà i ve d'una vil·la «Primiliana». El terme, amb els turons tan arrodonits i visibles, el bon terreny agrícola i l'abundor d'aigua, es configura com una zona molt apta per a la romanització. L'església parroquial, que té per patró sant Pere, ja és esmentada el 961.

El cognom Manent ve del verb llatí «manere» i, segons el diccionari Alcover-Moll, tant vol dir el senyor de la terra com el serf de la gleva, que hi ha de romandre lligat. En un pergamí de 1184, que es publicarà dins el segon volum del *Diplomatari de Poblet*, trobem que Esteve Albaigès («Steve Albeges») dóna Arnau Manent («Arnaud Manenti») com a marit a la seva néta («nepta») Barcelona («Barchinona») i com a aixovar els cedeix terra i una casa, al terme de Lleida, parròquia de Sant Martí.[2] Aquest és el primer Manent que he trobat documentat.

Fins ara els Manents més antics que trobem en documentació premianenca són Salvador i Antoni Manent que el 1469 venen unes terres a Berenguer Partella. I Bartomeu Manent que el 1470 fa una altra venda de terrenys a Joan Rosselló, de Teià.[3] Al fogatge de 1497, publicat el 1991 per Josep Iglésies, ja hi trobem «en Manent», sense especificar el nom. El mateix fogatge assenyala que aleshores Premià solament tenia quaranta caps de casa, o sigui uns cent vuitanta habitants. Al fogatge de 1553 (Barcelona 1979), també publicat per Iglésies, les famílies eren cinquanta-una o sia uns dos-cents trenta habitants. En canvi, al segle XVIII, que ha estat estudiat des del punt de vista agrícola i econòmic per Josep Viñals,[4] i concretament el 1787, Premià de Dalt, amb el barri de pescadors, anomenat «D'Avall», tenia 1129 habitants. El 1994 Premià de Dalt té uns set mil habitants i Premià de Mar uns vint-i-dos mil.

Resseguint fogatges, censos i l'ingent treball de Virgínia Martínez Martínez *Els cognoms premianencs* (1519-1975),[5] trobem que els Manent ja figuren als llibres parroquials entre 1519 i 1530. Mentre que Cisa és als documents de la parròquia entre 1570 i 1607, però el topònim del santuari de la Cisa, que té sota mateix Can Cisa, mas medieval, es documenta des del 995. Ambdós cognoms —Manent i Cisa— arriben, sense solució de continuïtat, fins als nostres dies, amb la particularitat que, partint de l'estudi de Virgínia Martínez, tots dos cognoms surten en els llibres parroquials cada segle i sovint. Cal afegir-hi que durant els segles XVII i XVIII van emigrar a Catalunya alguns Manent procedents d'Occitània, d'acord amb les notícies tretes de l'arxiu del bisbat de Barcelona. No oblidem que a Occitània hi ha un municipi molt antic que s'anomena Manent.

Al nostre arbre genealògic fins al meu pare hem pogut comptar tretze generacions amb el mateix cognom, sempre arrelades a Premià —el de Baix o el de Dalt— i amb l'ofici, amb una excepció, de pagesos, probablement amb un patrimoni mitjà i fins en un cas, el de Pau Manent i Martí (Premià de Dalt 1669-1754) que era masover de Can Figueres. Heus ací els noms, llevat del primer que no es coneix, dels caps de casa de dotze generacions: Melcior, Pere, Salvador, Josep, Pau, Ferran, Pau, Marià, Pau, Marià, Marià i Marià. Sens dubte el llinatge procedeix de la masia Can Manent, la casa més antiga de Premià de Mar, d'origen medieval, avui museu tèxtil. Però Josep Manent i Vilamala (Premià de Mar 1626-Premià de Dalt 1708) es va establir al nucli muntanyós del poble, on va morir. No sabem la data de quan va pujar-hi, però podem suposar que devia ésser al voltant de 1650 i que ell era, molt probablement, un cabaler. No devia tenir gaire patrimoni quan el seu fill, Pau Manent i Martí, consta com a masover de Can Figueres, una pairalia molt antiga, tocant a la Riera i avui dependència municipal de cultura. La branca d'Avall, o de mar, va continuar i ha estat inventariada en part gràcies a un arbre genealògic que arriba fins al segle XVII.[6]

Segons Francesc de B. Moll i Joan Coromines,[7] Cisa (també Sisa) ve de retallar una peça de roba o és el postverbal de cisar (pagar menys del que cal), però sobretot semblaria una reducció del nom Narcisa.

La nostra casa pairal, al Barri del Sant Crist, situada al número 5 del que fa una vintena d'anys es diu Passatge Marià Manent, és una construcció del segle XVIII, amb algun afegitó del XIX. No em consta que els Manent que pujaren de Premià d'Avall al de Dalt visquessin a Can Pau Manent, una gran masia en un torrent del poble, però no ho descarto.

A Premià de Dalt encara hi ha tanmateix Can Cinto Manent, però la casa sembla més moderna. De la nostra casa pairal, coneguda popularment com Can Pau Mariano (dos noms freqüents entre els caps de família) se'n deia també Can Marianet, perquè al meu pare de petit l'anomenaven així. Es tracta d'una típica masia de pagès, al cor del poble, on hi havia estable (ara cuina), cuina (avui saleta d'estar, amb una bella majòlica de sant Pau, de final del XVIII o de la primeria del XIX) i un celler on, fins fa una vintena d'anys, hi havia cup i mitja dotzena de bótes, més que centenàries, una de les quals conservava un excel·lent vi ranci. Enmig de la casa hi ha el pati, interior, petit, i un altre celler, que era descobert i ara és una altra cuina, i l'antiga comuna. Dalt al pis, pujant per una escala estreta, hauríem trobat dues cambres a la banda esquerra i quatre a la dreta, sense finestres fins que fa un quart de segle el meu pare en va fer obrir. Després ve l'antic graner, amb finestra i bigues vistes. A la sala d'estar de baix hi ha una llar de foc que va fer instal·lar, al voltant de 1950, l'escriptor John Langdon-Davies, que hi va viure uns quants anys. Del graner es puja a un terradet que té una gran vista.

Als antics cellers, avui transformats en habitatge, on viu permanentment la meva germana Josefina, hi ha encara la premsa de vi, de fusta de roure immutable, que porta data de 1838, o sigui l'any en què el meu rebesavi, Pau Manent i Abril, la va fer construir per vuitanta duros i dos rals, segons conta a les seves memòries, *Fets de Premià de Dalt* (Premià de Dalt, 1979). En aquest llibre, de vuitanta-quatre planes, l'autor explica fets destacats de la vida familiar i de les lluites polítiques entre moderats i progressistes que al poble va prendre caire violent. La casa té un hort, ara reduït perquè una part s'ha convertit en jardí d'una altra casa nova on estiueja la meva germana Roser i el seu marit Agustí Contijoch. En aquest lloc hi havia un safareig amb un cap de lleó, de rajola verda, per on eixia el raig de l'aigua, i unes majòliques del mateix color i del segle XIX, que emmarcaven el gran safareig. L'hort es rega d'una mina, que ve de la muntanya, sobre Can Mus, i que pertany a diversos propietaris.

Els Manent, com he dit, eren propietaris rurals i conreaven la terra. Pau Manent i Abril va ésser alhora recaptador de contribucions. El meu avi, Marià Manent i Pla, seria el primer que no faria permanentment de pagès i que de jove va córrer l'aventura d'Amèrica. Després s'establí a Barcelona, però conservava la casa pairal on tenia una petita destil·leria de vi i de licors.

Però l'amor a la terra, a l'agricultura, al bosc, als ocells i a les salvatgines ha estat l'herència més profunda que els Manent hem rebut de la nissaga familiar de Premià de Dalt.

El pare i la mare. Marià fill únic

El meu avi es deia Marià Manent i Pla, havia nascut a Premià de Dalt el 1869 i va morir a Barcelona el 29 de març de 1917. Sentia molt la vocació d'home de mar, tan freqüent al Maresme, i, a onze anys, es va fer grumet i va viure a l'Argentina, on després va treballar amb el seu germà petit, Josep, nat a Premià de Dalt el 1872, establert de jove a Buenos Aires i mort a Córdoba (Argentina) el 1916. Josep s'havia casat amb Rita Maristany i Maristany (el Masnou 1875-Córdoba 1962) i, llevat de Marià, que treballava a Avilés (Astúries) com a enginyer, els altres fills de Josep Manent i Pla emigraren a la República Argentina. Marcel morí a Buenos Aires els anys cinquanta i Rita, fadrina, i Josepa (familiarment Pepita) viuen a Córdoba on aquesta es casà amb un català, Josep Niell i Pagès, fill de Caldes, però descendent del Masnou. Han tingut tres fills: Arcadio, José y Graciela.

En la dècada dels anys noranta del segle passat el meu avi Marià s'associà amb un cosí germà per doble vincle, Anton Pla i Manent, nat i mort al Masnou (1865-1943). Tots dos explotaven la fusta dels boscos de la regió del Gran Chaco, al sud de la República Argentina. Anaven a cavall, armats amb rifle i en plena selva solien dormir en una hamaca que protegien amb una mosquitera. Com a talladors de fusta tenien indis. Quan se separaren, Anton Pla, que a catorze anys havia hagut d'anar-se'n a Buenos Aires, obligat pel seu pare, el qual era un gran terratinent, però van partir peres, continuà fent d'*indiano* i marxà a Mèxic on tenia una fàbrica de tabac i un *ingenio* amb un centenar d'indígenes que arreplegaven la collita i una guàrdia d'homes armats.[8] El meu pare explica en unes notes autobiogràfiques que, en complir quaranta-sis anys, «l'Anton Pla tornà al Masnou amb el propòsit de casar-se amb la noia més bonica del poble. Un dia, quan estaven parlant amb un íntim amic seu, va veure una noia que va agradar-li molt i ho va dir a l'amic. No serà difícil —va dir aquest—, perquè aquesta noia és filla meva». Es deia Ubalda Rosés, tenia vint-i-un anys, es van casar i del matrimoni va néixer una única filla, la novel·lista Walda Pla i Rosés.

La germana gran del meu avi es deia Francisca —o Paca, i després Paquita, entre la família—, era nada al Masnou el 1868 i es va casar amb Alfred Garriga, capità de vaixell mercant. Aquest no sabia nedar i no volia aprendre'n expressament perquè, en cas de naufragi, s'enfonsaria gloriosament amb el seu vaixell. El matrimoni va tenir cinc fills: Pau, Alfred, Anton, Marià i Carme. Els dos primers van provar de fer fortuna a Amèrica. Pau anà a l'Argentina a la primeria de segle i va morir, igual que Alfred, a San Juan. Anton fou el padrí de la meva germana Roser. I Carme durant la guerra va haver d'expatriar-se amb la mare a l'Argentina, però no ho va resistir i va tornar a Espanya abans que s'acabés la contesa. Des dels anys quaranta i fins que morí el 1978, venia cada diumenge a dinar a casa dels meus pares i era un més de la família.

El meu avi Marià, doncs, fou un *indiano* que no va arreplegar fortuna però sí que va fer un racó de diners. El meu pare contava que Marià Manent i Pla i Anton Pla un dia viatjaven en un vaixell mercant alemany. Menjaven amb els oficials i la cuina alemanya resultava repel·lent per als dos catalans. I al final de cada àpat, tos dos cosins s'alçaven cerimoniosament, com si els donessin les gràcies, i deien: «Sou uns porcs fotuts.» Els alemanys amb tota la cortesia contestaven: «*Danke schön*» (Gràcies). També es recordava el meu pare d'una cançó que el meu avi recitava, no se sap si melangiós o divertit:

Llora, llora, urutaú
en las ramas del yatay:
nunca se vio en Paraguay
un pájaro como tú.

El meu avi devia tornar especialment per casar-se. I ho va fer amb Maria Cisa i Quer, també premianenca, de can Pere Bernat, on havia nascut el 1871, per bé que morí a Barcelona el 1927. Es casaren al poble el 19 d'octubre de 1897. L'àvia Maria era una bellesa clàssica, amb la pell blanca i finíssima, la cara rodona, uns ulls una mica tristois i molta dolçor en el tracte.

L'avi va posar una botigueta d'objectes d'escriptori a Barcelona, que no va anar bé. Sembla que la família li havia contrariat la vocació marinera perquè el volien destinar per a comerciant.

El matrimoni Manent vivia, doncs, a Barcelona, al carrer del Doctor Dou número 11 i també Fortuny 30. Era una casa de quatre pisos, construïda els anys setanta del segle passat i que probablement havia comprat Isidre Quer i Sagristà, besavi matern del meu pare. Però al cap d'uns anys es traslladaren al carrer de Bailèn 95 i 97.

La relació familiar amb Amèrica i l'esperit una mica d'*indiano* va ésser un factor important dins la nissaga paterna. I venia de lluny perquè el meu besavi —que també es deia Marià Manent i Cisa—, deixà als tres fills en testament una casa a Buenos Aires, al carrer de Chacabuco números 1317-1323. Aquest avantpassat tenia negocis a l'Argentina i, en retornar a Catalunya, feia de pagès. El testament i segurament la venda d'aquest edifici, que era situat en un carrer, llavors famós, de la capital argentina, van produir tibantors entre el meu avi i el seu germà Josep. Finalment la casa fou venuda.

L'avi era alt, corpulent, amb un gran bigoti (un mostatxo) i un cert aire de seguretat i d'haver corregut molt de món. Devot de la família, feia molta pinya amb els seus.

Marià Manent i Cisa va néixer el 27 de novembre de 1898 al carrer del Doctor Dou i va ésser l'únic fill del matrimoni. El meu pare estimava i admirava molt el seu («el papà s'ha posat jaqué i fa molt de goig», diu una nota de dietari). Marià Manent i Pla era un bon humorista i li plaïa de fer acudits, de vegades dolents. Pare i fill, doncs, estaven molt compenetrats i el pare acompanyava Marià en algunes de les llargues sessions d'aguait per caçar ocells amb l'escopetó. La mare estava delicada de salut, sobretot per la bronquitis i les grips que agafava, i després patí d'artritisme. Per això passava alguns hiverns sense sortir de casa. Sortosament la seva germana petita, Alberta, que fou la meva padrina, duia el pòndol de la casa i era molt activa en tot i sabia manar.

La trilogia familiar sortia per Premià a passejar amb el fill i aquest i el seu pare ho acostumaven a fer per Barcelona. Fruit d'una visita que van fer tots dos al port és una impressió de dietari a la primavera de 1916: «Fa vent. Mar arrissada. Odor de port, odor marina, fetor de podridura ran dels barcos, odor de quitrà, navilis grecs amb la bandera pintada al costat per por dels submarins; grues, grans grues, barques petites, gusis qui solquen rabents el blau de l'aigua; un noi qui duu un caixó, ple de taronges, un adolescent abillat brutament i pobra qui ens mira des d'una goleta, vent, pals, cordatges, odor, pols, poesia del port! Poesia del port.» Salvat Papasseit, López-Picó i potser Garcés cantaren el port barceloní en el mateix període en què el meu pare, adolescent, en sentia l'encanteri.

El meu pare es va dir Marià per continuar la tradició familiar que s'encetà al segle XVIII amb el seu rebesavi, Marià Manent i Comas, i que va seguir amb el seu avi i el seu pare. Com a nom de pila no es coneix a Catalunya fins a mitjan segle XVII,[9] per bé que des del segle VI hi va haver al desert del territori francés de Bourges un ermità, Marià, d'observança molt rigorosa, que fins el 1816 no va tenir missa pròpia, se celebra el 19 d'agost i passa per alt gairebé a tothom. La família primicerament li deien «Mariano». Després ell s'acostumaria a signar Marian, que és la forma catalana tradicional. Així durà, intermitentment, almenys fins al 1923 en què hom li publicà una antologia de poemes dins la sèrie «Els poetes d'ara», que dirigia Tomàs Garcés. Després ell imposà el Marià, nom que havia produït alguna confusió còmica, sobretot entre els escriptors de Madrid que li escrivien anomenant-lo *«señorita María Manent»*, com, segons contava el meu pare, ho va fer Gerardo Diego els anys trenta. No obstant això, el seu sogre l'anomenava sempre Marian, d'acord amb el costum ancestral del Camp de Tarragona, d'on era fill.

Mare i fill també estaven molt compenetrats i Marià heretà alguns trets del caràcter de la meva àvia: suavitat, ordre, indulgència amb els altres i també una mirada un poc melangiosa. La mare vetllava molt perquè el seu fill anés polit i fes goig, sense estridències. Quan va complir els vint anys li regalà un ram de nard, una corbata i una ploma estilogràfica Waterman. Tot un símbol d'exquisidesa.

El dia de la Mare de Déu d'agost de 1912 Marià envià una felicitació a la seva mare en català, plena d'afectuoses ingenuitats i on firmava «Mariano». L'any següent la felicità amb uns versos, també molt ingenus i en català, i ja firmava Marian. Una felicitació pel sant del pare, probablement de 1914, traspua humor i el fa «baró, duc i marquès i comte de certs terrenys de Premià». Pel Nadal de 1912 trobem una felicitació en francès per al pare i la mare, escrita amb una cal·ligrafia perfecta i molt escolar.

Tinc la impressió que el meu avi no es guanyava gaire bé la vida. Les cases de Barcelona i de Badalona, a què em referiré més endavant, i la vinya de Premià donaven algunes rendes, però calia completar els ingressos familiars. I Marià Manent i Pla va muntar una destil·leria artesanal a la casa de Premià de Dalt. Jo n'he vist l'alambí, encara. I naturalment el celler. Es deia «*Fábrica de Licores y Anisados Mariano Manent de San Pedro de Premià*». Tenia unes belles etiquetes de les especialitats, «*Anís del Gamo*», «*Agua de Azahar*» i «*Vino añejo*». L'avi també venia rom i una anotació del dietari del meu pare, de 1916, precisa: «Avui el papà ha posat en infusió herbes per fer ratafia.» El meu pare explicava, cofoi, que de jove havia trepitjat raïms al celler de Premià.

Un alumne estudiós i brillant

El meu pare començà els estudis el 1908 al Col·legi Comtal (aleshores Condal) del carrer d'Ortigosa i Cameros, davant una part de l'edifici del Palau de la Música Catalana. De seguida es destacà per la memòria, la intel·ligència i aprofitament de les classes. Aquell mateix 1908, segons la memòria del col·legi, ja era el primer de la classe C 7a. Apareix en una fotografia amb el cap pelat i vestit de mariner: solament tenia nou anys. El 1910 i el 1911 figura també com el primer a les classes 4a B i 5a B. El 1912 el trobem en una fotografia entre els set alumnes de tot el col·legi que van guanyar els diplomes del gran premi en l'exposició de treballs escolars. El 1913 i el 1914 fou igualment el primer de les classes segona i primera, respectivament.

Marià va rebre una formació molt sòlida en idiomes, matemàtiques, lletres (especialment literatura castellana) i comerç. Sobretot aprengué molt bé el francès, atès que els germans de La Salle en llur majoria eren nats al país veí i el feien servir com a llengua habitual. En canvi, el català hi era bandejat, i fins i tot punit, com a tantes escoles de l'època. Simultàniament, i potser des de 1913, el meu pare feia classes setmanals d'anglès, als vespres i amb un professor nadiu, que va anar canviant amb els anys. Diria que devia aprofundir en la llengua de Keats durant vuit o deu anys. El 1914 al seu dietari anota uns projectes per a la distribució del temps. S'havia de llevar a les 7. De 8 a 9 economia política; de 9 a dos quarts de deu, taquigrafia; de 10 a 11, comptabilitat; de les 11 a les 12, lectures, poesia, treballs particulars. I al vespre un temps especial de pregària.

Aquell 1914 Marià acabaria els estudis i coronà així els de caire privat dedicats al Comerç, és a dir, sense passar per l'Escola oficial de Comerç. Entre els companys de col·legi recordava Sebastià Gasch, l'empresari Joan Uriach, els germans Joan i Josep Botey i els poetes Antoni Closas i Josep Maria Rovira-Artigues. I va ésser precisament al col·legi Comtal on se li desvetllà la passió per la literatura. Un professor, el germà Sécondaire, li encarrilà la vocació literària: «Encara recordo —va escriure en unes notes soltes el meu pare— que ens comentava deliciosament les *Faules* de Lafontaine.»

Inicis literaris. Formació intel·lectual i moral

Als nou anys sembla que publicà una poesia en una revista infantil.[10] Però la primera col·laboració que he trobat és de 1913 en una revista per a nois, anomenada *Els Follets*. Hi publicà el poema «Nocturn», que és una visió, ingènuament romàntica, de la nit.[11] Té cinc estrofes i les dues primeres fan així:

> *Ja és nit, i les tenebres misterioses*
> *avancen per la terra sens remor;*
> *el cel cobert per boires mig negroses*
> *dóna un misteri trist en la foscor.*
>
> *Ja és nit, i en la feréstega boscúria*
> *lo vent retorç els arbres gegantins,*
> *i, udolant, se'n baixa a la planúria*
> *fent cruixir les alzines i els vells pins.*

D'aquest mateix 1913 es conserva un recull manuscrit, *Poesies d'en Marian Manent i Cisa*, que inclou poemes de 1913 a 1916. Hi trobem una secció de «rims primerencs», que duen data de 1913. Després els altres poemes també són en llur majoria en un altre mecanoscrit de 1914 (que recull poemes de 1913) i un conjunt d'èglogues i una mena d'oda «A Catalunya», que comença així:

> *Avui ma lira s'estremeix i vibra*
> *tal com mon cor, en emoció ferventa,*
> *car vui cantar en ta llaor, oh Pàtria*
> *forta i gloriosa!*

Hi ha un altre recull mecanoscrit, *Rims*, amb quaranta poemes, que en bona part són copiats a *Poesies...* El títol tenia sens dubte la suggestió dels «Rims de l'hora», la secció que Josep Carner havia iniciat el 1911 a *La Veu de Catalunya*. El meu pare hi indica que es tracta de poemes de 1913 i 1914. Hi retrobem els temes populars i religiosos de la seva primera època, sovint sota el signe de Verdaguer: «Els aucells de Jesús», «El missioner», «Eucarística», a la Mare de Déu, etc. Un grup de poemes exalcen la natura: «Segant», «Visió d'hivern», «El poema de la Natura», «La serra»... Finalment hi ha els de temàtica històrica o llegendària: l'emperador Constantí, la «gesta d'un pastor», que subtitula «contalla medieval», el castell de Burriac, que té tanta requesta al Maresme, la batalla del Bruc i altres. El to sovint és bucòlic i amb trets romàntics, i l'emprempta novament verdagueriana i de Casas i Amigó, de qui tenia una edició de 1910 i eren autors preferits a l'adolescència. El 1909, amb motiu de la primera comunió del meu pare, Teresa Peix, parenta llunyana i sogra d'Eugeni d'Ors, li regalà *Eucarístiques* de Verdaguer en una edició molt ben relligada amb la versió francesa i una dedicatòria que diu: «*A mi querido primito y amiguito Mariano Manent y Cisa en el día de su 1ª Comunión, 30 de Mayo, Pascua de Pentecostés.*»

La formació que Marià va rebre als Germans de La Salle no va ésser purament intel·lectual sinó també moral i cristiana i el marcà amb una empremta indeleble per tota la vida. Al dietari trobem notes sovintejades de gran fervor religiós, d'invocació a Déu i a la Verge Maria i textos que comencen amb un «*in nomine Domine*». Per exemple el 1918 escriu: «Doneu-me el vostre ajut sense el qual mes obres foren perverses i nul·les i, com servent inútil, no us portaria cap guany a l'hora del gran Recompte.» I ens explica que, almenys dues vegades per setmana, anava a missa i a combregar i es confessava amb regularitat. I també assistia a l'acte de la congregació de l'escola, que s'anomenava «*sabatina*». Com a militant catòlic donava classes nocturnes de geografia a una escola obrera de les Corts i, a més, era vocal de la Joventut Catòlica. A la congregació donava conferències sobre temes d'actualitat. El 1915 i 1916 conta que havia fet exercicis espirituals amb un jesuïta anomenat Frederic Domingo, que després retrobà vora Tortosa, a l'Observatori de l'Ebre.

Marià sempre va mantenir una relació seguida i de molta confiança amb uns quants dels seus professors de les Escoles Cristianes.

Pel que hem trobat, el 1914 fou per al meu pare un any d'una gran creativitat poètica. La seva vocació, definida i ancorant-se, a través de les provatures poètiques i excercitant l'ofici, cercava el camí per a enfortir-se i cristal·litzar.

Un volumet, amb data del desembre i amb dibuixos a la ploma d'ell mateix, acuradament realistes, es titula *De la ciutat* i aplega deu sonets manuscrits. Es tracta de poemes força ben construïts, amb l'esforç de la rima, tot i que, en general, són immadurs i candorosos, llevat d'alguns llampegueigs poètics. Els sonets es refereixen a la tardor, a la neu, a la festa del Corpus, al capvespre, a un mendicant, al mar, al sol autumnal i a la catedral, a la qual dedica tres composicions. A remarcar la varietat mètrica i el barcelonisme, del qual s'enorgulleix i exclama: «oh ciutat, mon bressol!» Els poemes són escrits ja amb les normes fabrianes.

Del mateix any és *L'illot blau*, un quadern manuscrit de quaranta-quatre planes, que subtitula «rondalla de mar» i és il·lustrat amb dibuixos d'ell mateix. Escrit amb mètrica variada, generalment amb rima consonant i escadusserament alternant amb alguna assonant, conta la història d'una barca de pescadors: durant un gran oratge, Biel, fill d'una família molt pietosa, fou arrabassat per les onades. Tothom el donava per mort, però la Regina —la Verge de l'Ona, l'anomena el poeta— el va aguantar damunt l'aigua i el deixà en un illot blau, prop de la costa. Quan el rescataren, l'illot desaparegué. El poema duu un lema de fray Luis de León i del poeta noucentista Josep Granger. Tot ell traspua religiositat fervorosa, té una frescor il·lusionada, però també és força ingenu, per bé que en algunes estrofes hi ha ressons de *L'Atlàntida*:

Sinistre un llamp travessa la negra nuvolada,
i l'aigua l'il·lumina de tràgica claror;
i el tro, bramant horríson, con una fera irada,
sa música barreja, del mar amb la remor.

Les altes catarates del cel semblen obrir-se,
la pluja fueteja la barca i tripulants;
sa fúria el vent desferma; llavors apar oir-se
el bruit d'una batalla de monstres i titans.

Un altre recull, també inèdit, «Nous rims», és relligat, igual que els «Rims», duu data del gener de 1916, però només aplega composicions de 1915. Són vint-i-vuit poemes, copiats a màquina, amb els goigs de sant Isidre i a la Mare de Déu dels Dolors que, amb els de Sant Martí i Santa Cecília, tots publicats, i amb els inèdits de la Mare de Déu de la Cisa, són els únics que va escriure el meu pare i encara els dos darrers quan ja era molt gran.

Hi trobem «El roure abatut», que guanyà —com veurem— un premi als Jocs Florals de la Bonanova, un himne a l'esperança, l'himne a la previsió, que fou adoptat per la Caixa de Pensions, la «Roca del Cavall», topònim premianenc, l'ègloga d'una noia muntanyenca, un conjunt de poemes de caire religiós, la impressió d'un quadre de Modest Urgell, escrita en estrofes sàfiques, com les *Horacianes* de Miquel Costa i Llobera, i finalment l'«Oda a Catalunya», ja esmentada, que entronca amb el poema «La bandera catalana», d'un patriotisme ardent i escrit el 1920 perquè té més maduresa que els *rims*. Es publicà a *La Veu de Catalunya*. El meu pare explicava que l'havia escrit en un moment de polèmica nacionalista i coincidint amb la visita a Barcelona del rei Alfons XIII. El poema fa així:

De cara al sol, quin glatir desolat,
com si fossis una au mal ferida!
Digue'm quin vent et durà llibertat,
bandera ardent de ma terra colpida.

La falç reposa en el marge colrat;
es gronxa al lluny una vela adormida.
Ha mort la nostra cançó dins el blat
i fins la mar fa una veu entristida.

No sentirem cap remor de combat,
bandera ardent, que ens corones la vida?
El clam dels morts, com un bleix renovat,
sollevi el pit de la terra colpida!

I que tot l'aire glateixi abrandat
amb el batec de la nostra bandera.
Ja al lluny es daura una gran polseguera
i les roselles ensagnen el blat.[12]

Un company de col·legi, també poeta noucentista, Antoni Closas, a les seves memòries escrivia que quan el meu pare es va donar a conèixer, «per a mi fou una bona sorpresa, inesperada, car havia estat instruït al Col·legi Comtal dels Germans de la Doctrina Cristiana (com jo mateix), i en aquest Institut no s'hi donaven pas classes de català. La qual cosa suposava un veritable esforç per aconseguir aprendre'l».[13]

Una passió jovenívola: la cacera

Al dietari de l'estiu de 1914 ja surten nombroses relacions de caceres pel terme de Premià de Dalt i fins a la banda de Teià i Vilassar. Els caçadors anaven, generalment, bosc amunt fins arribar a alguns dels turons més coneguts (de Sant Antoni, d'en Pons, d'en Casas) i després, per la Brolla d'en Riera o per la banda contrària fins a can Bernadó, Sant Mateu, etc. L'afecció, caldria dir passió, per la cacera era compartida per un nucli decidit de premianencs que el meu pare va esmentant: en Jacques, en Pep Sagristà, en Fermí Serra, en Perico de can Buixó, en Pepito de can Pere Bord, el Ros, en Pepito de can Pumàs, en Pepet de cal Ballador i el cosí germà de Manent, Pere Cisa, de can Pere Bernat o en Genar Riera, tot un senyor rural, amo de la pairalia impressionant de can Riera, entreparent del meu pare i molt més gran que la colla de caçadors. Però l'inseparable company de Marià fou Jaume Xarrié, fuster, conegut per en Jaumet de can Vergés, amb qui tenia una amistat germanívola i al qual vaig conèixer encara en bona forma —fa més de trenta anys— i que l'acompanyava a muntanya amb tres o quatre gossos ensinistrats. Com diuen a Dosrius, els «apellava» (forma dialectal ben pròxima al llatí) i amb els crits estimulants la gossada s'enardia. El meu pare recordava, divertit, aquesta passió per la cacera i el ritual del vocabulari típic dels caçadors, especialment aquella frase que es deia cridant per advertir al company que el conill s'acostava: «Et baixa rajat!» De vegades ajuntaven una bona canilla i els gossos s'anomenaven *Viola, Roig, Rayo, Brillant, Kira, Pigat, Galp...* Però era més corrent que només sortissin un parell de caçadors amb dos o tres gossos. Un lloc d'aturada era Serviol, font famosa per a beure-hi. Se'ls alçaven guatlles mareses, tórtores o gaigs. I a la tardor grives o tords. Els caçadors premianencs eren incansables i adelerats i el delit els feia tirar a qualsevol cosa que es movia, inclosos els xibocs, tan lleigs, avui protegits per la llei i molt més escassos. També escometien les merles i els oriols i fins i tot les cotoliues, els sits i els esquirols. De molt jove Marià caçava pardals amb l'escopetó de perdigons i ho feia sovint amb Josep i Joan Botey, grans amics des del col·legi i que tenien una esplèndida finca i casa pairal a Premià de Dalt. També agafaven aloses amb mirallets. Els Botey anaven a caçar isards als Pirineus, amb un rifle Winchester, i després acompanyaren Nicolau Maria Rubió en els seus viatges de caça major a l'Àfrica.[14]

Els joves caçadors premianencs s'emocionaven quan s'alçaven perdius o conills. Al dietari (15 d'agost de 1915) consta que el meu pare va caçar el primer conill: ho escriu amb lletres majúscules. I aquell any el meu pare s'havia comprat una escopeta de marca Buffalo, del calibre 16, i ja sense els gallets a la part alta del canó. Els anys 1914 i 1915 l'entusiasme no es corresponia amb les peces caçades. Pel que es dedueix del dietari, erraven el vuitanta per cent dels trets. En una nota del 22 de setembre de 1914 el meu pare escriu: «En Jaumet ha tirat cinc tiros a les guatlles; jo tres i un a un xiboc i *no hem mort res*.» Val a dir que gairebé sempre calia encertar-los al vol i la vegetació i els arbres feien difícil de veure la peça amb prou temps o amb nitidesa. Però la passió era tan forta que sovint es llevaven a les quatre de la matinada per anar a Òrrius, dues hores lluny. No cal dir que, si era diumenge —sobretot a Barcelona— havien d'anar a la primera missa, especial per als caçadors, a les quatre del matí a Santa Maria del Mar. En una altra anotació de l'agost del mateix any el meu pare fa una petita crònica: «En Josep Botey va per les seves i en Joan Botey i jo pugem pels Olivers de l'Espaser cap a Serviol i anem baixant pel cantó de Teià, asseient-nos bona estona a la Roca de Cavall (que té la forma i el cap de camell). Mengem pinyons. Després ens trobem amb en Josep, que ha vist parar cinc cops les perdius, tirant una vegada, mes sense resultat. Esperem els xibocs al bosc del Remei. En veiem dos o tres, mes no tirem (Res).»

Quan el 1915 el meu pare va entrar a treballar a la Caixa de Pensions es va fer molt amic de dos dels homes forts de la casa, Josep Roset i Armand d'Arquer. Tots tres anaven junts a fer caceres en llocs allunyats del Maresme. Una vegada a Viladecavalls i més d'una a Sentmenat, on Roset estiuejava. Pel setembre de 1915 anaren al Montseny. El meu pare ho narra faceciosament: «Entrem triomfalment a Sant Celoni —on ens espera en Pere del Figueral— provocant tots nosaltres l'admiració de les noies rialleres de la colònia estiuenca, amb nostra *pose* de perdonavides cinegètics, això és, caçadors qui fan goig i no maten gran cosa.» En aquells anys s'escudaven dels fracassos dient que havien fet plomes o esplomissat algun ocell, encara que no hagués caigut. Els caçadors van comprar carn i dos tortells i es dirigiren a peu cap a Campins, en clar de lluna. El cementiri al fons recordava al meu pare una tela de Modest Urgell. Van sopar a la masia del Figueral i van dormir d'aquesta manera: «El senyor Roset en un catre; el senyor Arquer i el Narrador en un llit de matrimoni, sobre una màrfega, dura com un jaç de penitent. Tots tres en una mateixa cambra.» I a quarts de quatre, negra nit, ja es van haver d'alçar. En total hi anaven nou homes i set gossos. Van veure força conills i perdius però els van errar gairebé tots. Esmorzaren a la font d'en Guilló, passaren per Fogars de Montclús i dinaren al Figueral. Tot plegat: un sol conill com a trofeu! En una altra cacera, amb Roset i Arquer, després de vint trets, només va caure un conill.

El meu pare s'anà equipant com a caçador. Es comprà unes bandes verdes per a les cames («leguis»), que es lligaven com una gran bena, una cartutxera i un sarró. De vegades duia un barret amb una ploma anglicitzant.

Des de, probablement, el 1918 el meu pare, el senyor Roset i un tal Pujol, un tipus pintoresc amb un gran mostatxo i un poc matusser, passaven quinze dies a l'Aragó, sovint a la zona de Benasc i vivien en una caseta de peons caminers, sense aigua corrent. Bevien als tolls. I sortien cada dia, sobretot per a caçar perdius. Com que ja n'eren experts, en mataven moltes i, perquè no es passessin, les havien de «morcar», o sia treure'ls les tripes. També caçaven conills i alguna llebre. I cap al tard s'amagaven sota unes grans alzines, generalment solitàries en la deserta planura aragonesa, on s'ajocaven centenars de tudons que donaven un aire nou a l'arbre. Així en feien caure més d'un.

El ritual de les vacances caçant a l'Aragó va durar uns quants anys i d'aleshores el meu pare va pràcticament avorrir els animals caçats per a menjar-los. Però aquells dies de passió cinegètica i de lleure, deseixit de la família, sens dubte van ajudar-lo a madurar i a prescindir de la blanícia amb què l'afecte de la mare i de la tia Alberta el gomboldaven. Més anys enrera el dietari detalla cadarns insidiosos, grips llargues, gairebé anèmies i com anava, acompanyat de la mare, a prendre els banys, i per ordre del metge de capçalera era constant al Gimnàstic Mèdic.

El 1914 Marià anava a banyar-se i va aprendre a nedar. Conservem unes fotografies d'aquella època amb un vestit de bany de ratlles amples, que el fan semblar un presidiari.

L'escopeta del meu pare es va conservar fins al 1936. Amb la guerra, va agafar por i la va colgar, molt embolicada, al galliner de Premià. En descolgar-la, va sortir ferro rovellat. A la postguerra, com veurem, Marià no va perdre l'afició per la cacera, almenys durant alguns anys i me l'encomanà a mi, però també hi ajudà el meu avi, Domingo Segimon, un gran apassionat de caçar perdius a l'aguait o amb perdigot. Tanmateix el meu pare no trigaria a acontentar-se amb veure i descriure els animalons passejant per boscos i conreus o des de l'aguait, llegint.

Premià de Dalt, petit paradís. Joana. Densitat de lectures: 1914-1918. Patriotisme

La casa de Premià, situada enmig del poble, amb hort, aigua de mina, jardí arbrat, galliner, celler amb bótes velles i vi ranci, l'alambí del pare i el cup, era un centre d'operacions per al jove Marià. I encara hi havia la vinya del meu avi on anaven a collir raïm.

Aleshores Premià era un poble d'un miler d'habitants, força rural, però amb una tradició assegurada i triada d'estiueig. Alguns senyors barcelonins amb fortuna o de classe mitjana hi posseïen una torre o s'estatjaven en una pairalia que durant tot l'any conservaven els masovers.

El noi Manent hi coneixia tots els topants i un dels seus llocs preferits era l'Hort del Sant, un pagès bon jan, que encara es conrea i és a tres minuts de la casa pairal dels Manent. El meu pare hi passava moltes hores a l'aguait dels moixons o escoltant el seu beatífic propietari. Les llibretetes on apuntava impressions, lectures o coneixences noves, a més de reflexions espirituals o literàries, són escrites amb lletra menuda i atapeïda i, de tant en tant, hi senyoregen les notes de paisatge i fins i tot alguns dies —ben pocs— són escrites en anglès. «Jo crec que el paisatge ens domina», escriu el 1917. Marià hi exalça els turons hel·lènics, els conreus simètrics (abans que fossin engolits per les urbanitzacions), els pins rodons, o para-sol, els alzinars que regnen enmig de la brolla, la feresteguesa del bosc amb l'abundor de caça, i de bolets, la beutat sedant que tot ho embolcalla. I de vegades remarca el contrapunt entre el camp i la ciutat, com en una nota del 25 d'octubre de 1918 sobre l'encís de la lluna: «Aquella primordial importància que a les nits rurals agafa la lluna — aquella íntima amistat que jo sento envers la pàl·lida vetlladora que ens il·lumina el passeig nocturn dins la franca joia istiuenca — devenen, a Ciutat, una cosa apagada, un afecte ínfim i gairebé desapercebut. — Aquesta nit des del tramvia he vist la lluna que treia el cap tímidament damunt el terrat de les altes cases, damunt el fullam dels arbres alts. I he enyorat aquella gran lluna del camp que té per ella sola tota l'amplitud del cel i tota l'amor de la nostra mirada.»

Marià anava molt amb la família i només se'n deseeixia quan havia d'anar-se'n a caçar amb la colla d'amics. Devia ésser un fill modèlic, amatent, delicat, que no protestava. Tanmateix una vegada, pel 1914, els pares li van amagar l'escopeta —ho explica al dietari— perquè l'esperaven al bosc i no va comparèixer. Marià compartia la religiositat de la mare i de la tia Alberta, que s'havia afiliat a moltes associacions piadoses i coneixia una munió de clergues. També explica al dietari què feia els primers divendres de mes i no oblidava la meditació espiritual ni la comunió freqüent els dies de festa. La família Manent tenia molts parents a Premià i es feia amb tothom. De fora venien a veure'ls amb regularitat les famoses germanes Vilaseca, que vivien a l'Hospitalet, i una d'elles era casada amb un tal Cabot. Els visitants forasters eren sobretot amistats de la tia Alberta. Però del mateix poble Marià parla, de tant en tant, de l'oncle Pau Cisa, dit Cussó, que regentava una taverna on ara hi ha la merceria i alhora era l'empresari de l'òmnibus que feia el servei públic fins a Premià de Mar i que havia substituït la tartana. De la família venien força els cosins Marià, Anton i Carme Garriga i Manent els quals —ja ho he recordat— tenien dos germans a l'Argentina i un d'ells, en Pau, hi era des de la primeria de segle i el 1917 va fer un viatge per veure els seus. A l'estiu Marià —que solament tenia quinze dies de vacances— pujava i baixava diàriament i s'enartava a la nit escoltant les «notes líquides» dels gripaus i el cant de les granotes. Més d'una vegada amb els cosins havien llogat la tartana per a ells sols. Entre els entrants de la casa no mancaven Anton Pla, l'*indiano* del Masnou, que explicava aventures de quan era un potentat a Veracruz o la seva cosina germana Josefina Cisa i Cisa, casada amb un Cisa Boatella. Els Manent tenien minyona, generalment de la comarca, i Marià explica com una es morí «per un excés de fidelitat» i de no voler anar a veure el metge i d'una altra que l'acomiadaren perquè no sabia guisar. Mentrestant Marià continuava estudiant piano i sabia tocar l'harmònium. Una professora, Pepeta Jeremias, venia cada setmana. I li plaïa anar als concerts particulars, al mateix poble, per exemple a can Botey. A Barcelona tenia força tirada al Palau. Un dia amb Joan Arús anaren a escoltar-hi Robert Gerhard. Però amb els cosins i la gent de la colònia jugava al crocket, a cartes o passejaven per la carretera. Freqüentava també les exposicions de pintura i escultura. Al dietari fa comparances amb la pintura d'Urgell, de Mir o de Galwey. El teatre era un esplai familiar, hi anaven tots i en una de les sessions Marià presentà Joaquim Ruyra als pares. El 1915 va assistir al casament del seu cosí germà Pere Cisa i Cisa amb Maria Massachs. Al dinar al Mundial hi havia vint-i-dos convidats. Les visites del noi Manent als germans de la Salle —Lleó i Carles, sobretot— eren sovintejades. I la família Manent era habitual a les festes del poble, algunes dedicades a la colònia. De vegades els acompanyava la tia Paquita. Marià ens conta que el 1916, per Sant Pere, Aureli Capmany va organitzar ballets a la plaça de Premià i que aquell any hi va haver dues festes majors: la de can Ramon d'en Buxó i la de dreta, o sia la de l'alcalde «Jaumet Torres». Per celebrar la fundació de les Conferències de sant Vicenç de Paül un any el meu pare hi llegí versos, una nena del poble recità un poema de Teodor Llorente, hi parlà mossèn Ricard Aragó i mossèn Antoni Batlle s'encarregà del cant i de la música. En una festa del Sagrat Cor també parlà el meu pare i representaren una mena d'auto sagramental del canonge Baranera.

L'estiu de 1916 Marià conegué Joana Maria Tura, set anys més jove que ell. A poc a poc la noia es convertí en una musa, en una petita Ben Plantada. Era una adolescent, no casadora encara, però el platonisme del jove Marià lentament es convertí en enamorament. El 1918, sobretot a l'estiu, hi ha constants notes sobre ella al dietari. N'espigolarem algunes com a mostra: «De vegades recordo Joana Maria, una petita amiga cubana, la de les trenes d'or com el froment madur, la del llavi fresc i vermell com una petita cirera. Una nit de lluna es queixava de tenir massa enteniment. I una altra nit, blanca i frescal, es complavia oint les rondalles que jo deia i em mirava amb un gran embadaliment d'infant» (12 de gener). O bé: «És el temps, Senyor, de recordar la petita amiga llunyana, pressentint les joies de l'istiu que ens vénen a l'encalç. La trobaré un xic més alta, con el lilàs i l'eucaliptus del jardí. Durà encara aquell pàl·lid vestit blau, vaporós com les aurores? Tindrà als ulls el mateix celestial candor? La cirera dels llavis serà un xic més madura i quan vinguin les pures vetles del setembre, potser en comptes de rondalles *de riure* em demanarà rondalles d'amor» (1 de maig). O també aquesta escena deliciosa i dolçament ingènua: «Avui, a través de les paraules de Joana, somreia la faç del vell Horaci. Després de l'ofici, érem al jardí. Ella em contava una novel·leta d'en Folch i Torres. Després hem parlat del sarau i, en dir que jo volia anar prompte a dormir, ella m'ha respost: "Home de seny. Després, quan seràs vell, et sabrà greu d'haver-te donat aquesta mala vida. Ens hem de divertir, ara que som joves." O petita deliciosa horaciana de 12 anys, com te'n riuries tu, ara, del Naiden [sic] llefiscós i com et fóra bona, no gens menys, una lectura de pur ascetisme! Ha sigut ma deixebla de piano i resplendia d'aital encís que les paraules s'esvaeixen. La tarda hem anat al ball: vestit color de rosa. No ha ballat i n'estava enfadada. El vespre a sarau. Vaporós abillament color clar. M'ha dat una rosa. He maleït la meva horror a l'aprenentatge dels balls, amb una angúnia dolorosa» (25 de juliol). Aquest *flirt* es va allargar encara set o vuit anys, però mai no va cristal·litzar en cap compromís i, a través del dietari, es veu que ella marcava sovint distàncies, de vegades mortificadores. Finalment es va esvair. Però aquell agost de 1918 consta en el dietari que Marià va escriure el «Sonet americà» que publicaria a *La collita en la boira*:

> *La donzelleta del vellut vermell*
> *no sé si es xilena o paraguaia.*
> *Té el rostre bru del mar i del solell.*
> *Té un chor de joves com la dea Maia.*
>
> *Sembla que escolti l'au del paradís*
> *i em digui al cor: «Quin nou somriure esperes?»*
> *quan ella passa vora les palmeres*
> *davant la mar color d'aigua amb anís.*
>
> *Entre la ratlla de les seves dents,*
> *com en les cambres d'un palau d'ivori,*
> *se m'hi perden un poc els pensaments.*

> *I voldria ésser l'au del paradís*
> *per coronar d'un càntic il·lusori*
> *la palmereta que li fa ombradís.*[15]

El noi Manent ressenya alguna de les obres de teatre que, entre 1914 i 1918, anava a veure amb la família o amb els companys. A part el teatre popular castellà —Muñoz Seca, Benavente—, s'interessa per Guimerà o Sagarra i explica l'impacte que li va fer l'estrena de *Foc nou* d'Ignasi Iglésies.

Marià tenia força relació amb el senyor rector de Premià i sobretot amb el vicari, mossèn Antoni Batlle, el futur mentor dels Minyons de Muntanya. Aquest va ésser al poble el 1914, escassament un any. Pel setembre se'n va anar a estudiar ciències a la Universitat. Marià li llegia els versos i li consultava qüestions. Tots dos coincidien en el gust per les lletres i la música. Tocaven el piano a quatre mans i van intimar molt. Es deixaven i regalaven llibres...

A divuit anys el jove Marià començava a ésser conegut com a literat en els ambients que freqüentava i a la comarca. Així el 1915 el vicari de Vilassar li demanà uns versos per a una vetllada. També en aquells anys va fer el poema de primera comunió de Quimet Bruguera —fill de la seva estimada mainadera Filomena Zazurca—, de la Tereseta de can Pere Xic, de Pere Castellet, amb el qual era parent de parents, i també va escriure una poesia dedicada a mossèn Ildefons Muñoz per a l'àpat que li dedicaven per haver-lo fet director de la congregació de sant Estanislau de Koska, que depenia del col·legi Comtal.

Les excursions en tartana o a peu eren un dels plats forts dels Manent. Anaven bastant a Sant Mateu pel camí del bosc, a l'ermita del mateix nom, d'origen romànic, que corona el terme de Premià de Dalt. Una vegada —conta al dietari— hi resaren el rosari i hi cantaren els goigs. Tot caminant era freqüent que s'arribessin al bosc de Sant Sebastià o al turó d'en Pons. Sabem per la seva «crònica obscura i humil de ma vida» (el dietari) que el 1916 passaren uns dies a Tarragona i van sojornar a casa d'una tal Conxita, que surt sovint. Hi va veure mossèn Jaume Bofarull i hi va conèixer el poeta Joan Antònio i Guàrdias, que era promès amb una telegrafista. Manent ens fa una bella descripció del viatge en tren fins a l'Espluga per visitar Poblet. També sortia d'excursió amb els germans Josep i Joan Botey i en feia de més llargues, com una de detallada, a sant Llorenç del Munt, on visitaren les coves de Simanya, dels Òbits i dels Corrals.

En aquella època Marià va començar una col·lecció de goigs, amb una donació inicial de mossèn Josep Mas, l'erudit historiador, que era nat a casa els ermitans de sant Mateu. Després la col·lecció s'estroncà. Marià feia també moltes fotografies que revelava ell mateix. I continuava estudiant anglès. El 1914 una epidèmia de tifus va fer estralls, no tants com el 1918, i es va estendre de la ciutat als pobles. Eugeni d'Ors va estar a punt de morir-hi i dedicà una glossa a la malaltia, com recorda el meu pare al dietari. Però van caure-hi companys d'estudis i d'oficina, que Marià esmenta amb desolació. El 1915 el meu pare explica, tot cofoi, que havia donat la mà a Francesc Cambó.

El 1918, havent mort el seu pare, de què ja parlarem, Manent escriu: «Començo a estar preocupat per la qüestió vivament enutjosa del servei militar.» Era fill de vídua, però tenia rendes i aquest fet era un entrebanc per deslliurar-se'n. Finalment no va haver de servir a l'exèrcit, però va anar el 1919 dos mesos a l'acadèmia «Ejército» on al vespre l'ensinistraven en les bececroles militars. D'altra banda, el germà Lleó li insistia que estudiés la carrera de dret, però amb la mort del pare el jove Manent no va gosar assumir més càrregues.

Una de les preocupacions de Marià foren els estralls de la primera guerra mundial. Al dietari remarca que el 1916 moriren el papa Pius X, el cardenal Vives i Tutó i el bisbe Josep Torras i Bages. L'inquieten tantes vagues i l'estat de setge a Espanya. Postil·la que «asseguren que tot això no és més que una maniobra sarsuelera d'en Romanones per a justificar el cop de forrellat donat a les portes de les cambres». Sent la joia per l'armistici i per les transformacions que durà a Europa. I hi afegeix: «Vivim dies de vibració patriòtica. Del forn de la guerra, n'ix el reconeixement de les nacionalitats. Aquesta és, doncs, l'hora de Catalunya.» Coincideix amb la campanya per l'Estatut a la qual s'adheriren el noranta-vuit per cent dels ajuntaments catalans. I Manent comenta encara els punts famosos del president Wilson: «Aquí veiem tots molt a prop la nostra autonomia política, seqüència obligada de l'autonomia espiritual. Catalunya serenament espera.»

El 1918 Marià s'afiliaria a l'entitat Nostra Parla, fundada

el 1916, de caire nacionalista mig radical i que es dedicà a la propagació de la llengua. En foren presidents Jaume Bofill i Mates i Lluís Nicolau d'Olwer. Al local de l'entitat el 1918 Manent hi escoltà la lectura de les *Geòrgiques* de Llorenç Riber i d'*Àmfora* de Ventura Gassol. També prengué part en un míting i en una lectura de versos propis. I el 24 de juny d'aquell any, amb Josep Maria de Casacuberta (que n'era el secretari), Felip Graugés, Josep Maria Girona, Josep Baró i Pere Barnils anaren a Vic a la constitució de la delegació de Nostra Parla. Aquell mateix any Manent evocava l'aniversari de la mort del president Prat de la Riba: «El Mestre, el Definidor (...) la seva memòria viu en cada batec de la Catalunya rediviva.»

De 1914 a 1918 Marià deixava constància dels llibres que comprava o que li deixaven. Val la pena de seguir-ne el rastre, a risc de fer-ne una enumeració feixuga.

Manent era client de l'Hormiga de Oro, de la Llibreria Verdaguer, dels Hereus de la Vídua Pla i de la Tipografia Catòlica Casals. El 1914 va llegir *Excursions i Viatges* i *Pàtria* de Verdaguer; *Pirenenques* de mossèn Anton Navarro; va comprar cinc volumets de «La Lectura Popular», llegí *Nerto* de Mistral, dedicat pel germà de la Salle, Eduard; comprà *Mireia* i mossèn Batlle li deixà *Castilla* d'Azorín. El 1915 comprà *Aprendizaje y heroísmo* d'Eugeni d'Ors, *Art i literatura* de Joan Alcover, *Las cien mejores poesías de la lengua castellana*, la *Gramàtica catalana* d'Emili Vallès i un estudi de Nartop sobre Kant, a més d'un fascicle del *Glosari*. El 1916 mossèn Antoni Batlle li deixà *Llibre d'històries* de Casellas i Marià començà a comprar *La Revista* de J. M. López-Picó i també els *Sonets* de Shakespeare, segons la versió de Magí Morera i Galícia. Igualment comprà *Nausica* de Maragall i llegeix *Vida Nova*, i més endavant la *Divina Comèdia* de Dant i també *Las moradas* de santa Teresa. Adquireix igualment *Poema de l'amor perdut* de Ferran Soldevila i volumets de la col·lecció Minerva. Li van deixar *La ben Plantada*. Comprà el *Primer llibre de poemes* de Sagarra i en llegí a la família els poemes «Mater lacrimarum» i «Rogatives a muntanya». Manuel Giral d'Arquer li deixà una antologia de Rubén Darío, obres de Valle Inclán i *Auques i ventalls* de Josep Carner. Marià comprà la revista *Ofrena*, de joves noucentistes, i els *Sermons panegírics* de Costa i Llobera, a més de *Lecturas es-*

pañolas d'Azorín i *Cants i al·legories* de López-Picó. El 1917 llegeix la prosa de Maragall, per sant Eugeni felicita l'Ors i es fa el propòsit de llegir de deu a onze de la nit. Mossèn Batlle li fa de mentor literari, a un nivell diferent de Ruyra. Manent compra Ronsard, Claudel, Verlaine i Francis Jammes. Giral li deixa *Turment froment* de López-Picó i li regala *El mal caçador* de Sagarra. I Manent llegeix l'*Odissea* en castellà i compra *Noves cançons* d'Arús, Racine, *El conde Lucanor* i *Platero y yo* de Juan Ramón Jiménez. A més *El nacionalisme* d'Antoni Rovira i Virgili i *Junior*, poemes de Lluís Bertran i Pijoan. Aquell 1917 Marià es va fer lector de la Biblioteca de Catalunya i també era soci de l'Ateneu Barcelonès. Comprà un llibre de Valery-Radot, llegia Poe en francès i comprà Pascal, Sòfocles i *I fioretti*. Va comprar la revista *D'ací d'allà* i els primers volums de l'editorial Catalana dels quals no li agradava la presentació. En canvi, li plaïa més la *Chanson de Roland* que l'*Eneida*, feixuga i artificiosa. Manent elogia «l'acerada i precisa expressió» de *Selvatana amor* de Guerau de Liost. Llegeix *Èdip Rei*, el *Càntic dels càntics*, Peguy (que l'influirà molt poèticament), Tagore, Wells i Kipling, a més de Louis de Cardonnell i Llull. Però continua fent lectures noves: Dickens, que li havia recomanat Ruyra, i l'*Antologia de poetes catalans moderns* d'Alexandre Plana: «Les crítiques d'en Plana —comenta al dietari— no tenen el fred encarcarament, la insuportable eixutor de l'erudicionisme.»

A la darreria del 1918 Manent subratllava la gravetat del moment polític a Catalunya: «Avui hi ha una gran tensió patriòtica. Manifestacions, crits, *Segadors*, *Marsellesa*, banderes voleiants i càrregues de la policia.»

Formació i amistat literàries. Primera feina remunerada

És a partir de 1918 que Marià va conèixer els grans escriptors: Josep Carner, Carles Riba, Josep Maria de Sagarra, Lluís Nicolau d'Olwer, Carles Soldevila («vívid, prim de cos, tan vívidament delicat d'esperit»)... No obstant això, el 1914 (octubre) ja havia escrit a Miquel Costa i Llobera tot enviant-li els poemes «La gesta del pastor», «Ple de jorn» i «El lliri».[16] I el 1916, segons explica el dietari, Eugeni d'Ors va escriure al jove Manent felicitant-lo perquè li havien donat «una bella entrada en el món de les lletres», referint-se, sens dubte, als premis que anava guanyant als Jocs Florals. Aquell mateix any Marià va anar a veure Francesc Matheu, el patriarca dels Jocs Florals. Joaquim Folguera li envià, dedicat, *El poema espars* i pel maig va assistir a can Martín al sopar dels redactors i col·laboradors de *La Revista*. Li presentaren Alexandre Plana i hi va fer amistat amb Josep Millàs-Raurell: «ardit, trempat, infantil».

Parlà amb l'Ors i escriu que li havia «exposat el projecte de viatge per Catalunya amb la fi d'estrènyer estretes relacions amb els *solitaris*». Marià se sentia fascinat per Xènius i per la seva voluntat d'exalçar, a través del *Glosari*, els qui a pobles i comarques treballaven en solitari per la cultura i per Catalunya. Al sopar s'assegué prop de J. V. Foix, «poeta cubista —escriu— amb qui he parlat sobre teories de futurisme, cubisme i *surrealisme*. Ell pensa fer proses d'acord amb aquesta última teoria». Pel juliol al dietari fa l'elogi dels oradors Eugeni d'Ors i Jaume Bofill i Mates de qui escriu: «Un pur artífex de l'oratòria. La seva paraula és precisa, pulcra i ondulant com els seus alexandrins.» Aquell 1918 va conèixer mossèn Jaume Barrera, que comentà *La Branca* des de la seva plana literària de *El Correo Catalán*.

Com veurem, els Jocs Florals foren el centre de coneixences amb escriptors, generalment de la pròpia generació. Un dels seus íntims amics fou mossèn Joan Puntí i Cullell (Manlleu 1896-1963), poeta popular i autor de teatre senzill. Sobre el primer llibre d'aquest, *Cofret de versos*, el meu pare comentava al dietari: «Un humor finíssim i escrutador, una visió poètica i exacta de les coses humils, un misticisme, adés ingènuament popular, adés dolorós i bíblic, amb un noble accent catalanesc.» Puntí l'anava a veure a casa sovint i sobretot quan Marià estava malalt. La relació amb els germans de la Salle era continuada. El dietari explica que el germà Lleó havia llegit a classe el seu poema «L'illot blau». I Marià enviava versos al germà Estanislau. També el 1914 el jove Manent en trameté a mossèn Anton Navarro i al canonge Jaume Collell. Aquest li respongué que tenia «l'emoció lírica», però li aconsellava que no escrivís gaire ni treballés per obtenir premis de fàcil conquesta als Jocs Florals «de vilatge» i que estudïi les grans obres, antigues i modernes. Josep Maria Girona, a qui conegué en un certamen floralesc, el 1917, li oferí casa seva i fou un dels seus interlocutors literaris en aquells anys. D'altra banda, Lluís Valeri li recomanà que traduís força i que fes seva la tècnica de la poesia que, segons Gauthier, és «una art dura com l'arquitectura». I que llegeixi molt, sobretot Carner i la prosa de Bernat Metge.

El 1917 li presentaren mossèn Eudald Serra i Buxó, fundador del Foment de Pietat, i mossèn Francesc Baldelló, gran musicòleg. Aviat, amb Baldelló, Manuel Giral, l'íntim amic, i Joaquim Civera i Sormaní varen assistir a conferències del Centre Tradicionalista. Els va rebre el poeta Josep Granger i hi trobaren alguns redactors de la revista *Ofrena*: Joan Capdevila i Rovira i J. Font i Casas. Hi van conèixer mossèn Llorenç Riber en una lectura i també s'hi llegiren fragments de *Mireio*, segons la versió catalana de Maria Antònia Salvà. Després Manent hi escoltà lectures de Granger i fins i tot de Ruyra. En aquella època, concretament en 1918, Manent parla al dietari d'escriure una novel·la, gènere que amb el temps negligí per manca d'interès, que titularia «Notes sobre la vida de Joan Oliver», quan encara el poeta no existia com a tal i ni es coneixien. Enmig d'un escreix d'anotacions sobre literatura, Marià sentia la preocupació pel bolxevisme (1918) i parlava dels valors socials del Cristianisme el qual «sense els errors del col·lectivisme utòpic (...) podia restablir entre els homes un regne de concòrdia i de veritable germanor».

En aquest període de quatre anys Marià col·laborà en algunes revistes no sempre de primera línia. Així a *La Revista* de López-Picó, on el 1916 publicà el poema «La guardadora d'oques» i a d'altres de joves noucentistes de Barcelona de què parlarem, i més escadusserament a *Cenacle* i *Ciutat* de Manresa, a través de Fidel Riu i Dalmau, un amic molt estimat: el 1926 i 1928 hi publicà dues versions de Blake. També a *Calendari Bloc Català* (1916) del Foment de Pietat, a través de mossèn Puntí, a *Revista de Vich* (on publicà una versió de Tennyson), a *El Niu Artístic* de Gràcia, i fins i tot a *Rosas y Espinas* dels pares dominics.

La tardor de 1914 Marià, acabats els estudis de comerç, cerca feina. Va veure el secretari del marquès de Comillas sense obtenir-ne res. I el germà Adolf el recomanà a Joan Mussons, un petit industrial que li oferí un lloc de treball però sense sou. El pare de Marià no ho acceptà i aleshores l'industrial proposà vint-i-cinc pessetes mensuals, mentre a can Casaramona (gavardines?) li'n donaven vint. Al número 23 del carrer de Trafalgar Mussons tenia un negoci modest d'instal·lacions elèctriques. El meu pare era l'únic dependent de l'escriptori i vigilava els pressupostos i els projectes de col·locació de maquinària elèctrica i feia fins i tot els plànols. També hi havia un fadrí mecànic; Manent hi treballà cinc mesos i mentrestant algú li buscava feina en una fàbrica de flassades. En aquest període Mussons va tenir malalts de tifus la dona, un fill i una filla.

**Les estades a Samalús.
Empleat de la Caixa de Pensions des de 1915**

Durant l'estiu era un ritu —i així ho anota ja al dietari de 1915— que els Manent, de vegades sense el pare, fessin estada a un altre racó paradisíac, però del Vallès: Samalús, un poble eminentment rural, més que Premià, i amb moltes masies escampades. Calia anar fins a la Garriga i amb la tartana d'en Xela fer cap a Samalús, on va viure tants anys el seu amic mossèn Ramon Garriga. Passaven uns dies a can Torrents, propietat de les Busquets, amigues de la tia Alberta, i que a Barcelona vivien al Pla de Palau. Marià jugava amb els fills dels masovers i hi anava a caçar. La perdiu hi abundava i el dietari descriu amb precisió alguna d'aquelles caceres, tanmateix amb ben poques peces abatudes, L'agost de 1915 Marià va anar a la festa major de Corró d'Amunt i els va fer una poesia. El dietari fa una altra precisió: «Me faig amic amb l'instruït jove i distingit folklorista en Josep Maria Batista [i Roca].» Aquest li duia tres anys de més i vivia a can Bot. El meu pare contava que, poc després, Batista va voler captar-lo per a un grup paramilitar que anava per les muntanyes vestit amb una mena d'uniforme militar i amb un teodolit prenia les distàncies de les cotes. Marià amablement li va dir que no sentia vocació per a aquella mena de tripijocs. No obstant això, la relació amb Batista i Roca fou sempre afectuosa i no dubto que va ésser ell qui el decidí a aplegar —el 1917— una quarantena de cobles i cançons de dansa de Gratallops, gràcies a la bona memòria d'una minyona, que n'era filla, i que servia a casa la ja esmentada senyora Conxita de Tarragona. L'aplec, a part un bon tou de corrandes, constitueix un repertori de cançons que es cantaven abans de la quaresma. El meu pare sempre en recitava una de molt bella:

> *Una pedra en veig lluir*
> *a l'altra part de riera,*
> *em pensava que era el sol*
> *i era una germana meva.*[17]

L'Arxiu d'Etnografia i Folklore de Catalunya conserva una carta del meu pare al seu director, Tomàs Carreras i Artau, agraint-li la tramesa d'un llibre i el fet que s'inscrivís com a col·laborador de l'Arxiu.[18] Més tard i aprofitant les caceres a l'Aragó, el meu pare féu un altre petit aplec de corrandes en castellà.

La Caixa de Pensions per a la Vellesa i d'Estalvi (aleshores amb el nom exclusivament en castellà) tenia el costum d'emplear els alumnes que havien obtingut el primer lloc a la darrera classe dels jesuïtes i dels *hermanos* de La Salle-Condal. Josep Roset i Salabert (Barcelona 1868-1960), havia estat fundador de la Caixa amb el president, Francesc Moragas i Barret, i aleshores feia de caixer. Roset procedia de Can Palau de Sentmenat i havia fet estudis contables. Va prendre contacte amb Marià el qual el primer de març de 1915, quan encara no havia complert els disset anys, entrà a la Caixa per fer-hi correspondència, passar a màquina les fitxes de saldo continu, oficis, etc. Però aviat va anar prenent noves responsabilitats i en pocs anys ascendí a secretari de direcció. Consta que amb aquest càrrec el 1924 cobrava sis-centes pessetes al mes. Ja l'abril de 1915 l'enviaren a Sant Sadurní d'Anoia a la primera festa anyal d'homenatge a la vellesa. Aquell mateix any féu parlaments a Premià de Dalt i Esplugues de Llobregat. L'any següent el trobem en una altra de semblant a Canet de Mar on hi havia la plana major de la Caixa. Dinaren al castell de Santa Florentina, propietat de la família del pintor Ramon de Capmany, amb qui lligà una forta amistat. Després Manent es llançà a fer conferències i actes de propaganda sobre la previsió i el 1916 consta que va fer un discurs a Piera. Parlava especialment en el repartiment de llibretes. La seva norma de vida fou sempre treballar amb il·lusió, atenció i perfecció. Entre els papers del meu pare hi ha un conjunt de discursos, de vegades llargs, sobre l'estalvi i les previsions de futur. Curiosament aleshores no tenia recança de parlar en públic, com s'esdevingué més tard. Cal afegir-hi que feien treballar molt els empleats de la Caixa. Amb motiu del balanç de final d'any 1917 anota al dietari: «A l'oficina pleguem a les deu de la nit.» L'any següent lamenta que les vuit hores de treball burocràtic el privin de llegir i de dedicar-se a altres coses: «Cultura espiritual, cultura física i exercici de l'amistat (...) Aquest viure tumultuós de la ciutat em porta quotidianament una gran dispersió d'esperit.» Mentrestant Marià aprofitava per fer entre els companys proselitisme literari i també patriòtic. Consta que a la primeria de 1917 va llegir a l'oficina «Mater lacrimarum» de Sagarra. Al dietari del gener de 1917 anota: «El Sr. Moragas em diu que està content dels meus serveis perquè treballo amb entusiasme i que d'aquest mes en endavant guanyaré un sou de vint-i-cinc duros.»

Una carta col·lectiva, del 8 de desembre de 1917, malauradament sense signatures i en esborrany, conservada a l'arxiu, s'adreça a la junta directiva de la Congregació de Maria Immaculada i Sant Joan Baptista de la Salle per demanar que els actes i les publicacions siguin en català. Comença així: «Els que sotscriuen han anat observant amb profunda estranyesa que als actes de la Congregació —amb raríssimes excepcions— és usada una llengua forastera, contràriament a l'objecte primordial de la nostra associació, això és, d'eficàcia religiosa. (...) Aquest costum que amenaça devenir una tradició funesta...» A mà el meu pare anotà que la junta havia aprovat que s'empraria el català i que es publicaria un manual del congregant en la mateixa llengua.

El 1917 Marià parlà en nom de la Caixa al patronat de les escoles de la Sagrada Família de Barcelona i el mateix any a l'Ateneu Obrer de Canet de Mar sobre «Desenrotllo de la previsió popular a Catalunya». També el 1917 assistí a un altre homenatge a la vellesa a Manresa amb l'estol d'autoritats. Els feia de cicerone el poeta Fidel Riu i Dalmau: «Ens acabem fent molt amics —escriu Marià— i ens tutegem», fet insòlit per a una generació que emprava normalment el vós. Pocs dies després assistí a una altra festa semblant a Igualada. Explica que hi parlà sense cap paper a la vista. Hi havia el bisbe de Vic, Dr. Muñoz. «Sóc molt agajasat», comenta amb il·lusió Manent, alhora que descobreix que el representant de la Caixa «és catalanista». El dietari conta altres anades a Tàrrega i

Cervera. I el 1918 una altra a Cornellà. Però la visita més important i de més «prestigi» seria la que va fer amb el senyor Moragas a Tortosa el 29 d'agost de 1918 i que durà gairebé un mes. Hi anaven a inaugurar la nova sucursal. S'estatjaren a cal Siboni, de molta tradició com a hotel-hostal i que encara existeix. Marià hi va fer força treball d'oficina i hi va dur molts diners. Però, com que coincidiren amb la festa major, ho aprofitaren per a unes vacances. Van visitar el parc, l'observatori de l'Ebre, la catedral, l'ermita de Mig Camí, l'assud... A l'acte inaugural hi parlà «el jove diputat, ídol de les comarques», sens dubte Marcel·lí Domingo, que retrata així: «Té una cara de sagristà reticent. La depressió de la barba i el llavi inferior i la finor dels llavis donen a la boca un aire de boca de serp. Parla amb seguretat i elegància.» Marià explica que llogaren una barca i que mentre Francesc Moragas remava, vestit de jaqué, ell duia el timó. Conservem unes quinze cartes que el noi Manent escrivia diàriament a la mare amb observacions sobre el caràcter, els costums i la llengua dels tortosins, l'harmonia del paisatge, etc. Per exemple descriu l'anada a l'assud: «Pel camí es travessa l'horta tortosina: moresc, garrofers, oliveres, fruiterars i moltes acàcies. A les vores del riu hi ha bells acoblaments de pollancs i àlbers blanques. És un gran espectacle l'arrenc dels canals, amb el soroll incansable de les aigües terroses.» Marià va viure des de dins les festes amb les curses de toros i de matxos, les batalles de flors, els balls, la Cuca Fera i els «concursos de góndoles en el riu». I en aquell viatge va conèixer els mossens Joan B. Manyà i Tomàs Bellpuig, puntals de la cultura catalana a Tortosa i protectors del Foment de Pietat Catalana.

També el 1918 Marià va haver de fer un viatge especial, carregat de responsabilitat a Lleida. Una falsa alarma havia provocat el pànic i la gent anava a carrera feta a treure diners de la Caixa. El meu pare comenta amb humorisme les incidències: «I a la tarda em teniu amb dues-centes mil pessetes i un revòlver a les butxaques, dins l'estómac gris d'un vagó renovat recentment, amb els bons companys Lleal i Domènech, comentant l'autonomia, la ductilitat actual de la nostra llengua, l'abillament de la guàrdia civil, l'essència de l'ànima i altres qüestions filosòfiques.» I hi afegeix: «Els deu haver esverat el rumor que teníem valors del Kaiser», fent referència a la derrota d'Alemanya a la primera guerra mundial. La temença dels impositors s'anà esllanguint i amb el reforç de diners que duia Marià van poder fer front a tots els pagaments. Tanmateix els tres amics ho aprofitaren per anar a un concert de l'Orfeó Lleidatà. L'endemà arribaren a Cervera i Marià, que s'impressionà amb la vella ciutat, dóna al dietari una pinzellada ràpida del moment: «Vora l'estació hi ha un camp de blat jove, verd i metàl·lic, tot moll de rosada brillant. Les muntanyes llunyanes són d'un blau inefable. (...) Pura dolçor d'hivern, més amable que la primavera.» El 1919 participà en actes a Vic, on féu estada, i a Badalona.

Manent sentia una mena de plenitud en el treball de la Caixa, tot i l'aridesa del càlcul i dels nombres. Pel desembre de 1919 va escriure faceciosament, després de l'esforç d'haver tancat el balanç de l'any i havent treballat de tres a nou del vespre: «El meu esperit s'allibera gentilment de la follia numèrica.»

Fins que el 1926 deixà la Caixa, el meu pare va fer encara alguna altra sortida per parlar en actes d'homenatge a la vellesa, poc reflectides al dietari, però es dedicà sobretot a la tasca de secretari de direcció.

CAPÍTOL II
L'esplet d'una vocació literària

Mestre López-Picó

Hem dit que el 1916 *La Revista*, fundada un any abans per Josep Maria López-Picó, publicà un poema de Manent. Es van conèixer als Jocs Florals de Girona de 1916 i el retrobà a la llibreria Verdaguer on, segons el dietari, es veieren pel novembre de 1916. Josep Maria López-Picó, com més tard ho farien Xènius i Carner, el va tractar paternalment, li comentà poemes seus que havia llegit en qualque revista i li'n demanà més per a *La Revista*. Alhora li pregà que l'anés a veure a la Societat Econòmica Barcelonesa d'Amics del País, una vella institució filantròpica del segle XVIII, de la qual el poeta era secretari. Com que no l'ofegava la feina, rebia moltes visites, podia pensar i fins escriure-hi versos. «Recordo amb emoció el dia —va escriure el meu pare— que vaig pujar per primera vegada l'ampla i ben dibuixada escalinata del carrer de Sant Sever [seu de la Societat Econòmica...] per portar-li una mostra de les versions de Keats [devia ésser, sens dubte, el 1918]. A mà dreta, per la finestra oberta, es veia el perfil del poeta, amb aquell petit floc de cabell rebel que solia envair-li parcialment el front. Passava els matins a les oficines de la Diputació i cada dia portava a la seva muller un ram de flors comprat a la Rambla. Un dia vaig evocar també el seu bastó amb el bell puny de plata, dissenyat per Manolo Hugé. El poeta solia pujar a peu per la Rambla de Catalunya. Cap a començos de juny, quan els til·lers d'aquell carrer que té per horitzó l'alegre cim del Tibidabo escampen la seva delicada aroma, veure pujar Josep Maria López-Picó en la plàcida llum barcelonina era contemplar la imatge d'un poeta feliç, o, per dir-ho potser amb més exactitud, d'un home feliç. Penso que dos mots podrien resumir la seva vida: regularitat i felicitat.»[19]

Marià començà a anar a la Penya del Continental, que presidia López-Picó, probablement el 1917. No hi mancaven Folguera, Nicolau d'Olwer, Junoy, Riba, Millàs-Raurell, Obiols, Crexells, Sagarra, Esclasans, l'escultor Enric Casanovas, Foix, etc. fins a passar alguns dies de la vintena.[20] El dietari registra que pel març de 1918 anà a buscar López-Picó per arribar-se a la penya literària. El meu pare escriví poc a «La Revista»: alguns poemes entre 1916 i 1918, unes quantes traduccions poètiques (generalment d'anglesos), també els primers anys, i en el mateix període algun comentari sobre Robert Vallery-Radot, Louis Le Cardonnel i Jules Romain. I també una crítica de *El bon pedrís* (1919) de Josep Sebastià Pons i que signava amb les inicials. A partir de 1922 pràcticament deixà de col·laborar-hi, entre altres raons, perquè escrivia poc i l'aqueferaven altres col·laboracions. No obstant això, el meu pare sempre va tenir una relació cordialíssima amb el poeta de *La invocació secular* de qui evocava algun dels seus poemes més lapidaris o clàssics i, després de la guerra civil, en rebia puntualment les nadales. I no oblidéssim que Publicacions de la Revista li editaren *Sonets i odes de John Keats* (1919), *La collita en la boira* (1920), *Poemes de Rupert Brooke* (1931) i *Notes sobre literatura estrangera* (1934).

El meu pare sempre va reconèixer el mestratge inicial lopezpiconià, la seva bonhomia, i, com era de consuetud entre els noucentistes que no havien estudiat junts, d'antuvi ja es tractaren de vós.

La mort del pare

Marià Manent i Pla estava delicat dels bronquis i del cor i sembla que patia un enfisema. El 25 de març de 1917 Anton Garriga, el cosí germà, anà a l'oficina a buscar Marià per dir-li que el seu pare s'havia agreujat. El doctor Ubach va indicar que calia dur-li el viàtic i que volia una consulta. Després de la comunió, el meu pare comenta: «Gran alegria nostra de que s'hagi reconciliat amb Déu, doncs feia molts anys que no anava a confessar-se. Ell també està molt content.» El metge va dir que «era un cas lleig». Li posaren ventoses i el malalt feia broma mentre enyorava beure a la font de Premià. I es refiava de no morir-se. En una llarga crònica el noi Manent explica entre altres coses, com el seu pare li va dir: «No et quedaràs sense pare, encara!» El pis era ple de família i amics: els cosins Garriga i els seus pares, Josep Maria Casabò —el futur polític de la Lliga— i la seva mare, els Botey, els Cisa i Cisa, etc. El 26 el pare va comentar mig bromejant: «Déu ha fet presa de mi. Jo era un *pillo* tants anys sense reconciliar-me amb Ell!» L'endemà la tos continuava i el malalt estava molt deprimit i s'acomidava de tots perquè «l'obsessió de la idea de la mort era absoluta». Diu que refusava les medicines perquè «ja creia que tot era inútil». A les 10 del matí del dia 27 hi va haver la consulta entre els doctors Ubach i Cerveto: el malalt estava molt greu. I va dir a Marià: «Fill meu, Nostre Senyor no em concedeix més temps per veure les teves gràcies!» Marià escriu que la situació era aclaparadora. Li administraren una purga. Semblava que havia millorat i que tenia més ànim. Veient que el fill resava el rosari, va dir: «Això és una casa religiosa! Jo era l'únic dimoni d'aquesta casa!» L'endemà, 28, van venir mossèn Antoni Batlle i els companys d'oficina. Van donar al malalt dues injeccions d'oli camforat perquè agafés forces. A la nit es quedaren a vetllar-lo quatre persones. Però el malalt tenia febre i molta bronquitis i una pleuresia. Sentia molt de malestar i suava. I hi havia estones que semblava que dormia. Per la crònica de Marià es veu el seu aclaparament i la temença que es mori el pare.

La matinada del dia 29 el pare tenia la idea fixa de la mort i suava enfebrat. El malalt anava menjant, prenent les medicines i bevent força. Va agafar ranera i desvariejava una mica. «Jo estava resant i sofrint molt al costat del meu pare», diu el cronista. El metge arribà de matí i, en veure'l tan malament, li receptà una medicina amb conyac. La família volia animar-li el cor i li donava xampany. Duia un crucifix a la mà. «Ha anat passant la tarda en l'agonia»... Va morir a tres quarts de nou del vespre. Desapareixia del món a quaranta-set anys i mig!

Sortiren esqueles a *La Veu de Catalunya* i a *La Vanguardia*. L'enterrament va ésser a l'església de la Concepció a dos quarts de dotze. El meu pare va apuntar una tria dels que hi assistiren: Ruibal, Lluch i Gassó i altres companys «americans», els cunyats d'Eugeni d'Ors, Alvarito i Fernando Pérez-Peix, una colla de veïns de Premià, tot el grup d'amics literaris de la revista *El Camí*, Arquer, Roset, Maluquer i Salvador, Josep Maria Girona, Eugeni d'Ors, Joan Ventosa i Calvell, els germans de la Salle, Lleó i Pere, Francesc Moragas, els cosins Garriga i Manent, els cosins Cisa, etc. i els mossens Puntí i Batlle el qual digué uns mots davant el panteó familiar al Cementiri Vell. El meu pare comenta: «Els cops dels enterradors per tal de treure la basamenta de l'ataüt i d'arreglar el ninxo dins la tomba sonaven bàrbarament (...) Que ens poguem veure novament en la pau dels Sants!»

El meu pare va restar desfet, aclaparat, físicament i moralment, i es ficà al llit. Sortosament els amics i la família li feren molt de costat. De seguida va venir la Setmana Santa i els funerals a la Concepció el 17 d'abril amb música de violí i de violoncel. També com a sufragi li feren dir quinze misses, com s'acostumava a fer fins al Concili Vaticà II.

Tanmateix el meu pare, al cap de deu dies ja va anar preceptivament a l'acte de la Caixa a Manresa de què hem parlat. La falconada havia estat molt forta i trigà molt a aconsolar-se d'aquella mort tan prematura. Al cap d'uns mesos li dedicà un poema, recollit a *La Branca*, «Mare dolor no em fou amiga...», on explica com era de feliç en aquella jovenesa daurada, de treball i de somnis literaris fins que morí el pare:

> *Però Dolor ve un temps que arriba:*
> *sempre ens espia per colpir,*
> *vaga, profunda i fugitiva*
> *com una boira del camí.*
>
> *Ella em sobtava en la gaubança*
> *de ma sonora joventut.*
> *I l'he obirada redreçant-se*
> *amb un gran gest de fortitud.*
>
> *Duia una magna cabellera*
> *i era formosa sota el vel.*
> *Amb veu llunyana deia: —Espera*
> *—i amb una mà signava el cel.*

Companys de generació. *El Camí.* Amics morts en flor

Mestres a part, Marià es movia dins un nucli d'escriptors joves, generalment no universitaris, que havien estudiat comerç, etc. i que sovint havia conegut als Jocs Florals o en les redaccions d'algunes revistes com *Ofrena* i *El Camí*. Rossend Llates a les seves memòries explica com el van anar a veure l'equip inicial de *El Camí* o potser d'*Ofrena*, —ell, Capdevila, Font i Casas i Tobella: no hi va venir J. A. Vandellòs— per demanar-li col·laboració. Llates ho aprofita per fer-ne el retrat: «El caràcter i la personalitat de Marià Manent em van fer una gran impressió. Les circumstàncies de la seva vida (haver hagut de fer de cap de casa molt aviat, a causa de la mort del seu pare i de ser fill únic) li donaven un aire més ferm i més entenimentat que a nosaltres, estudiantina fàcilment procaç, irresponsable i lleugera. Sota un aspecte suau i jovenívol i un somriure benignament irònic sense agressivitat, aviat endevinàveu en ell una fortitud moral i una orientació no gens comunes enlloc, i menys a casa nostra, on el paper de "bona persona", de "gent de be", gairebé sempre va encarregat a "fariseus" i "bútxares".»[21] Llates també conta com el meu pare li va fer llegir Claudel, Jammes, Kipling i després en llengua original Keats, Shelley i Coleridge. També diu que Marià li presentà Josep Carner i com durant anys a migdia invariablement acompanyava Marià cap a casa seva, fet que m'havia repetit el meu pare.

A l'exemplar de la revista *El Camí* el meu pare amb lletres majúscules hi va escriure: «Aquesta revista de joventut fou fundada per Manuel Giral d'Arquer, Joan Capdevila i Rovira, Rafel Tobella, Josep A. Font i Casas i Marià Manent. La primera reunió se celebrà el 4 de novembre de 1917.» Aquest text potser no lliga gaire amb allò que diu Llates. Tanmateix es devia tractar de l'equip d'*Ofrena* on, com veurem, Marià s'hi incorporà com a redactor. En uns fulls programàtics, que conservava el meu pare, el grup d'*El Camí* escriu que es tracta d'una «revista plenament nacionalista», adherida a les Joventuts Nacionalistes de la Lliga, de lletres i d'art, amb crítica, traduccions, «revista de revistes» i comptant amb la col·laboració de joves escriptors castellans, portuguesos, francesos i italians. Uns quants socis cotitzaven un duro mensual. Malauradament la revista, sense mecenes i amb poc públic, solament publicà sis números de gener a juny de 1918. Segons el dietari, es venia a les Galeries Laietanes i al Kiosc Barcelonès. La redacció es reunia a l'Ateneu i Juan Ramón Jiménez —de qui el meu pare va escriure al dietari: «Aquest poeta excel·leix en tots els gèneres»— els dedicà *Páginas escojidas*: «A mis amigos de *El Camí*.»

L'editorial del primer número fixava l'ideari: treballar per a l'obra col·lectiva en marxa, ajudar a «construir la nova pàtria». La publicació era plenament noucentista, però també s'obria a l'avantguarda i va publicar poemes de Vicente Huidobro, Revérdy (enviat expressament a la revista i inèdit) i Piere Albert Birot. El meu pare hi comentà *El cant geòrgic* de Fidel Riu i Dalmau, *El cant dispers*, de Joan Arús i les versions del *Càntic dels càntics* i *El llibre de Ruth* de Carles Riba. A més un article sobre el Foment de Pietat Catalana. Entre els col·laboradors s'hi compten —ultra els redactors— Raimon Negre i Balet, Llates, Ramon de Curell (que es deia Ramon Sastre), J. F. Vidal i Jové, Joan Vidal Salvó, Josep Carbonell i Gené (aleshores sense «r» final), Eusebi Isern i Dalmau, J. Pérez Jorba, J. A. Vandellòs i A. Torrents, de Vilanova i la Geltrú, a més de Josep Pla amb un sol article.[22]

El nucli de *El Camí* fou el més homogeni en què Marià es va moure. Però, després de la guerra civil, quasi tots havien desaparegut. El primer fou Manuel Giral d'Arquer, mort de tifus el 4 d'agost de 1918. Estudiant de Filosofia i Lletres, també treballava a la Caixa de Pensions i congeniaven molt: anaven sovint a veure exposicions, bescanviaven llibres i delícies literàries. Giral també feia dietari. Marià li dedicà una emotiva necrològica a *La Veu de Catalunya* (9 d'agost, sota el títol de *Manuel Giral d'Arquer*): «Veus aquí novament la pèrdua d'un noucentista, "fi com un patge" (...) No podrà ser lloat amb paraules inútils: en evocar la seva memòria, els mots hauran d'enllaçar-se amb profunda dignitat i noblesa.» I el 8 de novembre Marià l'evocava al dietari: «L'inversemblança de la mort es va esvaint amb la realitat de la dolorosa buidor que deixa al seu darrera. Només la fe, que reuneix en comunió cristiana els morts i els vivents, utilitzant els lligams poderosos del record, pot omplir aquesta buidor que deixen en la nostra vida els amats qui se'n van. Era el pare, el primer, que ens deixava. Després, l'amic. Un amic pulcre, discretíssim, amb una vocació íntima i exemplar per a l'exercici de l'amistat veritable. Un amic, per damunt de tots els amics, qui em lligava amb una sincera i recíproca "fraternitat de l'ànima". Senyor, féu que dins la vostra Eternitat poguem abraçar-nos novament.» El 1919 moria Joaquim Folguera, amic més llunyà, però al·ludit al dietari i sobre la poesia del qual Marià publicà un estudi a *Hispania* de París el 1919.[23] Un altre mort en flor seria Francesc Fontfreda, olotí, director de la revista *Vida olotina*, de qui el meu pare constata que era «esperit selecte», amic de l'Ors i de Guerau de Liost i amb el cos deformat pel reuma, com Folguera.[24] Un altra desaparegut prematurament seria Josep Antoni Font i Casas, nat com la majoria dels companys al final del segle, que morí a la guerra d'Àfrica entre 1921-1923. En una nota de dietari el meu pare el retrata humorísticament: «L'obès, anacrònic, joiós, caríssim amic.» I també Rafel Tobella que morí de peritonitis vers 1927.

Joan Capdevila i Rovira (Barcelona 1899-Sant Sebastià 1938) que estudià dret i fou advocat d'un banc, era un altre dilecte amic del grup i morí d'una bronconeumònia. El 1918 publicà el seu primer llibre, *La veu dins el matí*, sota la marca d'Edicions *El Camí*, versos que abans havia llegit a Nostra Parla. El meu pare judica l'obra al dietari: «Una constant elevació lírica, una música delicada i *precisa* i un gran acurament en el llenguatge són les característiques d'aquest poeta amic.» Jo el situaria dins el clima de la poesia que representa *La branca* de Manent. Capdevila publicà, el 1920, una traducció en vers de *Les flors del mal* de Baudelaire. I encara el 1925 *Poema d'amor*, però deixà la literatura.[25]

Des del 1917 Marià retallava de *La Veu*, *La Publicidad* i fins i tot *La Vanguardia* articles o poemes de Carner, Ors, Plana, Riba, Cardó, Josep Maria Capdevila, Crexells, etc. I es va subscriure a algunes revistes d'idees com *Revue des Jeunes*, òrgan del pensament catòlic jove de París.

I ben aviat se subscriuria també al *Times Literary Supplement* que va seguir durant més de cinquanta anys.

Mestre Ruyra

L'agost de 1915 Marià conegué Ruyra, president dels Jocs Florals de Sabadell, on guanyà un premi. El 12 de març de l'any següent Manent escrivia a Ruyra: «Mestre dilectíssim: ¿Vos recordeu d'aquell jove qui va tenir l'honor de parlar-vos en la festa dels Jocs Florals de Sabadell, de l'any passat, amb ocasió d'haver-li sigut premiada una composició retolada "La cançó del pagès"? Perdoneu-lo, doncs, si are ve a importunar-vos amb un atreviment que sols pot excusar-se en la necessitat que sent de dirigir-se a vós. Perquè (i prou que ho sabeu) els novells, els qui donem els primers passos pels camins que menen al temple de l'Art, havem la imperiosa necessitat d'un guiatge estètic i d'una guia que ens indiqui nostres turpituds i nostres passos extraviats per no caure vençuts i lassos en començar la ruta.» I li adjuntava uns quants poemes. Ruyra li contestà el dia 21 dient-li: «Suposo que sou el jovenet que obtingué premi als Jocs Florals de Sabadell amb vots d'en Folch [Manuel Folch i Torres] i meus (...) Desitjo fer la vostra amistat.» El dia 26 Marià feia la visita a mestre Ruyra. El dietari la recull amplament. Li recomanà molt la lectura, especialment dels clàssics: Shakespeare, Homer, Virgili, Dant. Fa una lloança encesa d'Homer i li parla de prosòdia i de la mala diftongació que fan alguns poetes catalans. Li assenyala els ripis i els mots impropis dels versos qui li envià el jove poeta. Aquest li ensenyà els sonets de «Ma ciutat» i Ruyra li donà recomanacions per a les revistes *Cenacle* i *Themis* de Vilanova i la Geltrú, a més de la que dirigia López-Picó. Ruyra li defensà les normes de l'Institut d'Estudis Catalans. En una altra visita Ruyra li recomanà: «El dia que vulgui publicar un volumet és qüestió de triar lo millor perquè dongui el cop, car és això lo que queda.» Aquest consell no dubto que va fer retardar la sortida de *La branca*. El 25 de febrer de 1917 Marià tornà a veure Ruyra, el qual li ensenyà alguns projectes encetats, com un auto sagramental (*Naixença de Jesús*), el primer capítol de la novel·la *Devor*, llegenda persa, i el començament d'una novel·la d'aventures extraordinàries: *Viatges interplanetaris*. Marià resumeix llargament l'argument de *Devor*. El dia 11 de març de 1917 el tornà a veure i hi trobà el poeta J. Martí i Monteys. «Li demano —va dir-li el meu pare, segons la nota de dietari— la vènia per publicar el primer llibre a últims de l'any present i em contesta que ja puc fer-ho procurant que les composicions siguin poques i granades.» El 17 de març de 1918 Marià li dugué, amb Manuel Giral, un exemplar de *La branca* i Ruyra li contestà que «si fos meu, no en tindria pas més alegria». El 20 d'abril hi tornà i Ruyra li lliurà una prosa per publicar a *Ofrena* i també va dir-li que estava flac i s'havia de «cuidar». El 26 de maig els llegí trossos de la novel·la *La gent de Mas Aulet* i comentaren qüestions de teoria literària. El 23 de desembre hi tornaren i els rebaté les teories orsianes contra la inspiració com a essència de la creació literària.[26] Altres visites foren el 2 de febrer i per l'abril de 1919 en la qual Marià li llegí versions de Keats i el mestre els poemes de *Fulles ventisses*. «Però el que em plau de Joaquim Ruyra —anota al dietari— és sentir-li contar les novel·les i rondalles que té en projecte! Ho diu tot tan bé, amb un to tan viu i una paraula tan justa!»[27] El 14 d'octubre una altra tertúlia amb Ruyra, qui va fer reserves encertades a la versió de Keats de Manent. Diu que no li acaba de plaure Francis Jammes i fa la lloança de *L'Odissea* que ha traduït Carles Riba.[28]

Es conserven unes deu cartes de Ruyra al meu pare i també algun llibre dedicat. La darrera carta és del 1926. Tenia raó Domènec Guansé quan al retrat del meu pare deia que «si Ruyra l'assistia a la pila baptismal de poeta, l'Ors el confirmava en el pròleg a les versions de Keats».[29] Encara el 1983 Manent evocava els valors literaris del seu primer gran mestre en les lletres i sobretot dibuixava amb detalls el lloc on vivia l'escriptor: «Era en efecte —i sense cap somriure irònic—, un mestre. Encara em sembla veure aquella casa baixa de dos pisos, al carrer gracienc de Bretón de los Herreros. Veig l'entrada fosca, el menjador fosc. Els mobles eren una mica solemnes, de bona fusta. Penjat damunt la taula del menjador, el llum tenia, em sembla, una gran pantalla rodona. El que recordo amb més precisió és l'escriptori de Joaquim Ruyra, guarnit amb una minúscula balustrada. Era a la galeria coberta, una estança lluminosa que contrastava amb el pis reclòs i ombrívol; diria que, enllà dels vidres, hi havia un jardinet. Però llavors no em fixava gaire en el medi on l'escriptor vivia. Esperava amb impaciència el diàleg, la paraula d'ell, els seus comentaris sobre estètica, la lectura d'una novel·la en la qual treballava —*La gent del Mas Aulet*— o la curiosa versió rimada d'una obra de Racine, on els alexandrins es convertien en un vers català més llarg i més solemne. Ruyra llegia amb entonació vehement, donava als mots una força càlida. Les quartilles tremolaven una mica entre els dits esgrogueïts per la nicotina, i un matís semblant acoloria el bigoti las del mestre».[30]

Premis a Jocs Florals (1915-1920)

Malgrat que l'esperit noucentista —sobretot de Xènius— no era afí, ans més aviat reticent o bé hostil, als tradicionals certàmens d'origen medieval, restaurats amb la Renaixença, els joves poetes trobaren en els Jocs Florals un estímul, un camí per publicar versos, fer-se conèixer i alhora incorporar-se a un ample camp de relacions humanes i literàries.

Els primers Jocs Florals de què tenim constància on Marià va obtenir algun premi foren els famosos de Barcelona, pel maig de 1915. Immediatament després dels accèssits a la Flor Natural li atorgaren una menció pel recull, que hem comentat, «De Ma ciutat». Aleshores Manent tenia setze anys. Aquell mateix 1915 sabem que havia «tirat» als Jocs Florals d'Arenys de Mar, sense èxit, i també als de Molins de Rei i sembla que no el premiaren.

Tanmateix l'agost de 1915 se celebraren els de Sabadell al teatre Euterpe. El meu pare hi assistí amb les seves ties Alberta i Paquita. Joaquim Ruyra era president del jurat i Martí i Peydró hi feia de secretari. Fidel Riu i Dalmau hi obtingué la Flor Natural i també hi foren premiats mossèn Àngel Garriga, Joan Arús, Joan Draper i àdhuc Antoni Rovira i Virgili. El premi de Marià, «La cançó del pagès», deia ésser especial i li ofrenaren un objecte d'art.[31]

Pel setembre de 1915, amb l'assistència del ministre de Gràcia i Justícia, el Nunci i el capità general, i essent mantenidor Frederic Rahola, Marià guanyà a Berga un accèssit a la Viola amb una «Oració a Nostra Dona de Queralt», ja que el premi havia estat concedit a Josep Carner. La Flor Natural fou per a Fidel Riu i l'englantina per a Claudi Omar i Barrera i la viola per a Llorenç Riber que, igual que Carner, no hi assistí.

El 10 de setembre de 1916 Marià obtingué la Viola als

Jocs Florals de l'Aliança del Poble Nou amb «Ègloga devota», i a més li atorgaren un accèssit a la mateixa Viola amb «Tríptic» i un altre premi amb «Dels camins».[32] El mantenidor era Joan Maria Guasch, i Marià rebé cent pessetes com a premi.

Pel setembre del mateix any el meu pare guanyaria el premi del Comitè de Defensa Social (carlí) als Jocs Florals de la Bonanova. El poema premiat de caire neoromàntic i potser influït pel Verdaguer èpic era un cant al roure tallat:

Oh tu, que t'alçaves altívol i ferm al cimal de la roca granítica,
ton front enfonsant en la cèlica volta;
dominant horitzons i boscúries i planes i serres
i viles i pobles blancois i conreus i masies!
O tu, qui al cap-tard contemplaves la glòria del sol moridora
i veies el cel de ponent tot florit i dels colors de la rosa, de l'or i
[*la púrpura...*

Presidia el jurat el canonge Jaume Collell i el Centre de Defensa Social de Sant Gervasi organitzava la festa.[33] De les 186 composicions rebudes, la flor natural fou per a Josep Maria Casas de Muller, l'englantina per a Joan Ayné i Rabell i els premis extraordinaris per a Felip Graugés —que aviat es convertí en un dels seus íntims amics fins a la mort—, Remei Morlius, Josep Iglésies i Izard, etc. Van assistir a l'acte els pares de Marià, les germanes Vilaseca i la seva cosina Josefina Cisa.

Aquell mateix 1916 Marià rebé solament una menció al certamen de l'Acadèmia Mariana de Lleida. I pel novembre «La guardadora d'oques» guanyà un premi als Jocs Florals de Girona. Presidia el jurat Jaume Bofill i Mates i n'eren membres Josep Lleonart i Josep Massó i Ventós. Manent dinà a Girona per tres pessetes. Entre els premiats hi havia Carner, Ruyra, Bertrana, López-Picó, Sagarra, Miquel Ferrà i Llorenç Riber. Al vespre hi va haver un gran sopar on Marià faria amistat amb Lluís Valeri, el qual li aconsellà que publiqués un llibre «amb la frescor de divuit anys». Marià visità Girona. Ho recull al dietari i precisa que l'acompanyà mossèn Lluís G. Pla: «Amb els passeigs amplíssims i amb aquella olor d'autumne que feia em deixa meravellat. Comprenc ço que digué ahir en Sagarra —que fa cinc dies que és a Girona— a en Ruyra: "Jo em passo tot el dia a la Devesa".»

I encara Manent admira la Vall de Sant Daniel: «Quina opulència i quina diversitat de colors! Jo hi vegí l'or de les muralles, la sang de la terra, la porpra d'una heura resseca i assoleiada.» Marià tornà en tren amb Ruyra i com a record del premi va rebre una còpia d'una estatueta amb la diana del Louvre. El dietari explica que també hi va conèixer Joan Draper.

Als Jocs Florals de Barcelona de 1917 Marià hi guanyà un accèssit a la Flor Natural («Diàleg autumnal») i un a l'Englantina («Elogi d'un camp llaurat»). El seu amic J. M. Girona, que era el secretari del jurat, amb Franquesa i Gomis, Manuel Folch i Torres, mossèn Gudiol i Rodríguez Codolà va enviar una carta a *El Correo Catalán* (2 de maig) on explicava la seva dimissió perquè el jurat tenia «la tendència dominant a cohibir tot el que fes olor de joventut». El dietari explica que Girona li havia dit que havien d'haver correspost a Marià els tres premis ordinaris!

El 3 de setembre de 1917 Marià assistí als Jocs Florals de la Seu d'Urgell, organitzats per l'ajuntament, i amb el següent jurat: Jaume Raventós, president; Francisco Palau, Josep Llangort, Josep Moles, Gaspar Saragoza, Ignasi Ferrer i mossèn Pere Pujol, el famós erudit, que feia de secretari. Manent hi guanyà la Flor Natural amb el poema «Te'n vas a l'hort gentil». D'aquella escaiença Marià es va fer molt amic de mossèn Pujol, deixeble de mossèn Gudiol i arxiver del bisbat de la Seu i especialista en qüestions d'art, cultura, llengua, hagiografia, etc., generalment d'abans o al voltant de l'any mil i sobre documentació dels arxius urgellesos. Pujol publicà un llibre en col·laboració amb Josep Puig i Cadafalch i fou membre corresponent de l'Institut d'Estudis Catalans. Recordo molt bé com el mossèn els anys quaranta encara venia a casa, feixuc i afable, i ens duia una excel·lent mantega del Pirineu. El meu pare servava un gran record d'aquests primers, i probablement únics, Jocs Florals de la Seu dels quals tenim unes fotografies molt expressives de l'expectació que alçaren.[34]

El 1917 Marià va guanyar la Flor Natural amb «Nou Cant a la Vinya» als Jocs Florals de l'Empordà, celebrats a Figueres i publicats en volum l'any següent per Octavi Viadé de Sant Feliu de Guíxols. Però el setembre de 1917 féu el discurs de gràcies dels Jocs Florals de Vilanova i la Geltrú (*El Correo Catalán* 9-IX-1917).

A la primeria de 1918 Marià fou jurat en un concurs de lectura als Lluïsos de Gràcia, amb Rafael Nogueras i Oller i Joaquim Riera i Bertran.

El 14 de juliol d'aquell any Marià va guanyar un altre premi (i cent pessetes) als Jocs Florals de Súria. Hi anà a recollir-lo amb Josep Maria Capdevila, Lluís Bertran i Pijoan i Manuel Brunet.

I el 3 d'agost tornà a guanyar un nou premi als Jocs Florals de Sabadell. El dietari conta que pel tren Carles Riba li presentà Josep Carner, el qual tot seguit li encarregà la versió d'una novel·la anglesa per a l'editorial Catalana que dirigia.

El mateix any, i per setembre, Marià formà part de la Festa de la Poesia, que se celebrà a Sitges i on participà com a organitzador Josep Carbonell i Gener. L'acompanyaven Josep M. López-Picó (president), Alexandre Plana, Trinitat Catasús, Josep Font i Antoni Torrents. Hi foren guardonats Josep Carner, Carles Soldevila, Prudenci Bertrana, Carles Riba, Joaquim Folguera, Josep Maria de Sagarra, Joan Capdevila i Rovira, Ventura Gassol, Clementina Arderiu... El mateix any hom edità el *Llibre de la Festa de la Poesia* de Sitges.

El 1918 Manent guanyà un dibuix, ofert per Francesc Vayreda, amb un premi de tema lliure al Primer certamen literari-musical de la *Revista de Vich* (Vich 1918). El poema premiat era «Flama d'abril». També hi premiaren Carner i Riba.

El 22 de juny de 1919 l'entitat ateneística la Unió Social organitzà uns Jocs Florals de Cornellà. Ramon Miquel i Planas presidia el jurat i en formaven part Ignasi Iglésies i Lluís Bertran i Pijoan. La Flor Natural fou atorgada a Joaquim Ayné i Rabell i la Viola a Joan Pons i Marquès. Hi van obtenir premis especials Ventura Gassol i Josep Carner amb «L'obès». Marià hi recollí un premi extraordinari amb «Elogi de la muntanya».[35]

Josep Carner el 1919 i el 1920 passà els estius a Lloret de Mar i el 1919 publicà una bella prosa a *D'ací i d'allà*: «Lloret, paradís gentil». I el 1920 hi muntà uns Jocs Florals i es trià un jurat plenament noucentista: Carles Soldevila, Josep Martí i Monteys, Tomàs Roig i Llop, Ventura Gassol, Josep Carbonell i Gener, Rossend Llates i Manuel Rodés, futur marit de la reina de la festa, Lutgarda Garriga. A més a més, Carner feia de president. Segur que el poeta de *Nabí* va avisar els amics perquè hi participessin i per això el meu pare hi guanyà la Flor Natural amb «Cançó trista» i d'altres premis foren atorgats a Jaume Bofill i Mates, Carles Riba, Clementina Arderiu, Joan Arús, Felip Graugés, etc.[36]

També el 1920 Manent guanyà cent pessetes pel poema «Elogi de les glicines» al concurs literari de la Joventut Nacionalista de Sabadell. I el mateix any li atorgaren cent cinquanta pessetes per unes versions de Rupert Brooke als Jocs Florals de l'Empordà, celebrats a Torroella de Montgrí i publicades en volum a Barcelona l'any següent.

Encara Marià el 1921 va obtenir un premi especial amb «La ciutat dels vaixells» als Jocs Florals que organitzà el Casal Català de Buenos Aires. Però no he trobat esment de nous premis, ni tan sols als Jocs Florals de Barcelona, llevat del que va obtenir el 1930 amb «L'ombra» a les Festes de la Mare de Déu de la Candela a la ciutat de Valls. L'embranzida floralista va tenir un punt alt en aquests cinc o sis anys. Després Manent va preparar nous llibres i, a part la *Revista de Poesia* (1925), col·laborà a *La Veu de Catalunya* i va endinsar-se en el món de les traduccions. Tanmateix el 1921 una dedicatòria de Carles Soldevila al seu llibre *Una atzagaiada* (Barcelona 1921) deia significativament: «A en Marià Manent, consorci del "Fenix", company de viatge, alternativament membre del jurat i guanyador de premi en tots els Jocs Florals de Catalunya, tothora amic i totstemps poeta.»

Primer llibre publicat: *La Branca*

Tal com havia comentat a Joaquim Ruyra, Manent, a la darreria de 1917, preparà el material per al seu primer volum de poesia. I en una carta del 15 de gener de 1918 demanà a Joan Arús, aleshores ja molt amic seu, que fes una gestió amb la impremta Sallent de Sabadell. L'empresa d'arts gràfiques contestà, el dia 28, directament a Marià comunicant-li que cent cinquanta exemplars costarien unes dues-centes pessetes i tres-cents foren dues-centes vuitanta-cinc. El meu pare acceptà la primera proposta i per carta els precisà les condicions tipogràfiques de la impressió, atès que aleshores ja tenia el sentit i el gust de l'edició. Abans havia vist l'artista noucentista Darius Vilàs, el qual li dibuixà a la portada, a dues tintes, una parella jove, mig geòrgica mig classicitzant. I ja hi signava Marià (no Marian) Manent. Però mentrestant havia demanat pressupost a un altre impressor de Vilanova i la Geltrú, Josep Ivern i Salvó, que ja imprimia *El Camí* i que li fixà el preu en dues-centes setanta-cinc pessetes per dos-cents exemplars.[37]

El 30 de gener Joan Arús li explicava en una postal que ja havia lliurat l'original a la impremta i alhora li feia algunes reserves de contingut, sobretot referent a «Diàleg autumnal», poema que trobava massa floralesc. El 19 de febrer Joan Capdevila i Rovira va rebre les proves del volum i les corregí. El meu pare estava malalt, al llit, i explica que l'anaren a veure mossèn Batlle i mossèn Puntí i els amics Giral i Tobella, i àdhuc el mestre Ruyra. El dia 6 de març Sallent envià a Marià les proves de la portada. I el 14 del mateix mes lliuraren els cent-cinquanta exemplars a la Llibreria Verdaguer. Finalment l'edició havia costat tres-centes quinze pessetes, quantitat que el meu pare els pagà pel maig.

Al seu dietari Marià comenta: «Els espero amb frisança [els exemplars] que em recorda el neguit infantil de la nit de Reis.» I en rebre'ls diu: «En aquell instant he sentit la joia de la possessió d'una manera completa.» Segons una nota d'ell, conservada a part, Marià dedicà a mestres, amics i parents una cinquantena dels exemplars. De la llista, en destaquem Joaquim Ruyra, Eugeni d'Ors, J. M. López-Picó, Alexandre Plana, Llorenç Riber, Joaquim Folguera, Josep Farran i Mayoral, Lluís Bertran i Pijoan i els fraterns amics Giral, Capdevila, Font, Tobella, Riu, Isern i Dalmau, Graugés i els Botey, a més de J. M. Batista i Roca, el seu director espiritual, mossèn Camil Rossell, i els també mossèns Batlle, Puntí i Ricard Aragó. I no oblidà els mallorquins Joan Alcover i Miquel Costa i Llobera i els mestres Azorín, Juan Ramón Jiménez, Paul Claudel i R. Vallery Radot.

El ressò de l'obra, especialment a les revistes, va ésser important. *La Branca* es publicava el 1918, un any màgic, emblemàtic, que J. V. Foix assenyalaria amb pedra blanca. El Noucentisme havia triomfat i ja començava a fer-se sentir, a cristal·litzar lentament, la segona generació del moviment al qual el meu pare i l'estol de fèrvids amics pertanyien amb convenciment i militància, com ja hem anat assenyalant.

Anirem resumint divuit crítiques o comentaris públics a

La Branca (a part de la de Jaume Barrera), xifra que configura un ressò inesperat, però alhora marca el fervor dels cenacles noucentistes pel seu nou plançó.

«Norbert» a la revista *La Tradició Catalana* (6 d'abril, p. 219) publicà un comentari poca-solta i, després de dir que «Manent i Cisa és un xicot molt despert i molt acurat», acusa l'obra de «modernista» (llegiu-hi noucentista) i de manca de poesia. Es tracta d'una actitud reaccionària, literàriament i diria que també ideològicament.

Joan Capdevila i Rovira a *El Camí* (núm. 4 d'abril de 1918, pàgs. 12-13) hi destaca la puresa, el colorit i la perfecció formal. I afirma que als «Estramps» hi ha l'essència de l'ànima del poeta i que hi traspua l'esperit cristià. Conclou que tot el llibre «és un breviari espiritual on el poeta vessa la seva inquietud, la seva senzillesa, recta, ingènua. I els paisatges no són altra cosa que reflex del seu estat anímic».

A la *Revista de Vich* (núm. 4, abril de 1918, pàgs. 71-72) mossèn Joan Puntí celebrava que el poeta no hagués caigut en el cerebralisme i que fos objectivista i remarcava «la puresa amb què tracta les coses», un cert ingenuisme i la franquesa «amb aquest deix de candorosa infantilitat que tan òptimament ha redimit la poesia nova del vell retoricisme declamatori».

A *La Revista* (núm. 112, abril de 1918, pàg. 131) Josep Farran i Mayoral definia així els valors de *La Branca*: «Una harmonia emocionada posant-se damunt els aspectes del món, copsant allò que tenen de gràcia divina, *angèlica*.» Només retreia al poeta que a «Petit breviari» i a «Cançons» es diluís una mica dins les generalitats i «prescindeix del món».

A la mateixa *La Revista* (1 de maig de 1918, núm. 63, pàg. 152) Josep Lleonart, signant amb inicials, hi remarcava «el do d'assimilació», «dolces cadències de Mallorca», una forta influència de Josep Carner i, a més a més, «una nitidesa de marbre i atzur, un perfilament lluminós i incisiu», on trobava trets neoclàssics.

El 3 de maig, també de 1918, *La Veu de Catalunya* en una nota anònima, titulada *La Branca*, obra, sens dubte, d'un escriptor expert, hi subratllava influències de Guerau de Liost, López-Picó i Sagarra bo i afegint que Manent era un poeta plàstic i que tenia el do «d'esculpir versos de bella i sumptuosa plenitud». I afegia que esperava les seves versions de John Keats.

La revista *Joventut* (núm. 7, 1 de maig de 1918), de Manresa, recensionava *La Branca* i hi destacava la suggestió per la vida del camp, la influència lopezpiconiana i «el fervor cristianíssim». També elogiava «Estramps» i «Nou cant a la vinya» i el fet d'ésser un poeta plenament noucentista.

A la revista *Vila-nova* (núm. 13, 15 de maig de 1918) J. A. Font i Casas hi destacava el «to jovial i optimista» i la influència de Carducci!

Probablement la crítica de Joaquim Ruyra a *La Veu de Catalunya* (15 de juny de 1918) és la més extensa i afinada. Celebra «el present de somnis d'or que ha vingut a alegrar la nostra tristícia». «Totes o quasi totes les poesies de *La Branca* ens eren conegudes (...) Nosaltres hem seguit els progressos de l'autor des de la seva edat de quinze anys (...) L'hem vist créixer des d'aleshores amb ulls paternals». Ruyra puntualitza: «L'amor als espectacles campestres i als senzills costums de la gent rústega el porta cap a la geòrgica». Hi destaca «Diàleg autumnal», l'enginy dels epigrames i dels estramps, bo i assenyalant que «els versos de la segona meitat del llibre són millors que els de la primera».

Joaquim Folguera, en una crònica de literatura catalana de *La Publicidad* (5 de juny 1918), hi feia una crítica incisiva tot destacant-hi l'objectivitat («un litografismo elegante»), el bon gust, la influència de López-Picó, però sense la passió d'aquest. I afegia: «És un poeta excelente. Pero su facilidad cansa por su nivelación absoluta. Los poetas de Mallorca de última hora, por lo menos, son morbosamente resbaladizos. Manent, no: es persistentemente correcto, invariablemente interesante.» El retret seria, doncs, de manca de passió i de massa correcció...

Francesc Glanadell al periòdic nacionalista de Granollers *Foc Nou* (22 de juny de 1919, pàgs. 3-4), publicà una nota sobre *La Branca* i hi subratllava el bucolisme («Elogi d'un camp llaurat», «La guardadora d'oques»), els poemes d'amor i una clara «aristocràcia literària».

J. de la Barca en una nota a *El Noticiero Universal*, que no he pogut datar, però que deu ésser de l'abril de 1918, sota el títol de «Poetas jóvenes de Catalunya», afirmava que Manent, com Maragall, sabia copsar el reflex difícil de les coses i hi copiava el «Sonet americà».

Les relacions del grup de *El Camí* amb escriptors i revistes de l'estranger van tenir fruit i, per exemple, el *The Times Literary Supplement* de 1920 (núm. 969, 12 d'agost) comentava la segona edició de *La Branca* i deia que el poeta era «great promise» i aprofitava per al·ludir alguns aspectes de la versió que Manent havia fet dels poemes de Keats.

L'occitanista Pierre Rouquette a *Le Solei du Midi* (25 de juny de 1921) de Marsella feia una glossa sensible del llibre de Manent i en traduïa alguns fragments que esmentava. Per a ell el poeta era «*un bel exemple de cette veine lyrique dont la nature et l'home sont depuis l'antiquité les sources conjointes. Marià Manent y ajoute la plénitude du sentiment catholique et cette nuance particulière de la sensibilité moderne faite du tourment délicat et subtil de comprendre son propre coeur décevant*».

Lumière d'Anvers (núm. 3 d'octubre de 1920) publicava una nota, traduïda, de Tomàs Garcés sobre *La Branca* on deia que Manent era l'equivalent de Francis Jammes.

Marià va rebre cartes d'algun mestre de la literatura. Joan Alcover[38] el 2 de maig de 1918 li escrivia: «Hi ha en el seu llibre el palpitar cadenciós de ritmes i d'imatges que tradueix feelment l'acompassada respiració de l'ànima.»

Miquel Costa i Llobera el 22 d'abril d'aquell any li agraïa que s'hagués recordat «d'aquest invàlid literari» i afegia: «Bellament fullada i florida és aqueixa *branca*, sobretot en sa part idíl·lica i geòrgica (...) Ara veig que no vaig enganyar-me fent bona acollida als assaigs poètics que V. de jovenet em presentà.»

Alexandre Plana en carta a Ruyra li deia que Manent era «un nou tany en l'abundor de la nostra poesia lírica, tany més prometedor que molts altres».[39] I Josep Farran i Mayoral li parlava d'una «finíssima elegància cristiana i d'un sorprenent domini de la forma». També va rebre cartes entusiastes de Fidel Riu i Dalmau i de Joan Draper.

El dietari explica que el 12 de maig de 1918 un grup d'amics van dedicar un àpat, a ell i a Joan Capdevila, amb motiu d'haver publicat ambdós el primer llibre. Presidia Ruyra i hi assistien López-Picó, Arús, Draper, Girona, mossèn Puntí, Reig i Codolar, Ventura i el grup de *El Camí*: Font, Tobella, Giral i Torrents. I que en total eren trenta-cinc. Diu que s'excusaren Carles Riba, Eugeni d'Ors i Nicolau M. Rubió i Tudurí.

El 1920 l'editorial Políglota, en la fundació de la qual havia participat Manent gràcies a Carner, li publicà una segona edició de *La Branca*.

Mestre Josep Carner

He escrit que l'estiu de 1918 Riba presentà Carner a Marià Manent. Des d'aquell dia el jove poeta es convertí en un devot incondicional i en un deixeble de l'autor de *La paraula en el vent*. L'anà retrobant en actes, tertúlies i sobretot a la redacció de *La Veu de Catalunya*. Pel desembre del mateix any escriu al dietari: «He estat una llarga estona amb en Carner. M'ha aconsellat que tradueixi una novel·la de Wells, que em deixarà, i, si no m'agradés, algun llibre de Kipling i de Chesterton.»[40] Marià va ésser atent al consell i, pocs anys després, publicaria *El llibre de la jungla* i *San Francisco de Asís*. El 1919 Manent coincidí amb Carner als Jocs Florals de Cornellà, on tots dos foren premiats i en glossa les facècies i la ironia que brollava com una deu. Per l'abril d'aquell any, novament a la redacció de *La Veu de Catalunya*, Carner explicaria a Manent que pensava fundar una editorial (Biblioteca Popular «Estel») de la qual solament podrien ésser-ne accionistes els escriptors. El mínim per a aportar-hi fóra de cinc mil pessetes: «Es tractaria —escriu Manent— d'una editorial plurilingüe, que tindria agents en ciutats estratègiques per a poder adquirir els drets de traducció de les obres que un sospités que podrien ser demanades per altres editors de terres d'Espanya, i revendre'ls els drets amb un cert guany. Provaria de conquerir el mercat d'Amèrica i d'entendre's amb les cases que es dediquen al gran llibre d'art, amb l'objectiu d'arribar a una col·laboració dels nostres artistes, que produís la difusió de llur obra i un fruit econòmic per a ells i per a la societat. No començaria a treballar fins que s'haguessin reunit, almenys, setanta-cinc mil pessetes. Un cop organitzada l'editorial, en Carner se n'aniria a viure uns quants anys a Bèlgica i hi posaria com a gerent l'Alcàntara.»[41]

El projecte, molt ambiciós i que necessitava un tècnic permanent, no passà d'un llibre, era un somni carnerià, el qual cercava una sortida econòmica, una estabilitat, per bé que aviat Carner, Manent i altres escriptors i algun capitalista van fundar l'editorial Políglota, que va publicar diverses col·leccions i llibres d'èxit. Malauradament no hi ha cap treball sobre aquesta editorial, que tenia la seu al carrer de Petritxol.

Pel març de 1920 Marià va passar tota una tarda a casa de Carner: «Una discreta torre de Sarrià, amb un jardí molt polit, que té al fons els raïms de viola clar d'unes glicines tot just florides.» Després el poeta acompanyà, a peu, el meu pare fins a casa seva. Pel camí li contà els seus amors amb Carmen de Ossa, una xilena que va conèixer al Passeig de Gràcia «"on s'inicià un flirt purament ocular". Carmen se'n tornà a Xile. Aleshores encetaren una correspondència que durà dos anys. Finalment Carner marxà a Amèrica per casar-s'hi i demanà la mà de la noia acompanyat de l'ambaixador espanyol».[42] Els vells residents catalans li compraren el jaqué.

Pel juliol de 1919 Marià assistí a una sèrie de conferències per a obrers que Carner donava a la Universitat Nova sota el títol de «Renaixement literari català». Gràcies al bon resum que en trobem al dietari hom pot conèixer a bastament el contingut. El 1920 el dietari glossa la conferència carneriana *La virtut de la confiança*, publicada després en opuscle. I encara fa un llarg comentari sobre *Les planetes del verdum*: «Un dels llibres més deliciosos i més genials que he llegit (...) L'humorisme finíssim, el bell realisme estilitzat alternen amb dolces guspires de poesia». El mateix any trobem una plana sobre «Maragall i Carner», amb opinions de Bofill i Ferro i Rossend Llates. El primer explicava que estava molt content d'haver conegut ambdós mestres de la poesia: «Si no tingués altre valor, penso que aquest ja fóra un contingut prou estimable de la meva vida. L'admiració és un gran valor espiritual». I cinc anys més tard (20 de febrer de 1925) Manent arribava a la conclusió que «l'anti-Maragall és Carner».

El 1921 Carner li féu la lloança del «Poema del vell mariner», de Coleridge. Manent no trigaria gaire a traduir-lo en una primera versió, perduda durant la guerra civil. Marià així tenia un tracte, seguit i intens, amb Josep Carner i s'emparava sota el seu guiatge. No dubto que l'ajudà a evolucionar intel·lectualment i poèticament. I l'amistat entre el mestre i el jove poeta de vint-i-tants anys se solidificà. Repassant els llibres dedicats, hom endevina l'afecte que revelen les dedicatòries. *L'oreig entre les canyes* (1920) diu: «A Marià Manent, present germanívol». *El cor quiet* (1925) fa: «A Marià Manent,

Marià Manent i Pla i Maria Cisa Quer, pares del poeta.

Etiqueta d'una petita destil·leria
que tenia a Premià el pare del poeta.

Marià Manent en una
fotografia de bolquers.

El Col·legi Comtal de Barcelona on va estudiar Marià Manent.

Marià Manent, primer de la classe el 1910.

Marià Manent el dia de la primera comunió, el 1909.

Marià Manent amb els seus pares vers 1909.

Marià Manent en una fotografia característica d'estudiant vers 1912.

El poeta amb un grup de companys d'escola, Joan Valls, Isidre Bertran, Carles Riembau, Lluís Alegret, Joan Prat i Antoni Feliubadaló, el 1912.

Marià Manent el 1915, quan va guanyar un premi als Jocs Florals de Barcelona.

Marià Manent en una caricatura de *Bon*, el 1916.

L'ex-libris de Marià Manent, un gravat anglès que es féu fer pels volts de 1918.

Marià Manent
al Pirineu vers 1921.

Marià Manent amb els seus
entranyables amics Jaume
Bofill i Ferro i Jaume
Xarrié el 1922 a Premià.

Marià Manent a Girona el 1921.

Marià Manent camí del Port de la Bonaigua el 1922.

Marià Manent amb un grup de noies de la colònia de Viladrau, entre elles Marta Teschendorf, a la dreta, el 1925.

Marià Manent a la Grand-Place de Brussel·les el 1926.

Marià Manent amb la seva promesa, Josefina Segimon, el 1928 a l'Aleixar.

Fotografia de casament del poeta i la seva muller, 1929.

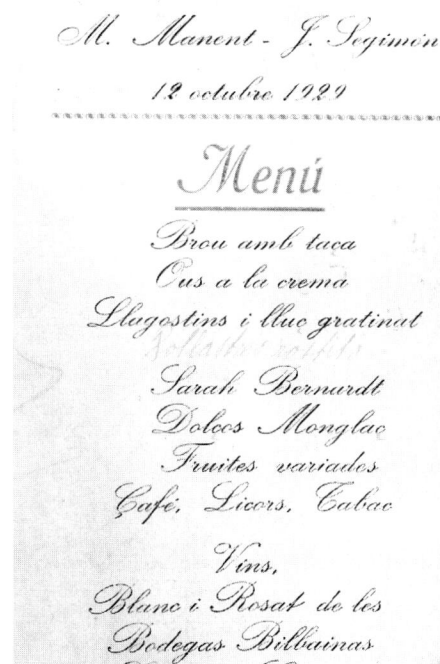

El menú del banquet de boda

M. Manent - J. Segimon
12 octubre 1929

Menú

Brou amb tuca
Ous a la crema
Llagostins i lluç gratinat

Sarah Bernardt
Dolços Monglae
Fruites variades
Cafè, Licors, Tabac

Vins,
Blanc i Rosat de les
Bodegas Bilbainas
Xampany Codorniu

Carme Cisa Vda. Segimon.

Marca de la impremta i editorial
de la qual Marià Manent
va ser un dels fundadors.

Marià Manent al Canigó el 1932

Marià Manent amb Jaume Bofill
i Ferro, a la seva dreta,
i Jaume Bofill i Matas,
a la seva esquerra (1932)

avui Lohengrin en kaki, son devot i vell amic.» Probablement el meu pare devia anar vestit de caçador. I *El giravolt de maig* (1928) es refereix al fet que ja festejava amb la meva mare: «A Marià Manent, en un dolç replà de la seva escala.»

La plana del dietari que havia d'explicar la partença de Josep Carner per anar a prendre possessió del consolat de Gènova és en blanc! Però l'onze d'abril d'aquell mateix any, 1921, el dietari l'evocava melangiosament: «Quan penso que en Carner és fora em fa una certa melangia. L'amistat d'en Carner era un element necessari a la benaurança barcelonina. Hi ha l'ombra gentil del Passeig de Gràcia, l'alta verdor de la Gran Via, el to blau de les muntanyes al fons dels carrers. Hi ha encara aquelles boirines matinals vagament londinenques i l'alegre bellugor de la Rambla però hi manca la conversa joiosa, punxant, dogmàtica d'en Josep Carner. En l'economia del meu viure barceloní enyoro les reunions del «Royal», on ell prenia *chantilly* gelat amb els amics; enyoro els seus monòlegs, el seu somriure, la seva ironia. En aquelles reunions —tan diferents de les penyes de cada dia, on la conversa s'atura, de vegades, i es corromp— ell comentava els temes més diversos. Tenia el front una mica lluent i el blanc dels ulls una mica envermellit. La seva paraula era precisa, amesurada, afinada; vibrava amb una nova vida i un nou color».[43]

La marxa de Carner de Catalunya fou com un terratrèmol cultural. Els amics no se'n conhortaven i sempre hi havia l'esperança de la seva repatriació propera o almenys dels seus retorns a la pàtria, més o menys fugaços. Marià conta algunes d'aquestes intermitents visites carnerianes. Una fou pel març de 1923. Hi va dinar i després hi va sopar a can Xavier Tusell, un dels íntims de Carner. El dietari reflecteix les converses i les opinions del poeta sobre qualsevol cosa i observa: «En Carner té una daurada plenitud mental, una admirable saturació de cultura.»[44]

L'estiu de 1924 va retrobar-lo a Ca l'Herbolari. Venia de Rosquelles, la casa pairal de «Guerau de Liost»: «Duia una americana caqui i uns pantalons de franela crem. Tot seguit d'arribar —recull el dietari— ens ha dit a en Bofill i Ferro i a mi: Ara és hora de cantar "Els remers del Volga". Després ha donat una rosa a en Jaume, dient-li: "Veus ací: la Flor Natural". I a mi un bri de sàlvia: "A vós, un accèssit". Bofill i Ferro, després d'escoltar-lo, va definir-lo com "una reencarnació espiritual del món".»[45]

Durant la seva estada a Gènova Carner va escriure un parell de dotzenes de cartes i postals al meu pare. Hi parlava de Viladrau, de diners, de premis a Jocs Florals, dels amics, de l'editorial Políglota, etc. Per exemple afirmava: «Les sagetes de l'enyorança no m'encerten.» O bé: «Ja estic aparentment burocratitzat, com si la literatura hagués estat un somni.»

Aquella amistat va perdurar sempre des de la llunyania o a l'exili, malgrat el trenc de la guerra civil i la llarga expatriació a Mèxic i a Bèlgica, fins a morir-hi. En altres capítols reprendrem aquesta relació per veure com es va cuinar des de Barcelona el projecte de la poesia completa de Josep Carner.

Mestre Eugeni d'Ors

Essent ja molt vell, el meu pare va escriure un article al diari *Avui*: *Xènius en la meva anècdota*[46] que ens situa en l'ambient familiar del Glossador i marca la relació que hi tenien els Manent-Cisa: «La figura d'Eugeni d'Ors, per motius oblics i una mica complexos, sorgeix d'una manera molt viva —escrivia Manent— al fons dels meus records d'adolescent, gairebé d'infant, i s'hi destaca amb un aire delicadament mític. Tot ve del seu parentiu amb la seva muller, un parentiu que encara és per a mi boirós, enigmàtic, imprecís, a desgrat dels esforços que he fet per esbrinar-ne la veritable naturalesa. Ens dèiem, però, cosins. (...) El sogre d'Eugeni d'Ors era, penso, d'origen gallec [Pérez-Peix]; recordo la seva barbeta grisa i el seu aire distingit, de comerciant aristòcrata que ha corregut molt de món i que coneix a fons els homes. La seva família tenia una estreta relació (no sé si per simple amistat o per algun vincle de parentiu) amb la segona muller del meu besavi patern, Isidre Quer. Vivia en un gran pis al carrer de Claris, prop de la plaça d'Urquinaona; recordo molt bé les belles proporcions de l'entrada i la línia ampla i solemne de l'escala que menava al principal. Va ser en aquella casa on vaig sentir parlar per primera vegada d'Eugeni d'Ors. Allí em van arribar les primeres noves d'un il·lustre sembrador d'idees...» La família Pérez-Peix havia rondinat molt perquè la seva filla s'havia casat, per amor, essent més gran que ell, amb aquell periodista brillant el qual tanmateix encara no era un dels grans puntals del Noucentisme. I el meu pare continua el relat: «Un dia vaig sentir el desig de conèixer aquell escriptor de qui tant es parlava. Li vaig enviar, pobre de mi, els meus versos d'adolescent i una tarda em vaig presentar a la Biblioteca de Catalunya. Recordo ben bé el seu despatx, al fons, a mà dreta. Em sembla veure encara el camí que vaig fer per arribar-hi. La llarga sala amb taules i cadires de tons clars, on la gent llegia i anotava en silenci, l'amable quàdruple filera de llums baixos, com Xènius l'evocà en una glossa de 1914. Em va dir que els meus versos li agradaven, però, anticipant-se als famosos consells de Rilke a un poeta jove, m'observà que per escriure poemes calia viure intensament. Em recomanà l'amor: «"Festegi", em va dir.»

A la biblioteca del meu pare hi ha una edició, molt ben relligada, de les *Eucarístiques* (1904) de Verdaguer, que duu pròleg del bisbe de Perpinyà, Juli Carselade i una dedicatòria de donya Teresita Pérez-Peix, sogra d'Eugeni d'Ors, que diu: «A mi querido primito y amiguito, Mariano Manent y Cisa, en el dia de su 1.ª comunión. 30 de mayo, Pascua de Pentecostés, 1909.»

La relació Manent-Ors fou discontínua, per bé que el 1918 Marià aniria a sentir Xènius que presentava Texeira de Pascoes, el qual feia una lectura al local de les Joventuts Nacionalistes. Marià descobrí el d'Ors orador: «En el seu arbitrarisme Eugeni d'Ors ha creat un nou estil d'oratòria: cenyida, elegant.» I restà admirat d'escoltar-li una mena de profecia, anunciada amb contundència: «El nostre heroi no és Tristany, sinó Ulisses, que no fóra Ulisses sense el triomf definitiu.»[47]

Encara, l'octubre de 1919 trobà Eugeni d'Ors a l'Institut d'Estudis Catalans. Van anar Passeig de Gràcia amunt, refereix el dietari, i el pensador li recomanà que traduís «alguna comèdia anglesa d'autors postelisabetians» i que s'introduís en el teatre perquè era un bon moment. S'acomiadaren davant la Casa de les Punxes, a la Diagonal, on vivia el Glossador. Pel novembre Marià assistí, en representació de la Caixa, a la inauguració, a Valls, d'una de les primeres biblioteques populars de Catalunya. Eugeni d'Ors hi devia ésser, sens dubte, però el meu pare es va fixar sobretot —i el dietari ho subratlla— en una noia bruna que duia a la mà les *Flors Sophorum*, una de les petites obres mestres orsianes.

El dietari es fa repetidament ressò, amb sorpresa i amb plany, de la dimissió de l'Ors com a director general d'Instrucció Pública de la Mancomunitat de Catalunya. Reprodueix un tros de la carta pública del dimissionari, tot remarcant que les discrepàncies eren ideològiques. Més tard recull alguns comentaris: «Mossèn Antoni Batlle va dir-me que el doctor Torras i Bages ja volia publicar una carta fent observar les doctrines poc ortodoxes de l'Ors, però, segons sembla, l'en dissuadí en Prat de la Riba, pensant que el podria separar del càrrec quan se'n presentés l'ocasió. Darrerament el pare Evangelista de Montagut m'observava que era convenient que Xènius no continués al seu lloc de director de la cultura oficial catalana, ja que era "profundament modernista"»:[48] es refereix al Modernisme religiós, tan discutit des de primeria de segle.

El meu pare jove llegia el *Glosari* de Xènius a *La Veu de Catalunya* i mai no va tenir una actitud de militant antiorsià com, per exemple, Carles Riba. D'altra banda, el 1919 Eugeni d'Ors prologà la seva versió dels *Sonets i Odes* de John Keats. El text acabava amb una bella i barroca profecia: «Així, Marià, tots els dons del món se t'entreguin i descendeixin les deesses al teu llit. Així heguis, en existència pròspera i dilatada, les corones que mereix el teu geni, junt amb les fruites que té ben guanyades el teu seny (...) Els xiprers turmentats, els refilets truncs, els freds marbres del cementiri dels anglesos a Roma tenen sens dubte la seva subtil elegància. Però sempre serà una bella cosa, com deia el mediterrani Jean Moréas, "l'espectacle d'una carrera ben reeixida".»

En establir-se Xènius a Madrid el 1921 la relació s'esvaí. Però, encara el 1952, quan el meu pare retrobà el vell Ors, xacrós i feixuc de cames, al Congrés de Poesia de Segòvia, aquest el saludà amb alegrois i amb aquell català sibil·lant li va dir: «Som parents, Manent, som parents.» I sempre he sentit contar als de casa que, quan vaig néixer, un cunyat de l'Ors, Alvaro Pérez-Peix, que era molt amic de la meva padrina, la tia Alberta, em va venir a veure i va deixar una unça d'or del segle XVIII sota el meu coixí.

Altres grans amistats literàries: de «Guerau de Liost» a Carles Riba

La relació amb Jaume Bofill i Mates, el bard de *La muntanya d'ametistes*, devia escaure's al voltant de 1920, gràcies al seu cosí, Jaume Bofill i Ferro, íntim confident de Marià. Aquell any «Guerau de Liost» li ofrenà *Selvatana amor*, dedicat («poeta i amic»). Manent se'n féu ressò al dietari i en un article. I de tant en tant anava des de Ca l'Herbolari, la casa pairal de Bofill i Ferro, a Rosquelles, la masia de Guerau. El meu pare parlava de «Guerau de Liost» amb una devoció enyorívola. No sols el veia com un mestre en poesia, sinó com un model de polític pur, honest. Tanmateix no crec que Bofill i Mates exercís gaire influència sobre Marià recomanant-li llibres o donant-li consells. Ara bé, quan el 1922 es fundà Acció Catalana i Bofill n'era el capitost, el meu pare va seguir-lo sense, però, afiliar-s'hi. I quan el 1932 Bofill reingressà a la Lliga, Manent va fer el mateix.

El 1985 Manent evocava al diari *Avui* la pairalia de Rosquelles on acompanyà el professor de Princenton, José Muñoz Millanes, extremeny i catalanòfil. Hi va descobrir un retrat de Guerau, pintat per Francesc Domingo, el mateix rústic sofà d'època, els llibres de poetes francesos o els que li dedicà el germanívol Carner. Des d'allí el meu pare veié «un gran ramat d'ovelles avançant, a poc a poc, damunt l'herbei (...) Era una perfecta escena de poema antic amb el Matagalls al fons. Aquella pau, acompanyada al cor de la vall, d'un vague remoreig d'aigües, era com un somni. Resultava gairebé impensable que, en el nostre temps de cibernètica, hi hagués, a tan pocs quilòmetres d'una ciutat populosa, el món plàcid, el món intacte i pur de Teòcrit i de Virgili (...) Era un paisatge transfigurat, on semblava impossible el marciment, la caducitat, la mort mateixa».[49]

El meu pare sentia realment la fascinació per la figura de Jaume Bofill i Mates i per això va dedicar-li uns quants retrats al dietari, molt breus, com fets a la ploma, que ressegueixen algunes de les facetes del seu fer i de la seva *tenue*. Per exemple, el 27 de març de 1924 el va veure a Barcelona: «És realment un home paradoxal i interessantíssim, candorós, alhora com un infant i malfiat com un Machiavello. És un temperament medieval.» I el 5 d'agost el pintava així: «He anat a Rosquelles a la tarda. En Bofill i Mates està engrescat amb les seves plantacions. Vestit de blanc, cofat d'una pallola fina, lluint-li la vivacitat dels ulls darrera les ulleres, tenia l'aire d'un polític anglès, vegetant. Ha plantat gavarreres, boixos, pomeres, xiprers i un bell seguit de coníferes. Ens ho mostra líricament, minuciosament. Els cedres del Líban tenen unes blavors delicadíssimes, com si, en ple dia i tot, fossin molls de clar de lluna.»[50]

En una de les visites a «Guerau de Liost», del 10 de novembre —preparant, sens dubte, l'edició de *Sàtires*, que imprimiria Atenas A. G., la impremta de la qual era soci el meu pare— Manent es troba amb Bofill i Xavier Nogués, l'il·lustrador del llibre. I defineix el dibuixant: «Artista admirable, senzill, aplomat i seriós. És l'antípoda del tipus "sagarrenc", displicent i cínic. Té uns ulls clars i acerats, una bella veu de baríton; s'interessa cordialment per les coses; es reserva la ironia i l'*humour* per les seves caricatures genials. No solament en les obres, sinó també en el tracte, és un dels nostres artistes més interessants i acollidors.»

La relació amb Carles Riba fou sens dubte primicera. El degué conèixer en alguns Jocs Florals de 1916 o 1917. Ja el 1918 Riba li agraïa per carta un comentari que Manent havia fet a la revista *El Camí* sobre una traducció bíblica seva.[51] El 4 de juny de 1918 Marià al dietari exalçava els articles crítics de Jordi March (Carles Riba) a *La Veu de Catalunya*: «Quin pur esperit, quin domenyador del llenguatge, quin cor més serè per la crítica precisa i profunda, per la rica teorització i alhora quin poeta i quin infant en Carles Riba!»

El 18 de febrer de 1920 el dietari comenta amb entusiasme *El primer llibre d'estances*: «D'aquests darrers [els que no es copsen sense esforç] és el pur Carles Riba: mestre de la metàfora constant, sensualista mental, refinat i cenyidor d'ardències apassionades». Avancem que Riba comentà amb agudesa les versions de Keats que havia fet Manent i el seu segon llibre *La collita en la boira*. Coincidien a la tertúlia lopezpiconiana del cafè Continental i pel juny de 1921 Riba li escriví tot enviant-li el pròleg a *Cançons i balades de la lírica catalana moderna* (Edicions dels Amics de la Poesia, 1922).[52] Hi ha una nova carta del dia 11 de novembre.[53] I el mateix 1922 assisteix a un àpat de comiat a Riba i Clementina que marxaven a Itàlia. La correspondència s'espaia molt fins que el 7 d'octubre de 1938 Riba agraeix vivament a Marià un article a *Revista de Catalunya* i gairebé es confessa; «Em sento animat a seguir, i ple per a seguir, cap al desenllaç catàrtic d'aquest llarg poema que formen els meus breus poemes, només aparentment solts, i en el qual i amb el qual la meva ànima creix i se salva.»[54]

La relació amical i literària es refermà i fou molt intensa, com veurem, a la postguerra.

Altres companys de generació: Joan Salvat-Papasseit, Tomàs Garcés, Josep Maria de Sagarra, Josep Pla, Rossend Llates, Jaume Bofill i Ferro. Militància i teorització noucentista

Del meu record el pare parlava amb afecte i melangia de Salvat-Papasseit, el qual li havia dedicat un dels seus millors poemes: «Tot l'enyor de demà»; pel desembre de 1919 també li signà un exemplar del llibre *Poemes en ondes hertzianes* i el 29 de febrer de 1920 Manent publicà un article a *La Veu de Catalunya* sobre el llibre de Salvat. Hi constava la voluntat d'evitar el mimetisme avantguardista i el desig del poeta d'expressar la «sensació directa» i un ritme nou, però ha hagut «de recaptar l'auxili de les crosses; la col·laboració tipogràfica (...) Quan l'esforç reïx, com en "Drama en el port", per exemple, els resultats són excel·lents. Aquí les línies segures d'aiguafort es coronen d'un bell ritme, d'un vers perfecte com és ara aquest: "Fora del port les gavines reposen", que clou el poema i sembla un retorn als límits verbals que el poeta volia defugir».

Quan Salvat morí, Manent ho glossà al dietari: «La mort del gran poeta Salvat-Papasseit era, de temps, esperada, però ens ha colpit dolorosament.» Tot seguit evoca un article, «dramàtic i efusiu», que li ha dedicat Sagarra i afegeix: «La lírica d'en Salvat-Papasseit cantava en un pla d'eternitat, superava el temps i la caducitat de les coses no li inspirava elegies (...) El món tenia per a ell la brillantor segura, l'alta serenor de la immortalitat.»[55]

En un record de Salvat, escrit ja de molt gran, Marià evocava una de les darreres visites que li havia fet, tot i que era més freqüent que Manent l'anés a veure al Faianç Català: «Encara em sembla veure el seu rostre xuclat, les seves llargues patilles, la seva mirada negra, intensa.» Salvat li preguntà especialment per Josep Carner, que era a Gènova.[56]

L'amistat amb Tomàs Garcés és també antiga i duradora. El «més petit» dels noucentistes, ja que es duien tres anys amb Marià, explica que a la Universitat comentaven la revista *El Camí* i que ell es relacionà amb el grup que la feia. Per tant es devien conèixer o a la darreria de 1918 o bé —i més aviat— a la primeria de 1919. «Jo anava a veure Manent —escriví Garcés el 1978— al seu pis penombrós, silenciós, un xic monacal del carrer de Bailèn o a la Caixa de Pensions, on treballava rera una finestreta que es mig obria per als visitants amics. Allí degué donar-me aquella deliciosa "Oda als carros matiners" per a la meva petita revista de la Barceloneta», o sigui *Mar Bella*.[57] Al mateix article Garcés desenterra el projecte editorial de Carner d'una editorial —«L'Estel»— duta i pagada per escriptors. Fou un somni esvaït, com ja he recordat, i ell precisa que solament va sortir *L'escola dels marits*, (1922), de Molière en versió de Sagarra, que es va vendre poc i que el meu pare, a través de la impremta Atenas A.G., va acabar de pagar la factura. Garcés va passar alguns estius a Premià de Dalt, abans de la guerra i era dels pocs de la generació que es tutejava amb el meu pare.

Manent parla amb admiració del doll fresc de la poesia de Sagarra, de la seva habilitat literària i li plau la novel·la *Paulina Boixareu*, però li retreu que «es perd, entre altres coses, per un excés de grotesc». Sagarra, tot i que van mantenir una relació afectuosa, no va pertànyer mai al seu cercle íntim per bé que es trobaven en festes de Jocs Florals i en cenacles literaris. No trobarem, doncs, gaires esments personals al dietari. Tanmateix el 1921 n'hi ha un de significatiu: «He parlat llargament amb en Sagarra sobre el teatre català. Diu que el nostre teatre modern pot crear-se a base del llegendari popular, del gran tresor d'arguments dramàtics, plens d'emoció i d'originalitat, que hi ha en les cançons de la terra. He pensat que ningú no podrà fer-ho tan bé com ell (...) L'autor de *Dijous Sant* m'incitava a escriure teatre. "Si no ho fem nosaltres els poetes joves —deia— qui ho ha de fer? El teatre català està en mans de quatre patums i cal canviar les coses. Llanceu-vos-hi" (...) En Sagarra, amb el seu aire indolent, amb la seva pipa anglesa, amb el seu capell adquirit a Alemanya, és un minyó simpàtic i europeu.»[58]

I encara el 23 de gener de 1925 Manent feia subtils observacions sobre la tendresa sagarriana: «Aquest poeta, entossudit a parlar de nirvis i de sang i fetge, és, però, un dels escriptors de Catalunya que té en la seva ànima més reserves de tendresa i que la sap expressar millor. No fa molt, llegia uns fragments del seu *Comte Arnau* (cant V) on descriu, amb una mena de realisme sàdic, la venjança dels pagesos revoltats damunt una filla del comte. Diu que se l'enduen, plena de sang; i fa aquesta imatge d'una tendresa única: *compara la donzella a una oreneta desmaiada.*»

La relació amb Josep Pla també fou primicera. I al dietari és esmentat, ça i lla, de vegades críticament, sobretot en glosses d'articles seus. Així el 15 de març de 1920 Marià escrivia: «Els comentaris d'en Pla sobre l'actualitat viva tenen sempre una guspira de novetat i de gràcia i les suggestions de les coses diverses que es van esdevenint són per a ell una inesgotable inspiració de gloses. Quan fa de crític literari revela formació sòlida i una "mirada de síntesi".»

Uns mesos abans (31 de gener de 1919) Pla anotava al seu *Quadern gris*: «Alexandre Plana em presenta a Marià Manent, poeta —poeta catòlic exactament, pel que he vist més tard. Parlem llargament. Em sembla un jove molt intel·ligent, d'una discreció perfecta, d'una impetuositat perfectament controlada, d'una ironia ben administrada. És un xicot de pis i d'oficina, molt ordenat— una d'aquelles persones que sempre tenen la taula neta i les coses al seu lloc precís i exacte. És natural, donats aquests peus forçats, que Manent visqui fascinat pels poetes anglesos neopagans —Shelley, Keats, etc.— (...) Manent em demana un concurs pecuniari per editar els escrits d'un tal Giral, xicot de casa bona, que escrivia com un àngel. No li puc donar res perquè la meva pobresa és absolutament inqüestionable.»[59] Fou en aquella època que Pla col·laboraria una sola vegada a la revista *El Camí*. Després les relacions de Manent i Pla foren distants, espaiades i escadusseres. Eren de cledes literàries diferents i al meu pare li molestava l'anticlericalisme tronat de què Pla feia exhibició en la conversa. Però coincidiren en els premis literaris de la Nit de Santa Llúcia o a casa de l'escriptor anglès John Langdon-Davies, a Sant Feliu de Guíxols.

Ja hem vist com Rossend Llates dibuixa amb benvolença i fervor amical la figura de Manent. Durant aquells anys, entre el 1917 i part dels vint, era un dels seus millors amics. Llates, culte i melòman, tendia a la plagassitat mordaç, era agudíssim i amb tendències bohèmies, però amb Marià s'endolcia i procurava no ésser massa malèvol. Es veien gairebé cada dia, voltaven pel Passeig de Gràcia, visitaven exposicions, es trobaven en concerts. Pel febrer de 1920 Marià valora els versos de Rossend: «Són les frisances d'una joventut que interroga amb el llavi ardent i la mirada febrosa davant l'enigma del món.» Alguns dies Llates acompanyava el seu amic fins a casa i el diàleg es feia inacabable. De vegades en aquest *flâner* joiós s'hi afegia Jaume Bofill i Ferro i Manent recorda al dietari que amb ells «veure aparadors és una delícia». Una llarga nota del 14 d'abril de 1921 ens resumeix el caire observador i literari d'aquestes passejades: «Hem passejat, en Bofill i Ferro, en Llates i jo pel bell carrer de Ganduxer; era una mena de deambular estrictament poètic. Feia un capvespre ben primaveral: posta color d'acer, amb muntanyes fosques a contra-cel. Es destacaven precisos els arbres i les cases de la carena. Tot d'una hi ha camps d'un verd obscur, algun arbre florit i un cantusseig de granotes: són tres elements d'intensa ruralia. I aquelles glicines del carrer de Ganduxer! A l'angle d'un jardí n'hi havia una extraordinària tofa. "Com si haguessin nevat glicines", deia en Bofill. N'hem aspirat l'aroma i hem estat una bona estona contemplant-les. En Llates observava que no llancen un perfum seguit, sinó en alenades, com una respiració. "Fan una olor imprecisa —deia en Bofill—, però que dóna una certa embriaguesa". A mi la delicada i olorosa bellesa d'aquestes flors em fa una impressió de cosa pagana. Un encís paradisíac, però d'Olimp pagà. Un s'imagina uns pòrtics de temple grec, tots decorats de glicines i unes deesses coronades d'aquests meravellosos raïms.»[60]

Jaume Bofill i Ferro, cinc anys més gran que ell, era el seu millor amic i així ho expressa algun cop al dietari. Fou el seu confident, el seu *alter ego*, perquè coincidien en els gustos, en les lectures, en la *imago mundi*. Bofill era cerimoniós i molt culte i feia estades a Premià i Marià passava dies a Viladrau, a Ca l'Herbolari, en ple Montseny. Ho detallarem més endavant...

El mateix Bofill ha escrit com va conèixer Marià i la impressió, espiritualitzant i un poc etèria, que va sentir només de veure'l entrar: «Jo vaig conèixer Manent cap a l'any 1919, un vespre en el desaparegut Cafè Royal, tan agraciadament decorat per Jaume Llongueres, amb una estilització una mica Bildermaier vienès, una mica dinou barceloní. Ens hi havia convocat Josep Carner per la fundació dels "Amics de la Poesia". Ja en distingir-lo des de la porta giratòria, al fons de la sala, amb el seu posat tímid, somniós, correcte, que li donava un aire mig d'estudiant d'Eton, mig de cavaller de l'Edat Mitjana (va fer-me pensar tot seguit en el sant Jordi de Jaume Huguet), ja des d'aquells primers moments de la nostra relació se'm varen fer paleses de manera misteriosa, amb una indefugible, arravatadora obvietat, les dues característiques essencials de la personalitat de Manent, els dos signes que segellen (en el sentit més pregon) tota la seva persona i tota la seva obra: la constant impressió d'exotisme i la constant impressió de gentilesa.»[61] Heus ací una visió una mica hiperbòlica de la figura del seu gran amic.

Aquelles converses literàries, encetades en la gràcil i inquieta jovenesa, van continuar tota la vida. I no cal dir a la primera època les passejades per Sarrià (on Manent admirava un nucli catalanista de famílies benestants molt actives: Guarro, Gual, Surinyach, Garriga, Maragall, Serrahima), pel Passeig de Gràcia, les anades a les Planes o les estades a l'Ateneu Barcelonès eren constants. Vida social i literària es mig barrejaven. I els amics també. Per exemple el 1924 Marià assistí a la inauguració de la Llibreria Catalònia amb Miquel Tura i Joan Capdevila i Rovira.

D'altres amics, també estimats, surten en l'itinerari de Marià en aquell període de 1918 fins a 1925. Un fou Ventura Gassol, per qui el meu pare tenia un flac i el 17 d'abril de 1920, en el seu dietari comenta *La nau*, que l'autor li ha regalat: «Plenitud verbal i metafòrica, plenitud de moviment i de passió. Aquesta poesia està lluny del subtil, però respira plenitud i de vegades "arriba al caire de l'eloqüència".»

El dietari ofereix pinzellades d'altres amics, ocasionals o que no va tractar gaire: «Ve l'Ernest Maragall, el bell i jove pintor idealista que se'n va a Itàlia demà (1925).» O bé el 1921 la visita a casa l'escriptor modernista-noucentista gironí, Rafel Masó i Valentí, tan amic de Josep Carner: «És un tipus d'artista. Va llegir-me uns poemes antics: una "ègloga del novell arquitecte" i unes belles glosses de cançons populars (...) La llar de Rafael Masó és una mica germànica i plena de troballes d'un gust original i exquisit. Però, Déu meu, aquella reixa de glicines que s'enfilen galeria amunt!»[62] I el 1924 Felip Graugés, el poeta ruralista, li envià el seu primer llibre, *Camps a través*: «Una dolça degustació de la bella natura, amb aloses, sol d'or i campanetes blaves...»

Ça i lla hem trobat expressions de la convicció noucentista de Marià i de la consciència de pertànyer al moviment. En morir, el 1919, Francesc Fontfreda, Manent el qualifica de «noucentista, en fi, bellament ortodox». Quan mor Benjamín Taborga Marià parla de la «ideal Comunió Noucentista». I el 1921 confessa que la seva formació l'ha distanciat dels escriptors del segle XIX: «Nat en un ambient hostil a la passada generació literària, no conec gairebé res del vuitcents, tret de Verdaguer, la inexhaurible pedrera. Però no dubto que és saludable donar una ullada, de tant en tant, als qui immediatament els precediren.»[63]

Presència o col·laboració en revistes de grup: *Ofrena, L'Instant, Terramar, Monitor*

Ofrena (1916-1918) era una altra revista de joves noucentistes que tenia com a capdavanter Eusebi Isern i Dalmau, futur gran advocat i col·leccionista d'art. Entre els redactors es comptaven Joan Capdevila, Josep A. Font i Casas i Ramon de Curell, tots futurs redactors de *El Camí*. Hi col·laboraren autors de l'Escola Mallorquina (Joan Alcover, Costa i Llobera, Llorenç Riber, Guillem Colom, Miquel Ferrà, Miquel Forteza), alguns il·lustres escriptors vuicentistes (Narcís Oller, Víctor Català, Dolors Montserdà), rossellonesos (Pau Berga, Esteve Casaponce) i mestres dels joves redactors com Carner, López-Picó o Ruyra i, naturalment, escriptors que giraven entorn del nucli d'amics de Marià: Arús, Batista i Roca (que ja hi parla del concepte d'etnografia), Draper, J. M. Girona, Graugés, etc. I fins i tot Josep Pla. El meu pare hi publicà tres poemes i una traducció de Peguy. Una nota de dietari explica: «Vaig a la reunió dels companys d'*Ofrena*. Em diuen que jo formo part de la junta directiva de redacció. Grans millores. La revista serà, si Déu vol, esplèndida» (25 de març de 1917).

L'Instant de l'època de París (1918) fou dirigit per Joan

Pérez-Jorba i hi col·laboraren els homes de *El Camí* (Font, Capdevila, Giral, Tobella). El meu pare hi publicà el poema «Bull el most i la lluna s'aprima». A la segona època de Barcelona (1919), quan era una revista de més contingut, Manent hi figura com a redactor, junt amb Capdevila, Tobella, J. Llorens i Artigas, Salvat-Papasseit, Font i Casas, Ramon de Curell i Millàs-Raurell. A la necrològica de Francesc Fonfreda el qualificaren d'«agitador noucentista» i el 1919 el meu pare hi publicà un article sobre *La parada* de Joaquim Ruyra. Hi descriu cada conte i alguns personatges i en destaca la imatgeria i la humanitat, bo i situant-lo entre els grans prosadors del món. El 14 de febrer de 1920 Marià conta al dietari que s'ha reunit amb els redactors de *L'Instant*: Millàs, Llates, Capdevila i Salvat-Papasseit, l'administrador. Es plany de la poca compenetració entre els redactors i del to indiferent de Millàs. Passeig de Gràcia amunt, evocaven la redacció de *El Camí*: «Un cas exemplar de compenetració, d'unitat espontània, sense direcció dictatorial ni direcció personal de cap mena.»

Dins els números 5-6 i 7-8 de 1919 de la revista de Sitges, *Terramar*, dirigida pel seu amic Josep Carbonell i Gener, Manent publicà un llarg assaig sobre *Alguns aspectes del renaixement catòlic en la lírica francesa moderna*, esforç de síntesi i reflex d'un coneixement de la matèria. Manent hi evoca sobretot Claudel, Peguy, Le Cardonnel i Francis James.

En 1921, en qualitat de redactor de literatura estrangera, Marià col·laborà a *Monitor*, revista teòrica nacionalista, dirigida per J. V. Foix i Josep Carbonell, amb un treball sobre Rupert Brooke (núm. 1) i un altre sobre poemes de Duhamel (número 3). I encara aquell mateix any publicà «Nit de novembre» a *Flames noves*, revisteta que se subtitulava «revista de les joventuts literàries de Catalunya» i que dirigia Pere Pujol i Casademont, futur editor i gran venedor de llibres catalans a la postguerra.

CAPÍTOL III
La consolidació pública d'una vocació literària: poeta, traductor i crític

Sonets i odes de J. Keats

El 1921 Marià Manent és ja un valor literari cotitzat. Ha publicat dos llibres originals i dues traduccions (Keats i Kipling). Una crítica de Joaquim Ruyra n'havia subratllat els mèrits indiscutibles i Eugeni d'Ors en el pròleg a les versions de Keats el consagrava com a traductor privilegiat de l'anglès. Riba comentà amb agudesa *La collita en la boira*, el seu segon llibre de poesia, i *Primer llibre de la jungla*, obra que li donaria una inesperada popularitat entre un públic no estrictament literari. Manent traduïa en revistes literàries, bé que escadusserament, els millors poetes anglesos i s'hi relacionava fins al punt que el 1924 W. B. Yeats li envià l'obra *Plays and controversies* amb una llarga dedicatòria. Marià fins i tot s'havia fet un ex-libris per estar *à la page* i que lluïa un bell gravat antic anglès. Mentrestant un tal Alzina li pintava un retrat, que no he vist mai. I al voltant de 1921 Manent llegia o potser ja s'havia subscrit a *The Times Litterary Supplement*, setmanari de prestigi mític el qual en alguna nota havia comentat llibres de Manent: *La Branca* o *Sonets i odes* de Keats. Aleshores guanyar premis literaris, alçaprem per a donar-se a conèixer, ja no li calia gaire. Però el 1921 fou jurat, amb Ruyra com a president, dels Jocs Florals de Mataró. I fins una noia de Premià li va preguntar el 1920: «Vostè és aquell poeta de tan nom, veritat?»

Ja hem vist com durant anys Manent s'havia esmerçat amb tenacitat en l'estudi de l'anglès. N'hem esmentat algunes versions soltes en revistes. Però fou J. M. López-Picó qui l'esperonà en la lectura i en les traduccions de Keats. Ell mateix la publicà durant el primer quatrimestre de 1919, dins la sèrie de «Lírics mundials» dels llibres que editava *La Revista*, una tria de vint-i-dos *Sonets i odes* de John Keats, en versió rimada. Eugeni d'Ors, paternalment i elegantment, al prefaci consagrava el traductor tot marcant les afinitats electives entre Keats i Manent i recordant el cementiri italià on hi ha enterrat l'anglès. I encara coronava el poeta català amb epítets brillants: «Marià Manent, pubill de la vida i de l'esperança, i ben català, ric en sanitat i bon seny. Minerva li fa costat, sota la figuració mentora; i no en va ell és del llinatge d'Ulisses, amic de les concretes realitzacions i fèrtil d'astúcies.»

Pel juny de 1919 J. A. (Joan Anglada i Vilardebò, advocat i escriptor) a la *Revista de Vich* fa una ressenya de la traducció i considera que ambdós poetes s'agermanen per una imatgeria rica. Diu que Manent ha sabut copsar l'essència de l'anglès i per això «la fadiga no hi ha deixat rastre; l'impuls inicial no es migra, la bellesa de l'obra no pateix en cap detall».[64]

Pel juliol del mateix any a *La Revista* J[osep] Ll[eonart] volia definir la poesia de Keats i en destacava «L'oda al rossinyol», bo i afegint que Manent té qualitats literàries que el lligaven amb el poeta anglès.[65]

El mes següent Josep Farran i Mayoral, a través dels seus «Diàlegs crítics», deia que havia llegit el llibre amb delectació i amb goig de «veure la nostra llengua, tan destrament manejada, assajar-se damunt les perfeccions del gran anglès (...) La fidelitat de concepte i d'imatge és justíssim i sovint arriba al resultat sorprenent d'ésser més concís que el mateix original». No obstant això, feia un retret al traductor: «En algun moment aquesta mateixa concisió crea en la traducció obscuritats certes, quan la més bella claredat era una de les qualitats del poeta anglès.» També hi troba «algun vers de ritme negligit, de metres diferents (alexandrins rompent una teoria d'hendecasíl·labs, per exemple). Tria especialment les versions de l'oda a l'*Autumne* i *La Belle dame sans merci*.[66] Alhora dissentia de la interpretació que «Xènius» donava als versos de Keats: *A thing of beauty is a joy for ever* («Tota beutat és joia perdurable»).

El catalanòfil de l'Equador Gonzalo Zaldumbide a *Hispania*, de juliol-agost-setembre d'aquell 1919, publicada per l'Institut d'Etudes Hispaniques de la Université de París, diu que Manent com a traductor és ja una garantia i que «*cet jeune écrivain s'y est adonné en toute conscience et pureté d'artiste*».[67]

Una nota del diari *La Publicidad* (14-IX-1919), signada per S., dóna notícia de la traducció i la considera important. En una visió panoràmica de la poesia catalana l'hispanista J. B. Trend, també el 1919, a *The Atheneum*[68] acabava així la seva crònica: «*Perhaps the best idea of the richness and flexibility of modern Catalan may be obtained from the translation of "Venus and Adonis" by M. Morera i Galícia, or from the "Sonets i odes" which Marià Manent has translated from Keats.*»

L'igualment hispanista Camille Pitollet, que el 1919 inaugurà la nova rúbrica «Lettres catalanes» a *Mercure de France*, va intervenir en la polèmica sobre el vers de Keats a *Revue de l'Enseignement des Langues Vivantes*. Donà la raó a Xènius.[69]

Carles Riba a *La Veu de Catalunya* (8 de març de 1920) dedicà una recensió a *Sonets i odes*,[70] tot observant coincidències i diferències entre ambdós poetes. Per a Riba, Manent s'acosta més a sant Francesc, «però amb el botí de Keats dins el sarró». I concreta: «La meravellosa concordança entre el poeta anglès i el seu traductor català s'aferma precisament aquí: en aquesta avidesa de tots dos pel regal i la llarga joia que una cosa bella pot procurar.»

El 1920 J. Farran i Mayoral a *La Revista* retornà a la polèmica amb Xènius a propòsit del famós vers de Keats. Diu que, tant Díez-Canedo com Pitollet, havien interpretat les seves paraules com un opòsit contra Xènius: «Insisteixo, doncs, en què el punt en litigi —puntualitzava— no és el vers d'en Manent sinó el vers de Keats que té l'ambivalència entre "cosa bella" i "noia bella".» Curiosa i afinada polèmica que revela la gran sensibilitat per la poesia que hi havia en aquells temps.

Un altre catalanòfil, Andrée Bruguière de Gorgot, a *Les Tablettes*, de St. Raphael (Var) (França), (setembre de 1920) glossà la traducció. Va ser un esbòs de semblança del traductor i les coincidències entre el català i l'anglès fins a parlar d'una «adorable metempsycose» per acabar afirmant: «*Manent n'est pas un traducteur, c'est un poète.*»

És evident que aquest primer llibre traduït va fer guanyar a Manent una aurèola de traductor exigent i precís. Entre les cartes que va rebre, n'hi ha de mossèn Antoni Batlle, llarga i valorativa, de Fidel Riu i Dalmau i una targeta de Jordi Rubió: «La seva bella traducció de Keats ha sigut un deliciós llibre de coixí les últimes nits. Li ofereixo en canvi una modesta edició erudita.»

La collita en la boira

El meu pare conservava un recull poètic, inèdit i a màquina, amb data del 2 de novembre de 1918, i que titulava «Les minves de la joia» i així s'anunciava com a llibre en preparació a les planes finals de la versió de Keats. El recull comprenia vint-i-un poemes dels quals només quatres passaren a *La collita en la boira*, de noranta-sis pàgines, editada pel desembre de 1920 a la col·lecció de *La Revista*, que dirigia J. M. López-Picó. L'obra comprèn disset poemes que, segons els crítics, representaren un salt qualitatiu de l'autor en relació amb *La Branca*. La primavera, la tardor, les vinyes, els carros matiners a la ciutat i la melangia per un amor en perpetu interrogant són els temes més característics. No hi manca la «Cançó trista», flor natural als Jocs Florals de Lloret. I tampoc «l'Elogi de les glicines», la flor que el tenia fascinat:

> *Com t'emparen les roges boirines,*
> *oh ciutat encalmada i subtil!*
>
> *En la calma nocturna d'abril*
> *et coronen raïms de glicines.*
>
> *D'aquest tronc, tan eixut i retort,*
> *ha florit la corona aromada.*
>
> *Oh raïms! Si us petjava la Mort,*
> *es farà una donzella gemada.*
>
> *I només amb el vostre perfum*
> *(com naixia de branques adustes?)*
>
> *tornaríeu les dalles augustes*
> *com garlandes d'aromes i llum...*

La crítica va rebre amb lloances el segon llibre de Marià Manent. Dins unes «Notas breves», anònimes, el diari *La Publicidad* (12.1.1921) oferia una imatge personal i barroca del poeta: «Como un cerezo, cuajado de flores argenteras, aparece nuevamente engalanada la musa adolescente y grácil de Mariano Manent, cual un fervoroso de Dante Gabriel Rossetti. El título es sugestivo: *La collita en la boira*. No es un estallido de pulpas sanguíneas ni un triunfo de rubíes de mayo. Es una floración de cerezo en la palidez fraternal y vaga de una niebla británica.»

El setmanari catòlic de Badalona, *Aubada*, el 15 de gener reproduí *Oda antiga* i alhora hi afegia un comentari encès d'elogi de les «belles imatges i caires gentils» i qualificava el poeta de «senyorívol i distingit com un príncep de llegenda».

El caputxí Evangelista de Montagut, tan amic de Marià, sota el títol «De poesía catalana» a *Estudios franciscanos*, també del gener,[71] subratllava l'emoció i «l'estat d'esperit» del poeta, gens cerebral i atret per l'esplendor del món: «Es más viva, pura y profunda el agua de su poesía en *La collita en la boira*. (...) Su poesía [ahora] es más de otoño; aquélla, su poesía juvenil, era primavera y de apariencia jubilosa». Amb les inicials M. S. A. sortí a la revista de Barcelona *L'Ideal* (1-III-1921) un comentari de lloança que el volia definir amb una metàfora: «Un ametller florit encimbrejant la migdiada clara.»

Una nota molt breu de J[osep] Ll[eonart] a *La Revista* del març de 1921,[72] hi destaca les imatges i la musicalitat i sentencia: «Mort Joaquim Folguera, en Manent es pot posar com a capdavanter d'un dels grups del modern lirisme més tènue i original.» El 15 de març reblà l'elogi en un article a *La Veu de Catalunya*.

Josep Maria Capdevila a *La Publicidad* (7-III-1921) el qualifica de «llibre de joventut amb totes les imprecisions de la joventut». Glossa «Cançó trista» i endevina en els darrers poemes «el record d'un esdeveniment sentimental». Aquesta és l'única crítica negativa de totes les que coneixem.

El 10 de març Carles Riba a *La Veu de Catalunya* —signant «Jordi March»— en va fer una recensió profunda. Considerava la poesia de Manent com una «confidència jovenívola (...) una poesia d'estats d'ànim que no arriben a condensar en pensament», mentre el qualificava de «mestre en l'al·literació» i estudiava la música d'alguns versos, a través de l'ús de consonants i vocals, la rima interna, etc. El sorprenien també les coloracions on «diria's que troba el nexe entre el seu estat d'ànim i el paisatge» que traspuava franciscanisme: «Una bondat que és naturalment espill d'una exquisida gentilesa interior.» Per a Riba *La collita en la boira* també era «un llibre de petits desenganys jovenívols». El 1988 Josep Pané a *Reduccions*, de Vic, afirmava: «La lectura que Riba fa de *La collita en la boira* podríem dir que crea jurisprudència. Recull les observacions de la crítica que el precedeix, les elabora i n'apunta de noves: és qui primer s'enfronta amb una mínima anàlisi dels recursos estilístics utilitzats per Manent, qui apunta el recurs de les coloracions en la creació d'imatges i qui puntualitza sobre el particular humorisme del poeta. Tot destinat a exemplificar el concepte de "poesia d'estats d'ànim".»[73]

En una revista, quasi desconeguda, *Vida americana*, de Barcelona, de la qual només sortí el primer número[74] Tomàs Garcés valorava la poesia de Manent i hi parlava sobretot de *La Branca*, per bé que hi ha al·lusions explícites al segon llibre: «Hay en los versos de Manent esa alegría ingenua de los nacimientos (...) Eleva su voz cristiana y catalana entre la mediterraneidad gustosa de las cosas que le envuelven.»

El *Times Literary Supplement* (28-VIII-1921, pàg. 485) dedicava una nòtula a *La collita en la boira* i el considera «*one of the most distingued of Catalonia's singers*».

El llibre de la jungla de Kipling, una traducció clàssica

El 23 de gener de 1920 el meu pare anotava al dietari: «En Carner m'ha dit que m'havia obtingut el permís per traduir els trossos que em plaguin més dels *Llibres de la jungla* i de fer-ne un volum per a l'editorial Catalana, que haurà de quedar llest aviat.»[75] El dietari dels dies següents recull almenys una dotzena de comentaris sobre aquesta obra, les poesies de Kipling, etc. I apunta que ha començat tot seguit la traducció. Per exemple, el 9 de febrer de 1920 anota: «Vaig traduint Kipling, metòdicament, una estona cada dia.» Durant l'estiu es plany que no podria lliurar la versió a l'octubre i que, segons li havia dit Josep Pugès, gerent de l'editorial Catalana, no sortiria dins el 1920. No obstant això, el primer volum devia aparèixer pel desembre o potser pel gener o febrer de 1921 perquè pel març[76] a *La Revista* Josep Lleonart, signant amb inicials, transcriu un diàleg imaginari amb Mowgli i li preguntava què faria si tornés a la civilització urbana i hi trobés homes cruels, mesquins i malignes.

El 1923 va sortir *El llibre de la jungla. Segon volum*, al qual el mateix Lleonart dedicà un altre comentari a *La Revista*.[77]

Hi exalçava el fet que «els batecs de la vida salvatge, recontats amb una força de cosa viscuda i per un temperament de poeta comprensiu arriben a fer valorar la faula com un poema humà». Hi afegeix que «Marian Manent reïx d'una faisó esplèndida a adaptar les narracions angleses a la nostra llengua, essent feliç en la trobada de paral·lelismes lingüístics i perfilant la traducció amb un domini i propietat que no lleven gens de vivesa a les planes de l'humorista anglès».

Estranyament, fins el 1935, i gràcies a Llibreria Catalònia, el llibre de Kipling no va tenir una segona edició. En la represa de la postguerra va arrelar molt com a llibre emblemàtic o de capçalera sobretot entre els minyons de muntanya o *boy scouts*. Hi ha qui ha conegut Marià Manent exclusivament a través de la versió de Kipling i en desconeix les facetes poètica i crítica. Fins el 1991 se n'han fet (Editorial Selecta) sis edicions més.

Fundador d'«Amics de la Poesia» i director de *Revista de Poesia*

El 23 de gener de 1920 Marià Manent anota al dietari: «Avui en Carner, en Soldevila [Carles], en Ramon Sunyer, en Bofill i Ferro i en Sitjà [i Pineda] i jo ens hem reunit al Royal. En Carner ha anunciat la constitució d'una societat d'Amics de la Poesia que tindria per objecte apropar el petit món elegant de Barcelona a les manifestacions més exquisides del nostre món intel·lectual. Darà una o dues lectures al mes, a la Sala Mozart, i publicarà anualment l'*Almanac de Barcelona*.»[78]

L'entitat divulgà un full d'inscripció per justificar per què es fundava: «La poesia és suprema culminació del llenguatge, la flor del nostre esperit, l'imperatiu somrient de la nostra categoria nacional.» Entre els signants del manifest fundacional també hi havia Jaume Bofill i Mates i la inscripció costava dues pessetes. El 24 de febrer, anota el dietari, el grup es va tornar a reunir al Royal i Carner va manifestar que l'entitat tindria una «eficàcia definitiva» amb la col·laboració de dames com les senyores Despujol de Ventosa, Isabel Llorach, Maria Parellada de Ferrer Vidal i Maria Rusiñol. Manent i Bofill i Ferro, segons el dietari del 24 de febrer, van anar a veure Maria Giral, germana de Manuel, perquè els ajudés a connectar amb senyores de la *high life*. Ella els va desenganyar perquè la col·laboració de l'esmentat estament produiria «resultats efímers» perquè sovint actuaven per «esperit de rivalitat».

El mateix mes el dietari ens forneix més detalls: «Avui, a la Sala Mozart, primera sessió dels Amics de la Poesia. Hi circulaven noies gentils, dames il·lustres, poetes reticents però purs, comerciants famosos: tots, naturalment, amics de la poesia; ja se'ls veia així que traspassaven el llindar», comenta irònicament el meu pare.[79] I afegeix: «En Magí Morera i Galícia ha fet unes discretes consideracions sobre Maragall: A qui tothom respectava perquè duia una força nova i ardent (...) Fou d'un cristianisme tan fort, que pogué passejar-se serenament entre paganismes.» Després hi llegí Carner el qual, segons Manent, enlluernà l'auditori.

El mateix 29 de febrer, sota el títol d'«*Amics de la Poesia*», *La Veu de Catalunya* publicava una columna, sense signar, però amb l'estil inconfusible de Josep Carner. Hi deia que havia nascut una «associació de mena gentilíssima» i que «l'expansió catalanista política no ha oblidat mai el seu origen poètic», però que «cal crear una nova i fina popularitat a la nostra poesia, que sigui, a més d'un nou tremp de catalanització, una educació amable i fecunda dels esperits». «La socialització de la poesia —continuava Carner— produeix un altre bé que ens és greument necessari: la gràcia, la cortesia, les irradiacions del do que Montaigne anomenava d'entregents.» I Carner acabava sentenciant que «la poesia catalana ja no cap en un cenacle».

Segons els estatuts, Amics de la Poesia era una secció del Círcol Artístic de Sant Lluc i havia de difondre la poesia d'arreu. No és lloc per fer l'inventari dels actes que organitzà l'entitat els quals, pel que sembla, tingueren força regularitat, amb entrebancs durant la Dictadura de Primo de Rivera. El mateix 1920 Gassol hi llegí versos de Joaquim Folguera i Joaquín Montaner, poeta en castellà, resident a Barcelona, i Manent hi llegí l'obra pròpia. El 1921 Conxita Badia cantà en una sessió sobre «la poesia i la música dels trobadors provençals». El 1922 hom recordà, dins el marc de la Generalitat, el centenari de Dant i les pastorel·les franceses del segle XVIII. També la lírica russa, els parnassians i simbolistes francesos, i el 1923 hi llegiria novament Carner... Pel desembre de l'any abans la junta directiva era constituïda per Josep

Puig i Cadafalch, president; Maria Parellada de Ferrer Vidal, Isabel Llorach, Glòria Bulbena, que en parla a les memòries,[80] Aurora Massó de Casas, Maria Guarro, Josep Carner, Jaume Bofill i Mates, Carles Soldevila, Ramon Sunyer, Jaume Bofill i Ferro i Marià Manent. Fixem-nos que els presideix el mateix president de la Mancomunitat de Catalunya.

L'entitat publicà l'antologia *Balades i cançons* (1922), amb pròleg de Carles Riba, que en fou president durant la República. *Sons de lira i flabiol* (1927) de Carner, llibre vinculat a les sessions «Els poetes i els músics». I encara el 1936 Ventura Gassol hi llegí els «poemes d'exili i de presó». Però la guerra ho ensulsià tot. A la postguerra els Amics de la Poesia es referen clandestinament i feien les sessions a la rebotiga de Ramon Sunyer, a les quals assistia el meu pare.[81]

Pel gener de 1925 sortí el primer número de *Revista de Poesia*: 64 pàgines, coberta de color taronja, lletres de Jaume Llongueres i un dibuix (un infant amb un ocell a la mà) de Ricard Marlet. El 12 de febrer el meu pare, que n'era l'ànima i el director, escrivia al dietari: «Confesso que aquesta revista és una innegable il·lusió, és un rejoveniment espiritual que ens transporta al bon temps de *El Camí*; i, ultra això, serà per a molts estímul i una disciplina literària.» N'eren redactors Jaume Bofill i Ferro, Carles Fages de Climent, Melcior Font, Tomàs Garcés, Joan Gutiérrez-Gili, Rossend Llates, J. Millàs-Raurell, Maria-Anna (sic) de Saavedra i Octavi Saltor. Anna Maria de Saavedra n'és la darrera supervivent. Ella, nada a Vilafranca, traductora de Rilke (quasi tot inèdit) és filla d'un *hidalgo* andalús. Pel desembre el grup llançà un manifest, recollit per algun diari, i que traeix l'estil del meu pare: «Un grup d'escriptors, de tendències diverses, però coincidint en uns quants principis essencials sobre el concepte de Poesia, han cregut interessant la creació d'una revista monogràfica, consagrada exclusivament a la difusió i a l'estudi crític de la lírica nacional i estrangera.» Hi remarca «l'excel·lència de la poesia dins el conjunt de la nostra producció literària actual», vol crear una «consciència crítica sobre el fenomen poètic», fa dues citacions de Wordsworth i promet «assaigs monogràfics de crítica i estètica». Curiosament del nucli de la revista *El Camí* només restava Marià, tot i que Capdevila i Tubella donaren suport a la revista. La secció «llibres» tenia entre els col·laboradors més assidus Rossend Llates, Manent,

Bofill i Ferro, Gutiérrez-Gili, poeta en castellà (li ho traduïen), Millàs, Mercior Font i Fages de Climent, que també feia de secretari de redacció. He trobat l'esborrany d'una carta del meu pare a Llates prou significativa de com el considerava: «Et prego amb el major interès que et confirmis en el teu propòsit de treballar seriosament per la revista. Saps com tots nosaltres estimem la teva col·laboració. Si la feina et permetés de ser el *crític oficial* de la revista, hauríem bastit una fortalesa inexpugnable: de dalt estant fóra fàcil fulminar contra tothom que calgués...»

Entre els que hi publicaren poemes, traduccions o assaigs cal destacar Carner, «Guerau de Liost», Riba, López-Picó, Foix, Lleonart, Garcés, etc. La secció de «revistes i diaris» era molt rica i finalment hi havia «Notes al vol». La revista sortia cada dos mesos, però ja el número de maig-juliol fou doble: 3 i 4; passà igual amb el de setembre-novembre (5-6). I fins al número 11, en què s'estroncà, la revista sortiria cada tres mesos. Subratllo que pagaven almenys algunes col·laboracions, ja que he trobat un rebut de Riba per vint-i-cinc pessetes i un de Lleonart per quinze. Malauradament no crec que se'n venguessin més enllà del centenar d'exemplars, dels tres-cents de què constava el tiratge, d'acord amb allò que es desprèn de les liquidacions conservades. La Llibreria Italiana, el gerent de la qual era el seu amic Josep Maria de Casacuberta, en tenia l'exclusiva de distribució. A més, hi havia uns divuit subscriptors-protectors, entre els quals J. Rifà i Anglada, J. M. Batista i Roca, J. Bofill i Mates, Josep Botey, Carles Cardó, J. M. Casas de Muller, J. Capdevila i Rovira, Robert Mainou i Rafel Patxot.

Manent hi publicà versions de Yeats, Rilke i Thompson i hi féu algunes crítiques literàries, una de les quals atacava durament un volum de traduccions de poesia xinesa d'Apel·les Mestres, fet que, ja de gran, li sabia greu. *Revista de Poesia* dedicà bona part de tres números a Salvat-Papasseit, Rilke i sant Francesc d'Assís. Cal dir que la publicació va tenir poc ressò entre altres revistes afins. En canvi, Garcés l'elogià des de la secció «Carnet de notes» de *La Publicitat* i Manuel de Montoliu li dedicà tot un article a *La Veu de Catalunya* (24-II-1925) on remarcava que la poesia d'ençà de la Renaixença havia estat la «branca major» de la nostra literatura i que, en el sentit de Herder, havia elevat «l'ànima del nostre poble fins a l'ànima del poeta». També hi apuntava el risc que la revista patís d'«excessiu professionalisme» o que caigués en «cenacles hermètics». Es conserven cartes dels secretaris de Kipling i Chesterton agraint la tramesa de *Revista de Poesia*.

La manca de vendes decidí, sense dubte, Marià Manent a plegar la revista. Devia pagar les pèrdues de la seva butxaca per bé que ATENAS, A. G. que la imprimia, li fes bons tractes. A més a més, *Revista de Poesia* publicà «Tamarius i roses» (1925) de Fages de Climent, «Notes sobre creació poètica» (1925) de Joan Arús i «Sàtires» (1927) de «Guerau de Liost».

Lectures. Una salut feble. L'encís de Premià i de Viladrau. Joana, encara. El dietari contra l'oblit. Amistats eclesiàstiques

El 1920 Marià recordava el tercer aniversari de la mort del seu pare amb una semblança tendra: «La seva mort, il·luminada per les més vives suavitats cristianes, fou un coronament exemplar d'aquella vida de treball, d'aquella joventut agitada que travessà el mar tan sovint i afrontà el perill i l'aventura de l'Amèrica salvatge. Ell, que havia passat tempestes al ras i havia dormit sota els arbres immensos del Chaco inexplorat, sentint bramuls de lleó puma o fregadissos de serp, passà els últims anys del seu viure en una pacífica dolçor, dins la llar i la ciutat estimada o en la casa pairal, ajupida vora els arbres que l'avi plantà o que plantava ell mateix. Veig la seva alta figura, l'obscur mostatxo, els ulls petits i somrients (...) A onze anys va ésser admès, com un noi de cambra, a la tripulació d'un barco que comanava un cosí seu del Masnou (...) La vocació marina del meu pare anà creixent, però els seus avis el volien comerciant i no marí» (29-31 de març).

En el període de set anys que ara abastem (1919-1925) Marià es nodrí de moltes lectures constants. Caldrà veure'n el descabdellament, espigolant el dietari, per adonar-nos de com es formava. El 1920 parla de «Claudel el magne», referint-se a un estudi de Duhamel sobre el poeta. Durant tres dies comenta al dietari un poema de Jules Romain sobre Europa. El març de 1920 comprà l'obra poètica de Charles Peguy. S'entusiasma amb *Le mystère des Saints innocents* (1 d'abril) i el 7 de juny llegeix, del mateix autor, *Quatrains*: «Peguy era un temperament medieval, un germà dels miniaturistes pacientíssims i dels artistes que esculpien els capitells refinats.»[82] I va explicant com llegeix Poe, Butler, Homer, Mauriac, De Maistre. I comenta Shelley i *Si le grain ne meurt* de Gide. Estelrich li deixà un volum de Tagore: «Jo li tinc una devoció intensíssima», comenta referint-se al poeta hindú. S'empassa una obra de Boris Nolde sobre Lenin i afirma que Maurras és una «veu segura, tota ungida d'optimisme assenyat i intel·ligent». Al dietari glossa amb agudesa la mort de Jean Moréas. Esmenta sovint Chesterton i s'entusiasma amb *Ortodòxia*, mentre comparteix la lectura d'una obra de Sertillanges o de la *Revue des Jeunes*. Elogia els poemes de Lleonart i apunta: «Aquests dies, per indicació de Carner, he descobert Jack London» (5 de juny). Cita la *Nouvelle Revue Française*, llegeix Ernest Psichari i li plauen les novel·les de Rider Haggard i el llibre que li ha ofrenat el poeta armeni Nazariantz. Hom va perfilant en Manent la influència de la literatura anglesa. És lector freqüent del *The Times*, però sobretot del seu suplement literari i de la revista *London Mercury*. Es decantà per alguna escola literària: «He sentit renéixer en mi l'entusiasme dels pre-rafaelites anglesos.» Llegí *La tempestat* de Shakespeare i era àvid lector de Bennet i de Conrad. Descobrí el teatre de Galsworthy, i novament era assidu de Yeats, de Walter de la Mare (amb qui s'escriví), Hardy i la poesia victoriana. Lector de Salvador de Madariaga i de Guy de Chantepleure. Compra *Revista de Occidente* i s'enarta amb l'estudi d'Ortega y Gasset sobre Mallarmé. Amb Bofill i Ferro repassen Shelley i Wordsworth i discuteixen les dificultats de traduir en vers català «El vell mariner» de Coleridge. Té correspondència amb una desconeguda Josephine Bartlett (pels voltants de 1920), qui li recomana molts poetes anglesos del moment que s'afermaven.[83]

Rep el primer número de *Revista de Catalunya* i comenta sovint la figura de Yeats al dietari (per exemple els 27-28 d'agost de 1925). S'enlluerna amb els trobadors i elogia la simplicitat, la tendresa i la contenció de Charles Vildrac, poeta de moda aleshores. En canvi, censura el to apocalíptic de les crítiques d'Agustí Esclasans. S'impressiona amb la lectura dels versos d'Alice Meynell i també amb *Varieté* de Valéry.

Al dietari comenta obres d'autors avui poc coneguts i alhora fa reflexions de crítica i sobre la poesia: així s'interroga sobre la paraula viva (1925). Insisteix en les anotacions sobre Chesterton i Shaw. I, a propòsit del manifest superrealista, observa: «Resulta curiós el concepte que defensa Breton de l'art literari representant l'activitat de l'home en estat de somni, com a equivalent a *veritable realitat*. Això coincideix curiosament amb les teories de Yeats (febrer de 1925).» Llegeix un estudi sobre Rubén Darío i l'atrau: «Era —escriu— alhora grec, salvatge i francès.»[84] Llegeix *Las Atlántidas* d'Ortega y Gasset, Proust y Maupassant. Sobre *La decadencia de Occidente* de Spengler postil·la: «Potser és més interessant per les seves observacions de detall que per les seves generalitzacions teòriques.» Torna a esmentar Pascal. Repassa Proust amb Bofill, un dels autors que ambdós admiraren més i que Bofill traduí. Manent es plany de la feixuguesa que, de vegades, té l'obra proustiana.

L'afecció de Marià per la música és una constant, irregular, al dietari. En aquest període que comentem, per exemple, escoltà Liszt al Palau de la Música, amb Cassadó i Costa. Ho comenta: «Aquell breu i puríssim minuet de Mozart, que ha estat l'èxit de la tarda. El *larghetto* de Weber, d'un apagat avellutament romàntic i l'Abella de Schubert, una meravella a no oblidar.» S'impressiona amb Wanda Landowska i diu que Sauer fa «una impressió d'apòstol i de pallasso». El 1921 compara Mozart i Beethoven (2 de gener). Considera Mompou «una barreja de Debussy i de tenora» i escolta sovint Conxita Badia, en llars d'amics o a casa d'ella. La meva mare conta que la cantatriu s'adreçava a Marià per demanar-li: «Què cantarem ara?» Van ésser molt amics i la relació es va fer sobretot a Premià de Dalt.

Manent va ésser sempre una persona aprensiva, molt emotiva i un «neuro-vegetatiu tremend(o)», com l'anomenava el Dr. Jacint Vilardell. Tenia tendència a escoltar-se i a alarmar-se. De jove ja va patir insomni i la seva sensibilitat artística repercutia en el sistema nerviós. Per això al llarg del dietari hem trobat trontolls de salut, sobretot grips. Pero de 1920 a 1925 hi ha un parell de sotracs més seriosos, que el preocuparen molt.

Pel maig de 1923, després de molts fulls en blanc de dietari, comenta que ha estat malalt i parla de la «daurada convalescència amb l'angoixa del temps perdut» i que cal anar «a la recerca del temps perdut». Llavors passà uns dies a la Fosca de Palamós per a refer-s'hi. Descriu el paisatge marès... El 1924 detalla que no es troba bé, té insomni i «la febre em dóna una visió desagradable de les coses; s'interfereixen com un vel d'angúnia entre la sensibilitat i el món» (gener). Passa una llarga grip de la qual tornaria a refer-se a Premià. El 8 de febrer diu: «Pinto un xic»: recordem que el seu pare també ho feia i que a la casa de Premià es conserven alguns olis seus sobre paisatge. Torna, enfebrat, a Barcelona. Hi ha consulta de metges. Un d'ells és el famós Dr. Gallart. Pren injeccions de calç i de «Bioplatins» (març). El 8 de març conta que ha passat vint-i-vuit dies al llit. Cada dia rebia la visita de Jaume Bofill i Ferro («el meu millor amic»). També el visitaren Josep Roset, Ramon Sunyer i els germans Lleó i Basili de les Escoles Cristianes. El 17 anota: «Les cames tot just m'aguanten» i es troba tan feble que «sembla que floti». Té palpitacions nervioses —que li duraren tota la vida— i pren reconstituents com fosfats, llet amb cacau, prunes i dàtils. El 24 del mateix mes confessa que té una depressió nerviosa. No hi ha dubte que l'inacabable plet sentimental amb Joana hi devia contribuir. El 28 de març va anar per primer cop a l'oficina de la Caixa. Però aviat marxà uns dies a refer-se a Santa Coloma de Farners: «Vaig fent aquesta monòtona vida provinciana», escrivia mentre el venien a veure els companys de la feina i pescaven als gorgs o feien excursions. I hi afegia: «Les noies provincianes no em desplauen del tot (...) Tenen un instint social innegable. A penes n'hi ha de bledes (...) Començo a desavorrir-me.» El mes següent s'establí uns altres dies a Premià de Dalt i, entremig, va veure els ballets russos amb Bofill. Tanmateix no podia llegir de cansament. Li donaven bromur i valeriana i el mateix Bofill li posava les injeccions. Pel juny retornà algunes estones a la Caixa, però el dia 5 escrivia: «Em fatiga romandre tants dies a Barcelona on la calor em produeix una pèrdua d'energies nervioses evident. Jo voldria ser a Viladrau davant Coll Pregon i el Matagalls dins aquella fresca tònica.»

Efectivament, els petits paradisos on Marià s'isolava, es refeia i treballava literàriament eren Premià i Viladrau. No es cansa d'oferir-nos pinzellades o autèntiques descripcions del seu Premià familiar, hel·lènic i somniat. Aleshores hi havia molta vinya, garrofers i horts i pràcticament cap urbanització, però unes torres d'estiuejants que acompanyaven el marc rural d'aquell poble, enclotat sota Sant Mateu. L'abril del 1921 ho evoca: «Es veuen vinyes nues, però amb la terra esponjada o solcada de línies de pèsol verd clar. Es veuen aquelles maragdes frescals dels camps de blat tendre. I trossos de terra vermella i garrofers rejovenits i rodons. Bo i pujant hem vist una glorieta de glicines meravelloses.» L'any següent escrivia: «Contemplava l'esvaïment suau del capvespre i l'arribada de la nit. Quan encara hi ha una claror tènue, ja se sent el cant dels grills. Després, ja esborrat el verd clar de les vinyes i el verd fosc dels arbres, es fa un gran silenci. Suraven pel cel filagarses de núvols (...) Era una nit encalmada, càlida, immòbil, sense un alè d'aire. La lluna era voltada d'un halo rogenc. Al cel suraven unes boirines tènues.»[85] També té un record per a Antoni Isern, el pagès i poeta modernista que se suïcidà dins una cisterna del castell de Burriac, símbol de la comarca. Explica que Isern havia arribat a escriure amb suc de móres i plomes de gallina.[86]

La seva passió pels ocells, llur plomatge, llur cant i llurs costums era ben primerenca. El 22 de maig de 1925 en fa una curiosa descripció: «Ahir al bosc van passar tot de puputs, perseguint-se. Peonaven graciosament, movent el cap i el plomall o bé es penjaven a les branques baixes dels pins. És un ocell estilitzat com els ocells orientals; la seva nota d'òboe —a la qual Wordsworth atribuïa amb molta justesa una mena d'ubiqüitat— s'adiu meravellosament amb aquestes suavitats de primavera.» Allò per a Marià era «un petit univers» on no mancaven, amb Bofill, les relectures de Yeats i de Proust i la sensació feliç: «Estirats confortablement amb l'hamaca, hi estem com peix a l'aigua.»

El 1921 se li esvaí a Premià la «neurosi cardíaca», confessa. I aquell mateix any hi va haver al poble un gran aplec sardanista. Per pujar i baixar de Premià de Mar ho feia a peu o aprofitava el Ford dels Botey.

I entremig de lectures, malalties, excursions i feina, de vegades dura, el galanteig, amb més baixos que alts, amb Joana. Marià esmenta metòdicament les converses o els encontres fugaços amb ella i altres noies de la colònia, com Teclita Vila, Lluïsa Ors, Carolina Meifrèn i un cop Adela Hurtado, la filla del polític. I no cal dir les notes que inventarien les sortides pel bosc amb el perdiguer «High», el gos que s'estimà més i que recordava sempre.

Les visions montsenyenques esmalten el dietari i traspuen el deliri que aquella «muntanya d'ametistes» li desvetllava: «Sóc a Viladrau. Aquest barri de les Paitides és d'una suavitat, d'una dolçor imponderables. Les cases són humils, d'un color gris-ocre, ajupides entre camps de blat o de sègol. N'hi ha que tenen a la vora un saüquer amb grans flors d'un groc pàl·lid. El fumerol [de les cases] és lent i d'un blau idíl·lic: es destaca contra el verd frondós dels castanyers i els pollancs», escriu el 1924. I continua: «La silueta del Montseny, vista des del collet de casa, és solemne, però a mesura de l'home. No aclapara pas, com els grans cims. Les bagues [obagues] la vesteixen fins arran de carena, amb ondullacions i unides flonjors com de molsa. Les terreres o rossoles que s'hi veuen entremig són d'un to d'espígol molt pur.»[87]

Manent s'estava a Ca l'Herbolari, barri de les Paitides, a un quilòmetre de Viladrau. La casa, restaurada per Josep Puig i Cadafalch amb encert, és un edifici senyorial del segle XVIII on havia sojornat el pare Claret i era la pairalia dels Bofill, que havien estat apotecaris de Carles III. Bofill i Ferro, seguint la tradició familiar, estudià la carrera de Farmàcia, però el seu somni era de fer de senyor sense feu de Ca l'Herbolari.[88] El parc, tocant a la casa, té com a sentinelles vells avets, cedres, sequoies, arbres monumentals. El 1922 Marià ho evocava: «Aquell parc nòrdic de Ca l'Herbolari; aquelles muntanyes violeta; aquells immensos horitzons!»

Un dia de 1924, camí de la masia el Pujolar, Marià va sentir cantar a un segador:

> *Adéu, clavell morenet!*
> *Tant temps ha que no et regava*
> *i ara no et regaré més*
> *perquè ma vida s'acaba.*

L'endemà la tornà a sentir per la veu d'un infant: «He tingut la sensació clara de la tradició popular», subratlla amb un punt d'emoció.[89]

De vegades anava a Viladrau amb l'automòbil de la Caixa i la mare i la tia també l'havien acompanyat en les seves estades. Excursions, lectures, observacions dels ocells des d'un amagatall, i participació en les festes i els jocs de la colònia, des del cricket als concerts de violí a Ca l'Herbolari.

El 1925 Marià i Jaume hi van conèixer una minyoneta de quinze anys, Marta, filla d'una andalusa i d'un alemany de la Prússia Oriental. Manent s'hi engresca i en fa dos retrats exòtics: «Té un aire rus: és bruna, amb ulls oblics i misteriosos de guerrer mongòlic» i alhora traspua «una gràcia andrògina de ballarí i de guerrer» (juliol 1925). I transcriu els diàlegs amb Marta Teshendorff, que així es diu la donzella, i amb altres amigues, també estrangeres. Són vivaços, ingenus i una mica surrealistes. A l'agost, finides les vacances, hi reflexiona: «La impressió d'aquests dies és ben dolça. Marta i Lotte —que n'han estat el motiu central— posseeixen la gràcia de l'adolescència (aquella mescla deliciosa d'infantilisme i feminitat).» A Barcelona Marià i Jaume van reveure alguna vegada les noies estrangeres i fins les van seguir fins al cinema, però es van adonar que solament eren unes criatures enjogassades: «Llur conversa és francament pueril i enjogassada. No s'hi observava cap tendència a la fina intimitat (...) Ens havíem fet la il·lusió que tindríem unes fines amiguetes per fer conversa, per passejar, plegats, per prendre-hi el te amb gentil camaraderia...»

Mentrestant el galanteig apassionat amb Joana, en general, no amollava, tot i els desencisos i els intervals no estiuencs. Al dietari trobarem planes i planes que glossen converses, mirades, indumentària, gestos i els detalls més insòlits de llur relació a Premià. L'enamoriscament s'ha transformat en enamorament en un grau que la converteix en una mena d'aimia trobadoresca, extremadament idealitzada. Així, el 1922: «Duia un vestit blau fosc, color d'aigua profunda, amb mànigues llargues, negres, medievals, i uns ornaments també negres, com unes breus estalactites misterioses sobre el blau pregon. Era com una petita fada vestida amb bocins de tenebra, amb filagarses de cel nocturn...»[90] Però el 1920 (22 de juny) Marià havia escrit: «Com m'aturmenta la seva indiferència silenciosa.» I a l'agost ho reblava: «Certament és una cosa inquietant l'enamorar-se d'una adolescent. Proporciona moments exquisits, però també moltes angúnies.» I encara, un mes abans, reflexionava sobre aquest enamorament: «Mai no hauria dit que una aventura sentimental com la meva pogués arribar a produir una tal sensació de feblesa, d'angoixa i d'inquietud.» Marià, tímid, emprava imatges poètiques per a revelar a Joana les seves ardències amoroses, però ella sovint era distant, freda, infantilment poc educada. El poeta volia confessar-li francament els seus sentiments, però la tímida prudència i la presència d'altres persones ho destorbaven: «Sóc massa tímid, tot i l'aire d'aplom que de vegades em fa d'escut.» I: «He de parlar-hi com sigui. Però l'avinentesa és difícil (...) Però sento la basarda d'un desenllaç amarg. Joana em sembla definitivament hostil, impossible» (28 d'agost de 1922).

L'octubre de 1922 Marià va decidir-se a fer-li una declaració amorosa per escrit. Segons conta el dietari, foren tres o quatre cartes de les quals mai no va tenir resposta. Ho glossa: «Pel setembre, els primers dies d'or, quan la felicitat era ran de mi com una rosa tímida, qui hauria previst un dia de Tots Sants tan trist» (novembre 1923). Sembla que pel setembre de 1925 va tenir encara el darrer diàleg amb Joana, a qui demanà si encara tenia tants dubtes i ella va respondre que sí.[91] El 1926 crec que l'amor impossible es diluí i el poeta el considerà dat i beneït.

Manent valorava molt el seu dietari, escrit en llibretes petites, d'«agenda de bolsillo», atès que no n'hi havia en català. Lletra menuda i atapeïda i, de tant en tant, alguna plana en anglès. Durant anys s'imposà la disciplina d'un full diari escrit, que, excepcionalment podia tenir un bis. «Aquesta crònica espiritual que m'és tan cara» (març 1921) es combina amb una mena de deure proustià: «Heus-me ací, doncs, una mica a la recerca del temps perdut. Tinc moltes notes per transcriure i per completar, però hi ha, malgrat l'esforç que faci, una gran part de pèrdua irremissible», escriu el primer de juliol de 1922. I l'any anterior es planyia de trobar-hi llacunes no escrites, una de sis mesos: «Estic molt anguniat de veure el llarg entrebanc de què ha estat víctima aquest dietari» (20 de març). De vegades només apuntava el títol del tema del dia... El 1924 se'n torna a lamentar: «Els fulls del dietari són tots blancs. Cap sensació, cap pensament, cap dolorosa angúnia, cap moment fugitiu no han estat copsats, entre full i full, tots palpitants, com una papallona irisada i ombrívola (...) Ara em trobo amb l'angoixa del temps perdut.»[92]

Per tant el dietari, a més d'una mena de catarsi personal i d'exercici literari, li servia molt per lluitar contra la fugacitat del temps. Així, el 17 de juliol de 1925, escrivia: «El vent de l'oblit sembla, de vegades, cruel!» Però el dietari s'acabà en sec pel febrer de 1926. Aquest trenc sobtat s'ha de relacionar, sens dubte, amb la liquidació definitiva de l'afer sentimental amb Joana. I no el va reprendre, ai las, fins el 1937, en plena guerra civil...

El 2 de març de 1920 el caputxí Evangelista de Montagut donà exercicis espirituals al Col·legi Condal. Sembla que Marià, que hi assistí, ja el coneixia. El dietari comenta: «Parla amb una càlida efusió i renova amb altres visions personals l'exposició dels tradicionals motius d'exercicis.» El 25 d'abril Marià visità el convent de Sarrià. En fa una descripció monacal, concisa. Hi va conèixer el pare Miquel d'Esplugues pel qual sentiria una especial devoció. El caputxí també estimava el poeta, com ho palesa una curiosa dedicatòria festiva a *Semblances* (1926). «A En Marian Manent, amb l'avís que es prepari (quan sigui mort) per la semblança d'ell que tinc en projecte. Afectuosament.»

Pel juny del mateix any a través d'unes conferències que donava sobre apologètica va conèixer un altre caputxí famós: el pare Rupert Maria de Manresa, gran amic de Carner. El pare Evangelista li havia dit que fra Rupert, físicament, s'assemblava a «un Puig i Cadafalch, però amb més elegància». Manent resumí telegràficament les conferències i recalcà una frase del caputxí: «Primer budistes que areligiosos o indiferents.»

Els caputxins —de Sarrià o de Pompeia— eren com un exquisit tornaveu d'alguns intel·lectuals, de Carner a Riba i Foix, passant per Sagarra, Gassol o Maurici Serrahima. No és estrany, doncs, que el meu pare també en fos assidu contertulià.

Ja he explicat l'antiga relació amb els mossens Antoni Batlle, Joan Puntí i Pere Pujol. Caldria afegir-hi altres clergues del món intel·lectual com mossèn Ramon Garriga, Josep Sanabre, Josep Serra i Vilaró (uns pocs mesos de la postguerra). I més recentment dom Maur M. Boix i el pare Agustí Altisent. I altres rectors, vicaris i religiosos que, tot i no ésser tan coneguts per llur trajectòria intel·lectual pública, l'anaven a veure, i recordo que el diàleg sempre era viu, alliçonador per a nosaltres i amb un polsim més d'exquisidesa.

**Propietats urbanes i rústiques.
Dimiteix de la Caixa de Pensions.
Copropietari de la impremta ATENAS A. G.
Nacionalisme creixent. Mort de la mare**

El meu pare va rebre algunes herències de cases, generalment velles i que donaven poc rendiment. Tota la vida he sentit parlar del problema de les tuberies rebentades, dels ràfecs que queien, de clavegueres embussades i de terrats per adobar. Manent atenia personalment els llogaters i ell mateix duia el contacte, de vegades amb el paleta i sempre amb l'administrador, de la família Bertran, que durant tres generacions han estat els qui gestionen les finques de Barcelona.

La més important de les cases on participava com a copropietari era la del Doctor Dou 11 i Fortuny 30, on ell va néixer. El meu pare estava content d'haver-hi fet millores constants: aigua directa a cada pis, liquidació de les comunes, impermeabilització del terrat, etc. La casa va ésser comprada sembla que pel seu besavi, Isidre Quer i Sagristà, vers 1888. El meu pare n'heretà una cinquena part, que es convertí en dues cinquenes amb l'herència de la tia Alberta. El 1963, fent un sacrifici, per reduir l'indivís, Manent comprà una altra cinquena part de Pere Cisa i Masachs i l'altre terç resta en mans de la seva cosina germana Josefina Cisa i Cisa, casada amb Josep Cisa i Boatella.

A Barcelona també participava en un altre indivís i amb un terç. Era un casalot del carrer de Mercaders, 26. Els anys quaranta havia d'anar a terra i el meu pare es va vendre la part vers 1950 per una quantitat poc significativa. Els altres amos eren la tia Alberta (que li deixà la seva part) i Josefina Cisa. Encara avui el casalot continua intacte...

A Premià va rebre l'herència de la casa pairal del seu pare, Can Marianet, situada avui al Passatge Marià Manent. Hi ha un jardí d'uns trenta metres quadrats, on hi havia una araucària i encara es conserven una glicina retorta i dos arbres d'ombra. A l'hort encara s'hi fa recapta i patates, que era la collita principal i en tenia cura un pagès del poble.

A Premià Manent també va heretar tres casetes al Passatge de la Riera. Una, la que toca a la riera, se la va vendre per vint-i-cinc mil pessetes el 1940 per poder pagar els drets reals de la tia Alberta, morta pel juny de 1940 i que el va fer hereu únic. Les altres dues, adossades, primitivament eren la mateixa i semblen del xviii. Una galeria oberta, al primer i únic pis, té un cert interès. Sempre les he vistes llogades. A la més gran hi vivia el barber del poble, Pere Ventura, en Perico de can Pere Bord, del qual es conserva tot el mobiliari professional. Finalment a Premià va percebre en herència del pare una vinya a la partida del Camí Ral, de 81 àrees i 60 centiàrees, on ell anava a collir raïm i que vers 1926-1927 va vendre per deu mil pessetes que li van servir de capital per a la impremta Atenas A. G.

A més a més, del seu pare va heretar quatre casetes a Badalona, situades als números 2, 4 i 6 del carrer de Quintana. I una al carrer de Barcelona, 8 i 20, que era l'única que no era baixa i tenia primer i segon pis amb doble porta. Segons un rebut del gener de 1931 les cases badalonines aquell any li donaren 1.446 pessetes. L'administrador era Josep Queralt i Clapés, un dels dos fundadors d'Edicions Proa. Se les va haver de vendre els anys quaranta per poder pagar l'herència de la tia Alberta.

El meu pare continuava fent, periòdicament i espaiadament, viatges per a la Caixa de Pensions. Així l'octubre de 1919 va ésser a Vilagrassa per posar-hi la primera pedra d'una escola de la Caixa. El dietari explica el fervor popular i com «banderes catalanes ornaven els balcons».[93] Pel gener de 1920 va passar uns dies a Olot i deixà al dietari una «semblança» llarga i intensa de la ciutat: «Ara sí que la ciutat sembla nòrdica. No hi ha gaire gruix de neu i són bells els dibuixos de les teulades. Al fons les muntanyes, alguna amb múltiples feixes, que subratlla la neu. He vist un paller darrera una masia, tot florit de blancor, com amb flors arraïmades. Entre la neu, la palla era ben d'or i semblava tèbia: mai com avui la palla no m'havia semblat un or indubtable.»[94] El mateix any visità Valls amb motiu de la festa dels vells i també l'Asil de Santa Llúcia de Barcelona, on ara hi ha el Museu de la Ciència.

El 1921 va fer una estada de vuit dies al País Basc. Acompanyava el senyor Francesc Moragas amb motiu de la Setmana Social de Previsió. El dietari fa una inscripció minuciosa i molt viva d'aquella visita. S'impressiona amb el paisatge navarrès i basc. Sant Sebastià i Bilbao li recorden, respectivament, Olot i Girona. Bilbao té «una mundanitat delicada». Van visitar Guernika i van reviure l'emoció de l'arbre venerat els plançons del qual s'enviaven a les colònies dels bascos d'Amèrica del Sud.[95] El 1921 inaugura una mutualitat a Caldes.

L'estiu de 1922, amb Francesc Moragas i Joan Ventosa i Calvell, Juli Vila i mossèn Ricard Aragó i «el company Lluís Solà» (de la Caixa) feren una visita a Santa Coloma de Farners. El dietari ofereix un breu retrat polític del prohom de la Lliga: «Hem fet conversa amb en Ventosa, que és un home d'aparença sanguínia, però fred i segur de si mateix.»[96] Però en aquella època Marià comentava la fatiga de la feina: «Començo a sentir-me cansat del sobretreball d'aquests dies. Aquestes feines mecàniques de comptabilitat són exhauridores. N'hi ha algunes que comporten una atenció només superficial i d'altres que exigeixen una concentració extrema» (22 de juliol).

Ja feia un cert temps que Josep Roset —i en això el seguien Arquer i Manent— no s'avenia amb Francesc Moragas, el qual es dedicava a comprar botigues i edificis petits, que en el futur han estat un gran patrimoni per a la Caixa. Roset preferia que es compressin coses més sòlides i que donaven rèdit, com els valors de l'Estat. En canvi, Moragas valorava sobretot el petit impositor, les minyones de servei, les «raspes», com se'n deia, segons em reporta Ramon Roset, fill de Josep. I com que deia «y de ahorros», a poc a poc van anar pujant els comptes petits.

Les diferències entre els directius s'enfondiren i el 1926 plegaren Roset, Arquer i Manent. Els dos primers van arribar a un acord amb la Caixa i van rebre a perpetuïtat una indemnització de mil pessetes mensuals. El meu pare, com que dimití, no va percebre res.

I va dimitir perquè de secretari de direcció el van degradar fent-lo auxiliar de la secció d'Operacions Noves. I el primer de setembre va enviar una carta lacònica a Moragas: «Sírvase tener por presentada mi dimisión como empleado de la entidad que dirige. Esperando el oportuno acuse de recibo de la presente, en el que conste acepta mi dimisión, le saluda...» La resposta de Moragas, director general, datada el mateix dia, era molt crua: «En contestación a la suya de hoy, cúmpleme manifestarle que queda aceptada su dimisión de esta Caja, presentada después de habérsele notificado su traslado a empleo de inferior categoría al que venía desempeñando.» La degradació es referia al fet que el mateix dia l'havien passat a la secció de Comptes Individuals de l'Agrupació d'Assegurances Socials. La meva mare recorda que el meu pare va preguntar al senyor Moragas: «Si no he fet res de mal, per què em castiga?» Manent no parlava mai d'aquest conflicte perquè, després d'haver-se il·lusionat tant amb la Caixa i la previsió social, i haver-hi fet una carrera ascendent, li'n devia restar molt mal gust de boca.

Però el 8 d'octubre de 1920 Roset, Arquer i Manent havien fundat Atenas A. G. (arts gràfiques) per fer, sobretot, llibretes i impresos de la Caixa. El 1921 el meu pare anava a Atenas A. G. per estudiar també una possible activitat editorial i el 1924, segons el dietari, volien crear una gran impremta. El 1925 feren una nova escriptura de refundació. Armand d'Arquer i Darder se n'anà aviat a la Caixa Provincial i restaren com a socis Josep Roset i Salabert i el meu pare. Tomàs Garcés els assessorava com a advocat. Roset tenia sis fills, alguns dels quals van morir ben joves, com Manuel, que havia d'ésser el seu continuador. Atenas A. G. s'engrescà a convertir-se també en editorial i publicaren *El rosario*, novel·la sentimental de F. Barclay i obres de Zane Grey. Fou un autèntic fracàs, perquè no en feren cap propaganda. Van vendre Grey a l'editorial Joventut i fou un dels seus èxits perennes. Atenas va editar igualment la «Colección Britania», amb el subtítol de «Biblioteca enciclopédica de divulgación». En sortiren no gaire més de dotze llibres, des d'una biografia de Cromwell per Belloc o la història de Rússia pel príncep D. S. Mirsky o *El catolicismo* de P. M. d'Arcy, fins a obres sobre el diner, la climatologia, el cos humà, les estrelles, la nutrició i la dietètica, etc. Al principi tenien tres minerves per a impresos i targetes, però ampliaren el negoci amb noves màquines estrangeres i abandonaren qualsevol aventura editorial.

La impremta era situada primer al carrer d'Enric Granados, cantonada al d'Aribau. Després es traslladà a Provença 157. I finalment a Escorial 135. Com que el meu pare era entès en arts gràfiques i hi tenia gust, cercava clients i tenia cura d'edicions selectes. La impremta edità alguns dels primers llibres de Josep Pla, *Sàtires* de «Guerau de Liost», llibres i nadales de Garcés, *Les tombes flamejants* de Gassol i molts llibres tècnics que els duia Joan Laguia Lliteras, un carlí, autor d'obres infantils i membre del Sindicat Lliure. Atenas A. G. era típicament noucentista per l'estil, la tipografia, les edicions, etc. S'especialitzà en obres il·lustrades per Ricard Marlet (com *L'aire daurat*, del meu pare) i Josep Narro. Però imprimien igualment la revista *La Familia* d'Antonio Pérez de Olaguer o *El Productor*, de caire obrerista, al costat d'obres de bibliofília i revistes de tanta erudició com *Analecta Sacra Tarraconensia* i *Hispania Sacra*.[97]

Josep Roset, de galtes grasses i rosades, sempre somrient, baixet i rodonet, molt agradable, era afeccionat a la fotografia i tenia un laboratori de revelat. També tocava el violoncel. Es va fer molt amic de Manent perquè, a més del gust per la impremta, coincidien, com ja he explicat, en la passió per la cacera. A part de l'Aragó, tots dos anaven a caçar a Sentmenat i Roset era un bon tirador al vol. Sempre es tractaren de vostè, però tenien una relació familiar que va continuar amb els fills, sobretot amb Ramon, el darrer de la nissaga i el que va haver de tancar la impremta el 1976.

El sentiment i la formació catalanista de Marià és ben eloqüent a través del dietari, on també es barreja amb una sensibilitat social. Així pel gener de 1920 comenta: «Aquest vespre he vist a la Rambla algunes dones obreres demanant caritat. N'hi havia que portaven infants als braços. Del pecat de tots, veus ací les víctimes més pures.» Impressionat pels crims del Sindicat Únic i del Lliure, tema que m'havia comentat moltes vegades, afegeix: «La lluita ha arribat a una violència que hauria d'ésser impossible entre pobles civilitzats (...) Com diu la meva tia Alberta, [nosaltres] hauríem d'estar tot el dia de genollons donant gràcies.» Per l'abril d'aquell mateix any escriu: «Tota la meva simpatia per Irlanda que, com Catalunya, ha sofert l'horrible i fal·laciosa malaltia d'una influència estrangera, d'una descastació espiritual.» I el mateix any l'esplaia per sant Jordi: «Una doble emoció ens porta cada any la diada de sant Jordi: fa sentir amb més colpidora intensitat la realitat viva de Catalunya, que duem a la carn i a l'esperit, i remou dolorosament la sensació del nostre esclavatge. La visita al Palau de la Generalitat vivifica aquest sentiment solemnial de la comunió catalanista, de la compenetració activa dels vivents i dels morts, del present, del passat i del futur de Catalunya.» Pel maig rebla aquests pensaments, amb motiu de la repressió policíaca contra els qui sortien de la festa dels Jocs Florals, que havia presidit el mariscal rossellonès Joffre: «Cada manifestació del jou revoltant imposat a Catalunya congria flames del més aspre separatisme! Ens cal estudiar la història dels moviments nacionalistes per veure com els altres pobles han assolit el triomf. Les solucions de concòrdia semblen definitivament exhaurides» (18 de maig). I, afiançada la dictadura de Primo de Rivera, Manent escriu un altre judici molt dur: «Llegeixo un poc els diaris del matí. És revoltant veure la Pàtria oprimida, vexada per una gent bàrbara, unilateral, sense cap sentit de justícia. Catalunya passa dies amargs. És dolorós veure en perill la bella obra de cultura que havia creat el Catalanisme» (12 de gener de 1924). Pel gener següent una nota social: «La gent massa intel·ligent vacil·la. El burgès, el burgès veritable no vacil·la mai». I pel febrer al·ludeix el Palau de la Generalitat: «Quina angúnia, Déu meu, aquest palau ple de traïdors.»

El 1923 Edicions Lira de Joan Merli, i dins la sèrie «Els poetes d'ara», publicà una tria de versos de Manent, amb pròleg de Tomàs Garcés. Hi rastreja l'empremta de Carner: «El seu cant, pur, fi, «discret», ressona encara de la gran tonada carneriana». Considera que ha resolt la forma i l'expressió i és embolcallada per l'elegia. En una nota a *La Publicitat*,[98] el mateix Garcés glossava l'antologia i marcava l'evolució de *La branca* a *La collita en la boira*, camí de la maduresa.

El 1925 Editorial Políglota, amb la qual Carner i Manent tenien vinculacions, li publicà la versió castellana de la biografia de Sant Francesc d'Assís de Chesterton, i així Manent palesà la seva predilecció per aquest autor, a qui va arribar a conèixer i per casualitat els anys trenta quan el va trobar pel Passeig de Gràcia, l'aturà i li digué que era el seu traductor. El 1926 publicà mitja dotzena de recensions de llibres de poesia, de «Guerau de Liost» a López-Picó, a *La Paraula Cristiana*. I el 1927 a «El ventall del poeta» un epigrama de caire amorós: «Cap a les teves roses, plenes de dolça llum, / ah, no em convidis pas, que ja veig les espines...» I el mateix any dins *L'Amic de les Arts*, revista d'avantguarda dels seus amics Foix i Carbonell i Gener, publicà una versió del poema de Yeats, «Fulles marcides» (núm. 18, setembre) i un llarg estudi anònim: *Els assaigs de T. S. Eliot sobre la poesia metafísica*, amb un fragment de «El sermó del foc» de *The waste land* i una nota sobre el centenari de Blake (núm. 17, agost). També el 1927 hi ha dues col·laboracions escadusseres seves a *La Nova Revista* de J. M. Junoy.

El 1928, amb Carner, Riba, Carles Soldevila, César-August, Jordana, Joan Draper, Armand Obiols, Carles Capdevila i Melcior Font, com a director, fou redactor de la revista infantil *Jordi*, on col·laborà amb versions anònimes de poemes anglesos per a infants, aplegats, molt més tard, a *L'espígol blau* (1980). Els il·lustradors eren Nogués, Inglada, Domingo, Capmany, Obiols, Torné Esquius, Ricart, Apa, Marlet, etc., però era massa «culta» i noucentista perquè tingués popularitat i durà set mesos, amb vint-i-cinc números.

El primer de gener de 1927 va morir la seva mare, Maria. Estava molt delicada, no sortia a l'hivern i sembla que una complicació gripal li precipità la mort. El seu confessor era mossèn Mas i Oliver, mataroní, i que el 1915 fou nomenat bisbe de Girona. Marià va restar desolat. Sortosament tenia el puntal de la tia Alberta, que ja duia la casa. Probablement aquesta pèrdua devia precipitar el seu prometatge, que no arribà fins al cap d'un any i mig més tard.

L'aire daurat, versions de poesia xinesa. Viatges. Casament

Amb aquest títol, *L'aire daurat* que s'inscriu dins el somnieig postsimbolista, Manent donava a conèixer una tria de poemes xinesos, traduïts de l'anglès, rigorosament amb rima. Se serví sobretot d'antologies d'Artur Waley, que havia conegut el 1920 a través de Miss Josephine Barlett, amiga d'Alícia Ferrer-Vidal, i sobretot el 1922 gràcies a John Langdon-Davies, catalanòfil, amic de Marià, de Josep Pla i de Garcés.[99] John s'havia establert el 1921 a Ripoll, on va conèixer l'enginyer il·lustrat Ramon Casanova i Darné (Campdevànol 1892 - Barcelona 1968), que li féu imprimir a Ripoll un recull de poemes, *Man on Mountain*, i el relacionà amb els escriptors catalans. Manent el 1922 presentà Langdon-Davies a *La Revista*.[100]

En notes de dietari (7-13 de novembre de 1923, 7 de maig de 1924 i octubre de 1925) Manent comenta les seves versions de poetes xinesos i pel març de 1924 comprà una altra antologia anglesa de poesia de la Xina.

Probablement a la primeria d'octubre de 1928 Manent va editar-se *L'aire daurat*, dedicat a John i Constance Langdon-Davies i que duu el subtítol d'«interpretacions de poesia xinesa». L'edició era numerada i limitada a cinc-cents exemplars. Els boixos de Ricard Marlet s'inspiraven en escultures antigues, conservades al Museu d'Extrem Orient o pertanyents a d'altres museus o a particulars.

Els poemes foren traduïts gairebé sempre al camp. El pròleg precisa que «les versions tenen una intenció interpretativa, no pas en un sentit d'erudició sinó en un sentit d'aclimatació poètica». En valorar la poesia xinesa explica que «s'hi troben aquells sentiments elementals que han servit sempre de primera matèria a l'alquímia poètica. Alguns d'aquells poemes, nascuts en una llunyania doblement remota, podrien semblar escrits per Horaci o per Moréas; en d'altres trobaríem la ingenuïtat lírica d'un Vildrac o d'un W.H. Davies (...) La Xina revela una visió més aquietada i subtil [que la Índia], s'inclina menys al cant i adopta més aviat un to de confidència. Els poetes xinesos semblen dotats d'una sensibilitat excepcional per matisos delicats del paisatge, per l'evolució imperceptible de la Natura. S'adonaven del bell instant en què es marceix la Primavera; observaven com s'enfosqueixen les flors de presseguer després de la pluja o com el reflex dels arbres trasmuda el color dels ocells». En una entrevista al diari *El Matí* (15 de febrer 1933) Manent subratllava el fet que no eren traduccions sinó *interpretacions*.

Com a tast d'aquesta exquisidesa de la lírica xinesa, heus ací un exemple amb el poema «En la nit glaçada»:

Hostes arriben al cor de la nit.
Tebi és el vi. ¡Quina lleu fumerola
damunt el te! Ja el braser s'enrojola
i l'aigua bull amb murmuri seguit.

Enllà del finestral la lluna ja ens espera,
sempre igual, com un pàl·lid crisantem de l'atzur.
Però les teves flors, oh petita prunera!,
mai no les veia d'un argent tan pur.

Tomàs Garcés se'n féu ressò a *La Publicitat*[101] i trobava raonada l'opció per no traduir literalment els poemes: «l'afany de literalisme marceix les flors tendres de l'original». I comentava que els poemes triats s'adeien molt «amb el repertori líric de l'autor de *La Branca* (...) tan íntimament seves són les tendreses que hi traspuen». Hi destacava el cisell dels versos i la riquesa de rimes i ritmes.

El diari *La Nau* (28-X-1928) en una nota anònima, que podia ésser d'Armand Obiols o de Rovira i Virgili, reflexionava sobre «les secretes afinitats dels valors orientals o occidentals» i remarcava: «Hi ha poemes en aquest volum que són de la més perfecta llatinitat» i deia també que el traductor «ha fet obra de pura recreació literària» i «ha sabut vessar a la forma catalana les essències llunyanes amb una finor realment mestrívola», tot observant que «hi ha moments que hom es troba transportat al mig del nostre cançoner».

També a *La Nau* (29-X-1928) Domènec Guansé en un apunt de retrat del traductor arribava a afirmar: «Marian Manent és un oriental» i ho justificava no sols «per la seva pal·lidesa o pels ulls de tinta de la Xina» sinó perquè de jove copsà la màgia de l'orientalisme a través de la literatura anglesa.

La Vanguardia (7-XII-1928) hi dedicà una gasetilla per parlar «de este suntuoso libro del poeta Manent que trae una tersura dorada y de sencillo misterio a nuestras visiones occidentales».

Marcel Brion a *Les Nouvelles Littéraires* (18-VIII-1932) remarcava com eren de properes les sensibilitats de Manent i les dels poetes xinesos.

El comentari més característicament crític, més acadèmic, fou el de Manuel de Montoliu a *La Veu de Catalunya* (4 de gener de 1929). S'esmerçà sobretot a valorar la poesia xinesa en tots els seus matisos lírics i «ideològics». Per al crític la versió de Manent «ha superat en refinament tots els assaigs precedents» perquè ha sabut traslladar la bellesa original als versos catalans.

Encara el *Times Literary Supplement* (21 de gener de 1932) parlava de «*some delightful metrical versions*» de *L'aire daurat*.

Un dels delits de sempre del meu pare fou viatjar. De jove encetà aquest costum i hi anava amb alguns amics, com Josep Maria Rovira i Artigues, poeta, i amb els caçadors amb els quals feia colla. De casat, amb la muller.

El 1919 féu una estada a Binéfar per a caçar-hi hi descriu una ermita i transcriu la conversa amb un tipus popular.[102] El mateix any va ésser en una visita molt detallada a Tossa.[103] Descriu la vila vella amb precisió de guia i acaba embarcant-se per un mar on el pescador deia: «Qui és en la mar navega, qui és en terra judica.»

L'abril del 1920 va ésser a Núria i restà impressionat per aquelles solituds: «Queralbs —color de plom i coure— damunt un seguit de feixes, és l'últim lligam entre els homes i les grans serres desertes.» Ell i Joan Botey van poder tirar, «per una sort inexplicable», a un isard.[104]

El 1923 féu una llarga excursió per terres aragoneses, en part de parla catalana: «Aquell mercat multicolor de bestiar, a Benavarri, entre xicles de porc i belar d'ovelles: allí un company va comprar una gran pell de guineu, rossa i argentada, magnífica, que portava un pagès.»[105]

Pels volts de 1922 havia anat un parell de vegades, amb Josep Roset, a la Vall d'Aran. No hi havia carretera ni la foradada de la Bonaigua. Hores i hores dalt una mula que unes expressives fotografies serven el record.

L'encís del paisatge i el sentit idíl·lic del camp imperaven en l'esperit de Marià que va omplir centenars de planes del dietari exalçant la natura o fent-ne una descripció «puntillista». Però també se sentia ciutadà de l'urbs i ho confessa en una nota de l'octubre de 1925: «M'he quedat a Barcelona i m'he lliurat a una veritable immersió civil. Amb en Jaume Bofill hem anat al Royal i després a les Rambles i al carrer de Ferran: els aparadors encesos, el trànsit dens, la policromia lluminosa dels anuncis ens encantaven. En Jaume deia: "No digueu que no sigui més bonic que passejar-se per Coll ses Pregàries!" Jo hi assentia —bo i pensant, però, que alguna nit pura, dalt de la muntanya en silenci, hem blasmat amb entusiasme del paisatge civil.»

El meu pare tenia alguna relació amb Carme i Agustina Cisa i Artells, cosines germanes de la seva mare. El 1918 els dedicà *La Branca* i aquell mateix any va escriure un poema, un poc ingenu, dedicat a la naixença de Roser Segimon i Cisa, la filla petita d'Agustina.

Pel febrer de 1925 Marià va conèixer la seva futura muller amb la qual eren fills de cosins germans. Per unes qüestions d'herència, molt de l'època, de Francesc Cisa, «l'avi Francisco», que ho era del meu pare i alhora era germà de Joan Cisa i Manent, avi de la meva mare, les famílies no es feien. Però en trobar-se pel carrer Agustina Cisa i Alberta Cisa (la meva padrina), que eren cosines germanes, es van reconciliar.

Marià i Josefina, la seva desconeguda cosina, es van trobar quan tots dos anaven a donar el condol, a Barcelona, a Carme Cisa i Artells, de la qual s'havia mort el marit. El meu pare descriu al dietari aquell encontre fortuït: «Ha vingut a dinar la meva cosineta Josefina, de Reus. Té disset anys. És meravellosament fresca, d'una polidesa física deliciosament natural. Davant d'una bellesa així hom sent tot el que significa de pecaminós i d'antipàtic aquest mot: "maquillatge". Diu que uns minyons, en veure-la passar pel Passeig de Gràcia, li deien aquest elogi sobri i agut: "Naturalesa pura!" Jo li he observat que si ahir, per singularitzar-se, calia maquillar-se poc o molt, avui la més fina singularitat brilla en una cara fresca, neta d'ungüents i pintures» (10 de febrer).

Josefina Segimon i Cisa és nada a Reus el 23 de març de 1907. El seu avi, Pere Segimon i Freixa, també reusenc, tenia a la ciutat una fàbrica de teixits i de cotó, la qual havia heretat del seu pare. Però a l'inici de la dècada del 1870, atemorit per l'assassinat de patrons, amb el seu germà Domingo (pare de la «tia Rosario») se'n van anar a fer d'empresaris a Andalusia per construir-hi carreteres. La meva mare recorda que, entre les que van fer, hi havia la d'Almería a Adra. En tornar a Reus i casar-se, el meu besavi Pere va tenir quatre fills: Maria, casada després amb Pere Casellas, Domingo —el meu avi—, Pere, que morí de petit, ofegat pel didot embriac, ja que dormia al llit de la dida, i una nena, que morí de menuda. El meu besavi aleshores feia de propietari rural. A l'Aleixar va comprar el tros del Jacques, una finca de més de quaranta hectàrees (comprès el bosc), que després tothom n'ha dit el Mas de Segimon, amb una pallissa i una gran era. Per cinc mil pessetes, el 1882, hi construí una masia els cairats o bigues de la qual eren pins del Pirineu. Com que la sembradura anava molt de baixa, Pere Segimon va fer arrabassar bosc i hi va plantar sobretot avellaners, però també vinya. Hi havia una mina i potser un pou, però ell hi va fer excavar dues mines més i un altre pou. El meu besavi tenia també tres cases al carrer de la Ràpita (avui de Guardiola), al mateix poble, i finques a les partides del Camp de Vaques, del Prat, de la

Vinyassa i de les Parellades. I el tros a la Pedrera de «Màrmol».
Segons l'arbre genealògic, els Segimon eren de Cadaqués i s'havien establert a Reus al primer terç del segle XVII. Per la banda Cisa, el meu besavi, Joan Cisa i Manent, era fill de Premià de Dalt, però es casà amb Carme Artells i Àvila, d'Alforja, al Camp de Tarragona. I Joan visqué a Tarragona i a Barcelona, on morí a quaranta-tres anys. El besavi de la meva mare, Ramon Artells i Vallverdú, havia nascut a l'Aleixar, era propietari rural i tractant de bestiar i l'encarregat de l'ermita de sant Antoni, destruïda al segle passat dues vegades per les guerres. Vivia a Ca l'Artells, al carrer Mitjà, pairalia que va heretar, tot i que Ramon era el gran, un germà seu, Miquel, que l'historiador Pere Anguera ha descobert que fou el president de la Junta Revolucionària que es formà a l'Aleixar el 1868 amb motiu de la Revolució de Setembre, coneguda per «la Gloriosa». Ramon Artells també era liberal, però el seu majordom era carlí. Segons quin bàndol polític entrava al poble, donava la cara l'un o l'altre. Un altre germà es deia Anton i fou un frare franciscà exclaustrat que marxà als Estats Units i després a Guatemala on va cridar un noi del poble, Josep Guardiola i Grau, que s'hi féu molt ric.

El pare de la mare, Domingo Segimon i Artells (Reus 1876-Barcelona 1959) féu la carrera d'advocat i fou company d'estudis de Francesc Cambó. Amb altres estudiants, recordava haver conegut L. Trotski a Barcelona. Membre destacat de la Lliga Regionalista a Reus, Domingo fou jutge municipal, president dels comitès paritaris entre patrons i obrers els anys vint, president del Centre de Lectura i wagnerià fins al moll de l'os. Muntà alguns negocis que no li van anar bé. Els anys trenta guanyà les oposicions a inspector del treball i amb plaça de Santander. Per sort va poder fer la permuta amb un inspector de la capital de Cantàbria el qual, havent pres possessió de Tarragona, on era destinat, va dir al meu avi: «He estado unos días en la ciudad y he visto el campo. Porque le había dado mi palabra, le cedo el puesto. Si no fuera así, me quedaría, porque aquello es un vergel.»

El meu avi no exercí mai la carrera i la seva passió era el Mas de Segimon, del qual coneixia tots els racons i es dedicava amb il·lusió a la finca on hi havia —i hi ha— uns masovers fixos. Una de les seves passions fou la cacera, sobretot de perdius i de vegades a l'aguait. En algunes èpoques s'hi estava sis o set mesos, sobretot quan ja s'havia jubilat i era vell. Lector il·lustrat, fou un nacionalista radical, tot i pertànyer a la Lliga. Era dels que creia que «Espanya ve d'espanyar». Va tenir cinc fills: Josefina, Domingo i Roser i dos més, Josep Maria i Anton, que van morir de petits. Joaquim Mir va fer un oli amb el nen Josep Maria, mort al bressol, i de nou mesos.

Josefina i Marià es van tornar a veure pel gener de 1927 amb motiu de la mort de la mare d'aquest. Aleshores començà una relació continuada. Ell li escriví i el festeig s'anà perfilant en uns quants mesos. Marià anava a Reus i a l'estiu a l'Aleixar, cada quinze dies, i sovint ho feia en un Buick, un cotxe que era propietat d'Atenas A. G. i que conduïa August Gracian, que després fou empleat de l'editorial Joventut. La meva mare recorda que Marià li duia una capsa de bombons de ca l'Esteve Riera que valia a nou pessetes el quilo.

El casament se celebrà el 12 d'octubre de 1929 al santuari de la Mare de Déu de Misericòrdia, de Reus, i els casà mossèn Jocund Bonet, que seria assassinat amb la revolta de 1936. El dinar de noces es va fer al domicili de la núvia, Camí de l'Aleixar número 7. Un cuiner del Casino, anomenat «dels senyors», va preparar-lo a la mateixa casa. El menú va consistir en brou amb tassa, ous amb crema, llagostins, lluç gratinat i pollastres del Prat, rostits, amb rovellons que el meu avi anà a cercar expressament al bosc del Mas de Segimon. Com a postres, Sarah Bernardt, dolços Monglaç, fruites variades, cafè, licors i tabac. I amanit amb vins, blanc i rosat, de les Bodegas Bilbaínas i xampany Codorniu.

Els convidats no foren gaires. A més dels pares de la núvia i els seus germans, Domingo i Roser, hi havia la tia Carme Cisa i Artells i els seus fills Magdalena, Pere (artista-pintor i sord-mut) i Joan; la tia Paquita Manent i la seva filla Carme; el cunyat d'Eugeni d'Ors, Àlvar Pérez, la tia Alberta Cisa i Quer, els cosins Josefina Cisa i el seu marit, Josep Cisa i Boatella, i els oncles Perico Milà i Camps i Rosario Segimon i Artells. També hi eren l'orfebre Ramon Sunyer i la seva muller, Mercè Gaspar, padrins de boda. I Amadeu Ferraté i Maria Pascual, igualment padrins de noces, però de la núvia.

Aquells dies Sebastià Sànchez-Juan publicà a *La Veu de Catalunya* el poema «Al poeta Marià Manent en les seves noces». El recollí després a *Cançons i poemes* (Barcelona 1931) i diu així:

Potser el tumult de la vigília posi
fumarel·les tibants al vell capçal.
Al front pacífic i enyorat no gosi
posar un mal somni pensaments de mal.

Que la fruita oportuna, de la branca
passi en mans netes a aigualir un cristall
—on les noces de seda negra i blanca
retransmetin llampades de mirall.

Jo us faria present d'aigua escampada,
atesa de recòndits llessamins.
Mig desfeta, la flaire immaculada
abrigaria els aliments divins.

Príncep, el goig que us ve de l'estimada
s'endevina filat pels violins.

El viatge de noces del matrimoni durà uns deu dies. Marià i Josefina feren intenses estades a Suïssa i a la Selva Negra. La meva mare recorda la impressió que li feren alguns pobles alemanys i, no cal dir, ciutats com Zuric i Ginebra. El meu pare evocava aquest i altres viatges per Europa com una fita memorable.

En tornar el matrimoni del viatge de noces, s'establí a casa del nuvi, Bailèn 95-97, i la tia Alberta duia el pòndol de la casa i ho feia gairebé tot, fins administrar els diners. I el primer dimecres de cada mes, segons deien les targetes, era el dia que rebia les amistats. I gairebé cada dia anava en el cotxe de la sogra d'Eugeni d'Ors a passejar cap a Santa Creu d'Olorde. La meva mare, submisa, llegia força i passejava. També s'enyorava perquè es trobava desplaçada a la gran ciutat. El meu pare anava cada dia a la impremta i s'escarregava de fer-hi gestions, de controlar llibres en marxa, de cercar clients... Cada mes, com a soci, retirava cinc-centes pessetes. La meva àvia Agustina venia de tant en tant i la meva mare es relacionava força amb la seva cosina Magdalena Segimon i la seva família, que vivien a La Pedrera. Cada diumenge el matrimoni Manent assistia a missa a la parròquia de la Concepció, comprava un tortell i a la tarda sovint anaven al cinema.

Amb l'arribada dels primers fills, la meva mare va poder-se ocupar més de la casa i va anar imposant, amb discreció, la seva presència. Jo vaig néixer el 23 de setembre de 1930 a Premià de Dalt i la meva germana Roser a Barcelona el 29 de maig de 1932. Aleshores els Manent tenien una minyona, a gust de la tia Alberta. En néixer jo, la padrina meva va voler posar-me una mainadera...

Els Manent rebien poques visites. Les reunions amb intel·lectuals eren en d'altres indrets. Un dels més assidus era el vell i fratern amic Jaume Bofill i Ferro, a la casa del qual els Manent es traslladaren a viure el 1932, exactament al tercer primera del carrer de Craywinckel 24, a Sant Gervasi.

El matrimoni passava part del juliol i de l'agost a Premià de Dalt i també quinze dies al Mas de Segimon, a l'Aleixar. El meu pare s'hi trobava molt bé, però no va ésser fins a la postguerra que van arrelar-s'hi tan definitivament i en va deixar constància al dietari.

L'ombra i el postsimbolisme

Després de *La collita en la boira* (1920), el tercer llibre de poesia de Manent va trigar onze anys. Es titulava *L'ombra i altres poemes* (1931) i solament hi incloïa setze composicions originals, molt breus, de dues o tres estrofes, i com a bell colofó versions poètiques de Shakespeare, Blake *(El Llibre de Thel)*, de Rilke i de Walter de la Mare. L'edició es limitava a 130 exemplars, era impresa a Atenas A.G. i duia uns boixos exquisits d'E. C. Ricart.

Es difícil de datar tots els poemes, perquè molts manuscrits no es conserven, però per un original a màquina sabem que *Cançó* fou escrita a Premià el 26 d'octubre de 1924. I el dietari inèdit (25 d'agost de 1925) ens explica que «Diàleg» i «Noia russa al Montseny» foren escrits a Viladrau i en una nit d'insomni. L'autor precisa que s'inspirà en l'adolescent de què hem parlat, Marta Teschendorf. I pel testimoniatge de la meva mare sabem que «A una oreneta que em desvetllà a trenc d'alba» fou escrit, de bursada, a Premià, el 1929 i que la circumstància que explica el poema és autèntica.

Menys conegut és el fet que cinc de les composicions —«L'ombra», «Apassionata», «Cançó d'octubre» «Cançó nocturna» i «Diàleg»—, sota el títol genèric de «Breus poemes d'amor», foren premiades amb la Flor Natural als Jocs Florals de les Festes de la Mare de Déu de la Candela, a Valls, celebrats a la primeria de febrer de 1931. Com a poetes també hi foren premiats Xavier Benguerel, Josep Maria Casas i Homs i Domènec Perramon. El mantenidor fou Lluís Bertran i Pijoan, el secretari Pere Mialet i el president del jurat Francesc Blasi i Vallespinosa.[106]

Només conec una crítica de «L'ombra» que Manuel de Montoliu publicà a *La Veu de Catalunya* (27-II-1932) i que inclogué en un dels volums del *Breviari crític*. En un llarg preàmbul justifica el fet que un poeta mediterrani rebi el mestratge dels lírics nòrdics (vol dir Anglaterra i Alemanya) sense que perdi la claror ni la sensualitat mediterrànies. Montoliu remarca en Manent la influència anglesa, la insistència en els temes del son i del somni, «el sentiment inefable» i un refinament que no cau —diu— ni en la retòrica ni en la deliqüescència, ni en la boirositat perquè «conserva la visió clara i neta de les coses». I el crític precisa: «Quina suavitat de contorns! Quina dolça i fina discreció en la confidència! Quina simple i austera expressió en aquest fluir silenciós d'intimitats del sentiment!» O bé evoca «la fina música del somni, filant i teixint les seves subtils i fràgils imatges».

L'ombra és tot un poema d'amor confegit en circumstàncies diverses. Es clar que el poeta en alguns casos, més que enamorat, es troba enamoriscat de la figura femenina que l'inspira. I hom hi pot rastrejar encara l'amor d'adolescència que té en algunes d'aquestes composicions la seva epifania. Un parell de poemes són dedicats, però, al seu amor definitiu, la que ja era la seva muller. Per cercar la topografia dels poemes cal centrar-nos en Premià de Dalt: les glicines blaves, els caminets de la muntanya, la torre quadrada (Can Moles) i l'amiga morta, una noia de la colònia premianenca que surt al dietari. Hi ha alguna excepció. Per exemple, «Sentint per primera vegada l'olor dels til·lers florits» es refereix als de la Rambla de Catalunya de Barcelona i «Apassionata» és dedicat a Mercè Benavent de Barberà, molts anys després muller del poeta Salvador Torrell i companya de la meva mare. Viladrau és també l'escenari d'algun altre poema.

No ha estat fins molts anys després de la guerra civil que els crítics han marcat el tomb que significava *L'ombra*, canvi que s'insinuava ja a *La collita en la boira*. Dissortadament el tercer llibre de Marià no va comptar amb cap comentari de Carles Riba que tant hauria orientat la tendència estètica. Alex Susanna el 1988, des de *Reduccions*, de Vic, parla d'«un canvi de rumb considerable» o d'un «aprofundiment en un dels múltiples tons que s'insinuaven en els llibres anteriors». Hi destaca com s'hi «reflecteix la invasió, la incorporació d'uns altres ulls, d'una nova percepció, d'una nova sensibilitat definitivament empeltada en la del poeta». Susanna creu que l'evolució de la que ja és per a ell «una veu inconfusible» es deu més que a la influència d'un poeta determinat, al «contacte perllongat» amb les poesies anglesa i xinesa.[107]

Marià Manent saltava així la cleda carneriana i es bastia el propi clos. El procés de depuració lírica havia durat més d'una dècada i per això Pere Gimferrer el 1978 podia afirmar que la poesia del meu pare «ultrapassa el marc noucentista».[108]

L'estudi més a fons sobre aquest nou tomb poètic és especialment *Marià Manent en la poètica postsimbolista*, d'Enric Bou, publicat a la revista *Els Marges* el 1987. Bou ja rastreja a *La Revista* i *Revista de Poesia* els elements que marquen un canvi en «els plantejaments literaris noucentistes». Els poetes de la nova promoció —la de Manent— valoren, d'acord amb Bou, i ho diuen, la «contenció», la «simplicitat», la «intensitat d'expressió». És clar que, des de *El cor quiet* (1925) Josep Carner havia marcat un canvi en la seva lírica que coronarien el gran poema *Nabí* i els versos d'exili. La irrupció del joveníssim Garcés, subratlla Bou, influí per crear la nova atmosfera lírica. I remarca el fet que l'evolució poètica de Manent es converteix en paral·lela de la seva funció de crític i fins i tot de teoritzant de l'essència de la poesia. Ja el 1925 en un article a *Revista de Poesia* Marià escrivia: «Mai, potser com ara, no havia apassionat tant el misteri de la creació poètica, ni s'havien aplicat tan eficaçment a la seva penetració els mètodes de la psicologia i de la crítica.»[109] Bou defineix bé la nova tendència dels poetes d'aquell moment: «Eren ben conscients de la seva condició d'hereus del simbolisme i que ells practicaven un tipus diferent de poesia que podia ser considerada com una activitat essencialment espiritual i amb unes possibilitats per a la penetració metafísica.»[110] Aquesta evolució de Manent i d'alguns altres poetes coetanis es lliga, observa Bou, amb la teoria de la «poesia pura», que formulà

Henri Brémond el 1925. *Revista de Poesia* se'n féu un bon ressò i n'esmentava alguns principis: «La poesia és una realitat misteriosa i unificadora», «és irreductible al coneixement racional», «és una màgica mística pròxima a l'oració», etc.

Tot amb tot, la influència sobre *L'ombra* caldria centrar-la parcialment, però decisivament, en Yeats i Rilke. El meu pare, de ben jove, llegia el poeta irlandès i en tenia un llibre dedicat, ja el 1923: *Plays and controversies* (Londres, 1923). Hom pot rastrejar les versions de Yeats que Marià publicà aquells anys vint a *Revista de Poesia*, *L'Amic de les Arts* o *El Dia* de Terrassa. I més endavant en les conegudes antologies —en català i castellà— que féu de la poesia anglesa. En unes notes manuscrites, que corresponen als anys seixanta perquè al·ludeix al Realisme Històric, Manent explica les influències primiceres que va rebre: Verdaguer, Claudel, James, els poetes anglesos, bo i afegint: «L'admiració per l'obra de Carner és ara tan viva com quan vaig començar a llegir-lo.» I rebla d'altres influències: «Les dues altres grans admiracions meves són W. B. Yeats o Rilke. El primer influí alguns moments de *L'ombra i altres poemes* (potser el poema "Camins"); quant a Rilke, la seva obra em fascina, però em repel·leixen alguns dels seus postulats bàsics, oposats a la tradició occidental i al concepte cristià de la vida.»[111] El 1960 Manent féu una visita a la tomba de Rilke i com a conseqüència publicà unes planes de dietari[112] que plaïen molt a Pla i un poema dins *La ciutat del temps* (1961) també sobre la tomba de Rilke. En definitiva, té raó Bou quan afirma que «Manent ha tingut amb Rilke una relació difícil. D'amor i odi»[113] per raons estètiques o morals.

Com a exemple d'aquest nou tombant poètic, crec que val la pena de reproduir el poema «L'ombra»:

> *Tristesa perfumada, rossinyol de la nit:*
> *amb sospirs, al meu son vas fent una corona.*
> *El coixí feia olor de taronger florit,*
> *oh rossinyol, colgat d'estrelles i d'aromes.*
>
> *Però, si em desvetllava, he vist que era de neu*
> *el jardí, i aquella Ombra hi venia daurada:*
> *i es glaçava un somriure entre sa boca lleu,*
> *com l'aigua de la nit dins una rosa amarga.*

Per cloure aquestes notícies i reflexions sobre *L'ombra i altres poemes* vull recordar el comentari que en va fer el *The Times Litterary Supplement* (12-XI-1931). Hi remarca la brevetat i intensitat dels poemes els quals es destaquen «*for their delicate artistry and the restrained passion of their inspiration*». De pas, el setmanari anglès es referia a Manent com el traductor de Keats i de Brooke.

Aquell any 1931 Manent formà part del consistori dels Jocs Florals de Barcelona, on feia anys que no concorria. Hi havia també el pare Miquel d'Esplugues (president del jurat i el qual li degué pregar que l'acompanyés), Jaume Serra-Hunter, Joan Maria Guasch, Alfons Maseres, Francesc Mestre i Noé i Alexandre Bulart i Rialp.

Poemes de Rupert Brooke. Col·laborador de *La Veu de Catalunya*

Aquest poeta anglès, mort a 28 anys, abans de la trentena, doncs, com Keats i Shelley, va deixar aquest món l'agost de 1915, en plena guerra mundial i essent soldat de Sa Majestat el Rei. És enterrat en una illa grega. Com ha recordat l'estudiosa Montserrat Roser,[114] la mort de Brooke va produir a Anglaterra una commoció nacional i aviat es convertí en un mite. Manent s'hi interessà ben aviat i el dietari del desembre de 1919 i del gener de 1920 explica que ha rebut la poesia completa de Brooke; el 19 de febrer la comenta i el compara amb Joaquim Folguera, un altre malaguanyat. El 12 d'agost d'aquell any Manent va demanar permís als editors per traduir-ne uns poemes i publicar-ne una edició de tres-cents exemplars. Al primer número de la revista *Monitor* (gener de 1921), que dirigien J. V. Foix i Josep Carbonell, el meu pare hi publicà l'article «A propòsit de Brooke i els poetes de Cambridge». Molt probablement es convertia així en el primer escriptor català que valorava el mític desaparegut.

No sabem per quines raons l'edició de *Poemes* de Brooke es retardà fins el 1931, quan sortí dins la sèrie «Publicacions de *La Revista*», que dirigia Josep Maria López-Picó. El volumet no arriba a les cinquanta planes i hi aplega setze poemes, entre melangiosos i joiosos, que revelen un esperit hipersensible i turmentat. Com si pressentís la mort, Brooke al poema «El soldat» escrivia:

Si em moria, penseu de mi això, només:
que hi ha un indret d'una terra estrangera
que és per sempre Anglaterra. Hi haurà
en aquella terra preciosa una pols més rica amagada,
una pols que Anglaterra infantà, faiçonà, féu sensible,
a la qual donà un dia les seves flors perquè pogués estimar-les
*   i els seus camins per anar vagarívol;*
un cos que a Anglaterra pertany, que respirava aire anglès,
rentat pels rius, beneït pel sol de casa.

Carles Riba, al pròleg de la traducció en vers de Marià Manent, a més de remarcar la «voluntat de puresa poètica» de Brooke, recordava aquella sentència, tan hiperbòlica, del poeta anglès quan afirmava: «Només tres coses hi ha al món: una és llegir poesia, una altra és escriure poesia i la millor de totes és viure poesia!» Riba també comparava Brooke amb Ariel i el veia alat damunt el vent, damunt els mots i «per damunt de la mateixa vida». Per a poetes com Rupert, venia a dir, «tot esdevé poesia». Alhora Riba evocava els versos de Manent com «els de la més inefable música anglesa a què s'hagi acostat el català» i, després de celebrar que Brooke fos traduït en la nostra llengua, el considerava «un dels poetes més purs del nostre temps».

Manent tenia relació directa amb algú del *The Times Literary Supplement* perquè el setmanari, el 16 de juny de 1931, publicà una nota sobre la traducció catalana de Brooke on comentava que Manent «*has once more shown his excepcional skill as a translator, or rather as an original poet*». I hi remarcava també la gràcia amb què havia sabut traslladar el ritme del vers anglès en català.

Marià Manent sempre es mantingué fidel com a col·laborador de *La Veu de Catalunya*, on, el 1918, li devia introduir Josep Carner. El seu decantament per l'exercici de la crítica s'endevina ja als dietaris al voltant d'aquest 1918 perquè hi comenta obres, debats o qüestions teòriques amb esperit i estil de crític literari. Manent publicà recensions a revistes com *El Camí*, *La Revista* i *Terramar*.

La seva primera col·laboració a *La Veu de Catalunya* és ja

de 1918: una recordança elegíaca del seu íntim amic Manuel Giral d'Arquer, mort en la plenitud de la jovenesa. Fins al 1921 trobem cinc articles seus sobre Carles Riba, Salvat-Papasseit (amb un comentari no gaire favorable a *Poemes en ondes hertzianes*). *Les noves valors de la poesia catalana*, de Folguera, *Selvatana amor*, de Guerau de Liost, i sobre la poesia de Keats. Estranyament la signatura de Manent no reapareix a *La Veu* com a crític fins el maig de 1931. Excepcionament hi trobarem alguna versió de poesia anglesa, com un poema de Francis Thompson (1928), i algun poema propi. Ja des d'una mica abans de la dictadura de Primo de Rivera, Manent, doncs, emmudeix com a escriptor a la premsa diària. Però tampoc no el trobem al diari *La Publicitat*, llevat d'alguna escadussera versió poètica. I és curiós perquè en aquell període Manent seguia el seu ídol, polític i literari, Jaume Bofill i Mates, líder d'Acció Catalana, partit que tenia com a portantveu l'esmentat diari. És clar que del 1925 al 1927 Manent dirigí la *Revista de Poesia* i el 1929 es va casar... Però en aquest període la seva signatura també és absent de *La Revista* de J. M. López-Picó o de *D'ací d'allà* on només va col·laborar en prosa el 1918 i el 1933 i entremig un parell de vegades amb poemes. També subratllo el fet que no hem trobat cap article de Manent a l'emblemàtic setmanari *Mirador*. És probable que aquests silencis tinguessin a veure amb el seu rebuig de la dictadura del general Primo de Rivera o també amb el desig, innat en Marià, de no prodigar-se.

Però de la primavera de 1931 a l'estiu de 1935 Manent escriví a *La Veu* uns cent quinze articles signats. El 1933 i el 1934 la seva col·laboració s'intensificà. Una carta a Manuel de Montoliu, del 7 de juny de 1933, que transcric, justifica aquesta col·laboració estable: «Us adjunto dos articles breus per a la columna cursiva. La meva aportació a aquesta columna podria batejar-la, si us sembla bé, de "Marginals".

»Recopilant el que vam dir en la nostra última entrevista, m'he fixat aquest programa de col·laboració:

»Articles en cursiva ("Marginals") a 15 pts... 2 cada setmana. "Ecos de tot el món", a 7,50 pts (per a la segona pàgina)... 2 cada mes.

»Articles centrals, signats, a 25 pts., un o dos cada més.

»Per la meva banda procuraré complir rigorosament aquest programa, sobretot en el que es refereix a la columna en cursiva que, segons vau indicar-me, és la que us flaqueja més d'original, i estic segur que vós vigilareu perquè la publicació segueixi el ritme convingut.

»Moltes gràcies, i disposeu del vostre affm. amic. M. Manent.»[115]

Cal dir que Manent també feia a *La Veu* la breu secció «Revistes estrangeres» i «Correu de les lletres» on, com en les altres dues seccions ja esmentades, no signava o bé ho feia amb la inicial «M» i també amb el pseudònim «Ralph». Generalment es tractava de glosses de polèmiques, de temes d'actualitat, d'extractes de revistes, de comentaris d'altri sobre llibres, etc. Manent seguia al dia sobretot les novetats de literatura anglesa, però també, en bona part, de la francesa.

Per fer més eficaç la gestió de demanar llibres a l'estranger, Manent, segons consta en cartes de l'època, s'adreçava als editors anglesos dient que era el corresponsal de literatura anglesa a *La Veu de Catalunya*.

No sabem per què el setembre de 1935 Manent interrompé la col·laboració a *La Veu*. Després va venir la guerra i la nit del franquisme. En aquest període, com que no hi havia diaris en català, Marià, imposant-se un sacrifici, deixà de col·laborar a la premsa, tot i que algun cop li ho demanaren, durant els quaranta anys. El 1976, amb la publicació del diari *Avui*, Manent va reaparèixer, després de quatre dècades, a la premsa diària, però hi va escriure ben pocs articles de crítica, car la majoria eren de caire literari.

Notes sobre literatura estrangera (1934) aplegaren els treballs més significatius de Marià Manent que sortiren a *La Veu* entre el 1931 i el febrer de 1934.

Notes sobre literatura estrangera i *Quaderns de poesia*

L'obra, editada per «Publicacions de La Revista», que també editava Josep Maria López-Picó, dins la col·lecció és una de les més extenses: 264 pàgines. Com hem dit, Manent hi aplegava una cinquantena d'articles de *La Veu de Catalunya*. Un advertiment de l'autor situava modestament les pròpies crítiques que volien tenir, deia, «un propòsit informatiu, de report periodístic», un «valor d'índex i resum». Havia reunit les crítiques, concloïa, per substreure-les a la dispersió periodística. Així imitava Riba, que tenia ja dos llibres amb escrits de crítica de premsa.

El llibre era dedicat a Herbert Read, un dels assagistes anglesos eminents. El lector hi descobria un inventari d'escriptors de llengua anglesa molt actuals: D. H. Lawrence, Gertrude Stein, Archibald MacLeish, Joyce, l'assagista Kerr, Walter de la Mare, Aldington, Mary Webb, Virginia Woolf, Rosamond Lehmann, el mateix Read, etc., però també hi feia l'anàlisi de Proust, Rilke, Gide o Cervantes o presentava polèmiques, l'estètica dels romàntics, les metamorfosis poètiques del rossinyol o l'avantguarda, sense oblidar clàssics com Donne o Dickens. El recull de Manent es cloïa amb un llarg assaig, «Darreres tendències de la poesia anglesa», encarregat pel mateix J. V. Foix i publicat aquell 1934 a *Revista de Catalunya*.

Cal insistir en el fet insòlit de la publicació d'un llibre d'aquesta mena que només trobaria un paral·lelisme en *Lectures europees*, de Ramon Esquerra, sortit el 1936 dins les «Publicacions de la Revista». El 1978 Pere Gimferrer comentava: «No crec que gaires persones, a Catalunya o a la resta de la Península, fossin capaces de signar en aquella data un llibre com aquest. La informació de Manent era de primera mà i els seus dots analítics, tan precisos com la tensa vibració de la prosa en la qual s'expressava.»[116]

El ressò de l'edició de *Notes sobre literatura estrangera* fou significatiu a la premsa, atesa l'atenció esbiaixada o els silencis amb què eren rebuts els llibres de crítica literària. Una nota anònima de *La Vanguardia* (13-III-1935) remarcava «*las páginas más comprensivas y agudas que se han dedicado en nuestro país a la obra compleja y discutida de James Joyce*», bo i referint-se a l'article en què Manent parlava de *Work in Progress*, l'obra que aleshores escrivia el mític escriptor irlandès. Un article de Joan Teixidor a *La Publicitat* (20-III-1935) ponderava el valor d'aquesta mena de llibres, que definia com assaig: «El llibre d'avui conté les gràcies de sempre, i dites amb aquell seu dir elegant i sobri». Remarca com Manent «mira lúcidament experiències alienes» i té «un deix intencionat i precís», ens acosta «als noms joves, les darreres temptatives» i té l'encert, subratlla Teixidor, d'intercalar fragments traduïts de poemes per a il·lustració del lector. Una nota de *The Times Literary Supplement* (5-VI-1935) resumia la intenció del llibre i hi destacava diversos fragments traduïts al català bo i afirmant que l'autor «*constantly shows the critical alertness of a receptive but independent mind*». Manuel de Montoliu a *La Veu de Catalunya*, signant, «M.», hi descobria «una valoració crítica d'excepcional seguretat» i posava l'èmfasi en «l'excessiva modèstia» de Manent, precisament «en aquest país nostre on ens veiem condemnats a suportar l'urc selvàtic dels escriptors que s'erigeixen, sense escoltar més que llur pròpia vanitat, en semidéus o en déus sencers». També hi feia veure el mèrit de posar «en circulació a Catalunya un gran nombre de valors de primer ordre de la literatura anglesa moderna».

L'assaig de Manent «Darreres tendències de la poesia anglesa» en el moment d'aparèixer ja fou valorat per Joan Teixidor a *La Publicitat* (25-VII-1934), el qual li agraïa la seva tasca, gairebé solitària, d'introductor de la literatura anglesa i elogiava la precisa radiografia de l'assagista sobre les actituds, influències i rebuigs dels poetes joves d'Anglaterra.

Una reedició de *Notes sobre literatura estrangera*, que va fer el 1992 la revista *Faig* de Manresa, amb pròleg d'Eudald Tomasa, fou comentada per Joan Triadú que deia que l'obra «en la seva simplicitat aparent, assenyala un moment crucial i irrepetible de la nostra vida cultural» i considerava que els articles no són judicis ocasionals ans ofereixen «un sentit inequívoc d'aproximació —text i context— a l'obra d'art».[117] A propòsit de la mateixa reedició Ramon Pla i Arxé a l'article «Hores angleses» (*El País* 19-XI-1992) la considera «un clàssic de la crítica literària catalana» i recorda els descobriments que hi féu Manent del *New Criticism* o dels formalistes. Afegeix que rera els «lúcids comentaris» traspuen «els punts de vista de l'autor sobre l'art i la seva pròpia poètica».

Però fins seixanta anys després de publicada *Notes sobre literatura estrangera* no hem pogut comptar amb uns estudis detallats i monogràfics del conjunt del Manent crític. Primerament, el 1988 Ramon Pla i Arxé dedicà un assaig a *Elogi de Marià Manent, crític.*[118] Hi desmenteix que el Manent crític sigui «un ornament intel·lectual de la seva específica aura poètica». D'altra banda, considera que Marià no és un «neutre oficial d'atestats literaris. Manent té conviccions literàries», afegeix Ramon Pla, bo i recordant que «la seva ha estat una crítica a la trinxera mateixa de l'actualitat literària» i que la seva preferència eren els autors contemporanis, etc.

El manresà Eudald Tomasa a *Aproximació a l'obra crítica de Marià Manent*[119] el 1993 dedicava set atapeïdes planes a *Notes sobre literatura estrangera* i hi descobreix tres aspectes «que vertebren la forma i el contingut dels articles»: recollir les «palpitacions del temps», segons el consell orsià; incorporar a la nostra cultura «la modernitat europea més immediata» i proposar «un model literari i cultural —ampli, complex, divers, però coherent amb uns valors constructius i creatius de cultura (culta) i de gust (refinament, elegància)».

Tomasa diu que Manent se serveix, a través del seu assentiment o del seu *disenso*, de la crítica d'altri. I que no fa solament crítica periodística perquè Manent es proposa «traspassar els límits de la mera crònica i endinsar-se en la medul·la creativa dels autors analitzats». També ens explica que Marià té tres models de crítica que utilitza alternativament: la crítica acadèmica, «filològica i historicista», la dels nous corrents, com l'estilística de Karl Vossler, o el *New Criticism* angloamericà. I finament l'anàlisi més sociològica, «sense implicacions marxistes», puntualitza Tomasa, perquè sempre la línia de Marià ha rebutjat qualsevol dogmatisme.

D'altra banda, continua l'analista de l'obra crítica de Manent, aquest empra la crítica per conèixer l'obra literària i per tant cerca similituds i influències entre diversos autors i obres. Però és partidari, com ja va subratllar Ramon Pla, de la «contextualització de l'obra en explícita oposició a l'essència del *New Criticism*». I Manent alhora utilitza elements biogràfics per a l'estudi dels autors, cosa impròpia d'aquell corrent crític. Per això Manent, comentant un llibre de Garrod, inscrit dins la tradició acadèmica de M. Arnold i W. P Ker, observa que és contrari a «aquesta tendència a isolar el fenomen literari, a estudiar-lo com si fos col·locat sota una campana neumàtica». I naturalment Marià opta per «destacar vívidament els elements literaris sobre un bell fons d'humanitat» i per fer-ne una eina per a educar el gust i la sensibilitat. I, quan cal, té un toc de moralista cristià com, per exemple, quan blasma l'obra de D. H. Lawrence que enalteix «l'erotisme fins a erigir-lo en categoria religiosa».

En aquella dècada dels trenta la ploma del meu pare, llevat de *La Veu de Catalunya*, no és gens pròdiga. Va escriure un article molt líric, «Confidències tardorals», la tardor del 1933 al *D'ací d'allà*. I de 1933 a 1936 només va publicar quatre articles al diari catòlic *El Matí*: dos sobre Guerau de Liost, un sobre Joyce i un altre sobre la ciència. I en contestar, el 1933, l'enquesta de *La Revista* sobre el centenari de La Renaixença ho fa pensant en aquell moment d'agitació política, de descordament anticlerical i d'un cert imperi, en certs sectors, del mal gust i dels baladrers. Quan li pregunten quin ideal patriòtic havia servit, respon lacònic: «He escrit per tal de servir l'idioma aprés a casa meva.» I heus ací la seva opinió sobre el present: «Per a tot català que estimi alhora la llibertat religiosa i la llibertat catalana, el present és un complex de sentiments contradictoris. Joergensen deia, parlant de Goethe, que el respecte és una de les característiques essencials pels poetes. (Això explica, potser, que Voltaire sigui impermeable a la poesia.) Hem de confiar que el respecte, flor dels països realment civilitzats, presidirà els destins de Catalunya.»

En aquella dècada, o potser uns anys abans, el meu pare, per encàrrec de l'editor George Macy, que dirigia The Limited Editions Club de New York, va llegir les proves en anglès del *Quixot* de Cervantes. Curiosament potser va fer-ho abans d'haver llegit en original tota la mítica obra!

Els anys trenta Marià va tractar Federico García Lorca i en deixà una fugaç recordança[120] de quan es trobava entre els escriptors catalans a Barcelona. En aquella època Manent col·laborà escadusserament a la revista *The Commonwealth* sobre poesia catalana i també sobre la República i la qüestió religiosa. I, en col·laboració amb Josep Carner, va traduir *Rondalles d'Andersen* (1933) i tot sol *El llibre de fades* (1934) d'Arthur Rackham i *Peter Pan i Wendy* (1935), de Barrie, tots tres llibres meravellosament il·lustrats i que publicà l'editorial Joventut. El 1936 Riquer, Miquel i Vergés i Teixidor van publicar l'*Antologia general de la poesia catalana*, editada per Josep Janés, i hi inclogueren nou poemes de Manent.

El 1933 J.V. Foix fou el representant del PEN Club Català al congrés internacional que se celebrà a Dubrovnik. Manent i la seva muller i el matrimoni Millàs-Raurell van ésser els delegats del PEN Club català al dotzè congrés que se celebrà a Edimburg pel juny de 1934. La meva mare recorda que per uns vuit dies d'estada i viatges els quatre catalans van rebre en total cinc mil pessetes de la Generalitat de Catalunya.[121] S'hi va debatre sobretot la relació entre l'escriptor i la política. Van ésser molt ben acollits i van visitar Edimburg, Glasgow i Manchester i els llacs. La meva mare recorda també com uns escocesos amb la típica faldilleta curta ballaren la dansa de les espases i que en un sopar de gala els donaren vuit menes diferents de vins. I encara com el delegat italià féu una ardida defensa del feixisme, que va desplaure molts congressistes.

El 1935 Barcelona acollí el tretzè congrés internacional del PEN Club amb 165 representants, unes vint-i-tres delegacions i, segons *La Publicitat*, 55 delegats catalans. Presidiren els actes Pompeu Fabra, que presidia el PEN Català, i H. G. Wells. La inauguració es féu en francès i en català. Manent i la seva muller hi assistiren assíduament i el fill de Thomas Mann recordà els intel·lectuals sense pàtria, víctimes del nazisme, i Marinetti demanà que es creés una oficina internacional de traducció. Un article de J. V. Foix, que fou el principal cronista del congrés, a *La Publicitat* (22 de maig de 1935) afirmava que «tan britànic com Wells era Fabra».

El 1935 el meu pare va publicar un llarg article a la revista *Claror* (núm. 12, abril) sobre *Assassinat a la catedral* de T. S. Eliot. Hi intercalava molts fragments en vers. I encara la revista *Quaderns de Poesia*, fundada el 1935 per ell, Riba, Garcés i Teixidor, recollí un tros extens de la mateixa obra, en versió igualment de Marià. La revista era mensual, i hom hi equilibrava els textos teòrics, els poemes inèdits, les notes sobre llibres i les belles il·lustracions. Encara era un dels darrers productes exquisits del Noucentisme. Hi col·laboren Juan Ramón Jiménez, Gabriela Mistral, Pedro Salinas, Federico García Lorca, Stephen Spender, Jules Supervielle... Fou interrompuda per la guerra civil.

En els anys de la República Manent va iniciar una amistat perdurable amb Joan Gili, cunyat de J. V. Foix i establert a Anglaterra des de 1932. Es convertí en un llibreter-antiquari de gran prestigi, a Oxford, i ha estat l'editor de versions angleses d'escriptors catalans i com a erudit ha tingut cura de publicar alguns manuscrits medievals en català. El mateix Gili, segons escrivia al meu pare el 1936, encetà la versió en català de *Murder in the cathedral* i escrivia poesia en anglès. És autor també d'una gramàtica catalana per a anglesos. Gili durant molts anys pagava per a Manent la subscripció de *The Times Literary Supplement*, ja que era molt difícil de fer-ho en divises des de Barcelona.

La guerra civil (1936-1939)

L'alçament militar del 18 de juliol de 1936 i l'esclat revolucionari de l'endemà van capgirar una situació política i social que a Catalunya era més aviat, com deien els comentaristes, d'«oasi». Però per vèncer els militars sublevats es van llançar al carrer els milicians, majoritàriament anarquistes, van assaltar les casernes i van obtenir armes a pleret, sense que ningú no ho controlés. Aleshores la CNT-FAI va imposar-se a la Generalitat la qual, com va escriure Ferran Soldevila el 1938, va restar com «un poder inerme i esporuguit». Es va formar un nou govern, presidit per Lluís Companys, a qui els de la FAI a darrera hora no gosaren destituir i era format per Esquerra i PSUC. Els primers consellers anarquistes no hi entraren fins al setembre. De seguida van començar l'incendi d'esglésies, els assassinats de capellans, de gent de dreta i de catòlics. I les venjances personals. Com ha escrit Josep Maria Solé i Sabaté i Joan Villarroya a *La repressió a la reraguarda de Catalunya* (1989), es feien «judicis de cuneta» i cada dia duien a l'Hospital Clínic de Barcelona dotzenes de cadàvers per identificar i recollits sobretot a les carreteres i a les parets dels cementiris.

El 15 de juliol havia nascut la meva germana Maria i el dia 20 va arribar de Tarragona l'avi Domingo. L'endemà va venir al carrer de Craywinckel un veí de la seva escala, Rafel Alberich Iraizoz, per advertir-lo que aquella matinada els «incontrolats» havien anat a casa seva, al carrer del Gasòmetre 18, de Tarragona, per endur-se'l. La naixença de la néta havia salvat providencialment la vida de l'avi! Aquest va restar ja a Barcelona i el van amagar a casa de la tia Paquita, al carrer de València. Però a la primeria d'agost, ell, la meva padrina, la tia Alberta i jo vam agafar el tren per arribar, després en autobús, a Viladrau i instal·lar-nos a Ca l'Herbolari, una impressionant casa pairal, en un barri rural dels afores. La casa era de Jaume Bofill i Ferro i hi tenia quatre pisos que llogava a l'estiu i on havien viscut les famílies de Carles Riba i de Josep Obiols. Hi havia un gran pati i un parc impressionant amb avets, cedres i sequoies, que havia plantat el pare de Bofill, també farmacèutic, seguint la tradició familiar des del segle XVIII quan els Bofill eren herbolaris de Carles III.

Mentrestant els milicians havien tornat dues nits més a casa els avis de Tarragona i van acabar per buidar tot el pis. L'àvia uns dies abans solament va treure la roba bona i les joies i no va pensar en els quatre quadres de Joaquim Mir (tres pastells i un oli), un dels quals representava un oncle meu, Josep Maria, mort de nou mesos. Ni tampoc no s'endugué les col·leccions senceres de segells d'Espanya, Bèlgica, França...

Entremig el meu pare havia estat cridat per algun comitè anarquista per respondre de responsabilitats polítiques. Josep Pous i Pagès va voler acompanyar-lo i, després de regirar les fitxes, no van trobar-li cap càrrec concret. És clar que haver escrit a *La Veu de Catalunya* o a *El Matí* ja era motiu per inquietar-se.

Vers el 20 d'agost de 1936 la resta de la família Manent va marxar cap a Viladrau. Les joies dels Segimon van passar dins una «clotxa» de pa amb tomàquet que duia l'àvia. I les dels Manent, el meu pare se les va ficar a la butxaca. Les milicianes, però, només van escorcollar a fons les dones i fins i tot van despullar la nena petita.

Probablement pel setembre, abans que a l'octubre hagués de fugir amb el conseller Gassol, del qual era secretari, Melcior Font va tenir a la Generalitat una llarga conversa amb el meu pare i li contà, fil per randa, com havien fet evacuar milers de persones, amenaçades de mort. Dissortadament el meu pare no va reprendre el dietari fins el 1937 i per tant no es va apuntar les confidències de Font, el qual li ho explicava perquè en restés memòria històrica.[122]

Així doncs, pel gener de 1937 Manent recomençaria el dietari que havia interromput feia onze anys. Una tria important es publicà dins *El vel de maia* (1975) i jo em serveixo del llibre i de records familiars per escriure aquest capítol de la guerra. El 19 de gener el meu pare escriu: «Sóm en un racó de muntanya, tranquil i solitari, ben diferent d'aquella ciutat frenètica, tràgica, incendiada del 19 de juliol» (p. 15). El canvi va ésser radical i Manent pensava en els que patien a Barcelona: «De vegades sento com una íntima vergonya d'estar arrecerat, de respirar massa delitosament aquesta pau camperola» (p. 58). I hi insistia: «Ara també la guerra, aquesta infecció horrible, m'ha portat a un món de pau i d'idil·li on mai no m'havia estat possible de viure tant de temps. Un extrem d'angoixa i de tragèdia m'ha dut a un extrem d'oasi i de quietud» (p. 62).

L'adaptació fou lenta. No hi havia electricitat a la casa i brandàvem llums de petroli i de carbur. Quan feia molt de fred enceníem una gran estufa de llenya i també teníem brasers. Ca l'Herbolari era a un quilòmetre llarg del centre de Viladrau i en un extrem del barri de les Paitides, on hi havia d'altres masies amb gent dedicada a l'agricultura amb els quals teníem bona relació de veïnatge i d'intercanvi. El meu pare no cobrava res del lloguer de les seves cases, que havien estat incautades, ni de la impremta. Vivia, doncs, de fer traduccions i d'unes col·laboracions literàries —diria que mensuals— a la ràdio i d'articles a *Revista de Catalunya*. I havia de mantenir nou persones, inclosa una minyona gallega, fidelíssima, que es deia Redosinda.

Però la lluita civil era tothora present: «Obsessió de la guerra sempre. Gairebé no parlem d'altra cosa; fins en moments de distracció el pensament hi torna; sempre aquell pes, aquella angoixa ofegada» (23 de febrer de 1937). I la preocupació persistent per la duració de la tragèdia, per les notícies o els rumors d'armistici, tot i que es veia que la lluita fratricida s'allargaria: «Aquesta guerra interminable pesa com una llosa. Al diari sempre victòries, morts, presoners, proclames, odi» (p. 60). I el blasme, no gens dissimulat que trobem al dietari pels crims dels «revolucionaris». Un xofer de la Creu Roja contava a Manent que «va veure els primers assassinats de l'Arrabassada, entre ells vuit jesuïtes» (p. 22). I, també sense embuts, Manent expressa la seva oposició al règim polític imperant: «Algú creu que els Fronts Populars són la maquinària perfecta que s'ha inventat per a la fabricació del feixisme» (p. 23). I una altra observació sobre els «revolucionaris»: «El meu amic F. [Foix] m'explica anècdotes de la tirania local immigrada. Diu que els monàrquics de Sarrià s'han tornat catalanistes en veure que el despotisme sanguinari era menat exclusivament per gent no catalana» (p. 80). I conta una conversa tràgico-còmica amb el poeta Carles Fages de Climent. Aquest filosofava amb els de la FAI que el volien detenir i ja havien assassinat trenta propietaris de Castelló d'Empúries. Fages els convidava a casa per amansir-los: «Si allò dura gaire —deia— em buiden tota la casa com els pretendents al palau d'Ulisses.»

Les notícies sobre el front de guerra són variades, constants i desconcertants a través del dietari. Hom les recollia sentint milicians al tren o amb gent de pas o que venia de permís.

Gairebé tot *El vel de maia* és un cant al paisatge del Montseny, amb observacions dignes d'un naturalista, fins al punt que el meu pare comenta que podria fer un tractat sobre la vida del cucut (p. 61). I Marià va descrivint les meravelles de colors i d'ornament de l'arç, de la glicina, de la gavarrera o les virtuts remeieres de les petites herbes. O hi trobem notes líriques: «Era un capvespre tebi, extàtic. Una breu, gairebé invisible veta d'or a ponent i més amunt Vèsper, l'estel solitari. Cap al Pirineu, una llarga línia de núvols dolços, grisos. Arribaven veus del poble, sobretot veus d'infants. Ocells de bardissa refilaven pels sots i adés un merlot s'hi afegia amb el seu xiular flonjo. He sentit la primera granota d'enguany» (p. 56). O una altra referència a l'esclat dels colors: «L'or de la ginesta gairebé fa mal d'ulls» (p. 78). I encara: «El paisatge és abrigat de boira, com un dibuix japonès: contra el gris es destaquen, verds i suaus, els castanyerets joves, amb indecisió femenina. Les fulles de les cols són ornades amb més diamants que un front de reina. Els plomalls perses del moresc es mouen lentament» (p. 195).

La vida quotidiana seguia el pas de les estacions. A l'hivern hi feia molt de fred i es va glaçar l'estany del Noguer, la masia pairal de Santiago Bofill i Pascual, i vam arribar a deu graus sota zero. Algun cop al barri de les Paitides hi havia un pam i mig de neu. Manent comenta: «Això sembla un paisatge canadenc: les cases arraulides en la neu, esborrada l'ondulació de les teulades, un serrell de glaç als ràfecs, una grisor densa, densa, al Pirineu i al Montseny» (p. 163). De vegades calia combatre les fortes grips amb quinina. Una nit vam veure una resplendor, «com el flamareig d'un incendi gegantí», cap al Pirineu. Algú estava atemorit, com si fos un signe malèfic. Però l'endemà vam saber que havia estat una aurora boreal, fenomen raríssim d'origen polar. Era l'època ritual de la matança del porc per les masies on els Manent sempre hi érem convidats...

També era, tan ritual com vital, el temps de fer el romiatge per les masies llunyanes per comprar-hi patates, llet, ous, potser algun pollastre, etc. En aquella època la majoria eren habitades i hi havia grans pairalies com Vilarmau i el Pujolar, a mitja hora de Ca l'Herbolari, on anàvem molt sovint. O d'altres de molt més lluny, com el Pujol de Muntanya, el Mataró, el Serrat de Cerdans. I ens allargàvem fins a Espinelves on a Masjoan vam fer-hi uns veritables amics amb la família Masferrer. I vèiem els grans ramats als prats o els bous llaurant amb parsimònia o seguíem de la vora la vida dels carboners i dels llenyataires. O fèiem conversa amb els pastors, sortits d'una novel·la modernista o romàntica. A Vilarmau els Manent-Segimon van fer una amistat duradora amb el masover, «en Lari», Hilari Busquets, que era el centre d'una família patriarcal. Per haver tingut refugiats capellans i gent de dreta a la masia en Lari fou empresonat a Girona. El meu pare va fer gestions oficials i no va estar-s'hi gaire.

En baixar cap al poble sentíem el brogit de la Riera Major, que sempre impressionava o ens atansàvem als Sis Avets, dins la finca de Ca l'Herbolari, arbres esvelts que havia plantat Jaume Bofill i Ferro i ja semblaven centenaris. O ens endinsàvem a la Baga (l'Obaga) de castanyers i roures que tenia un gran vessant que donava a Viladrau. I convivíem amb d'altres famílies, com la de Benet Fornells, cunyat de Jaume Bofill, i Gaietà Fornells, aleshores solter, que vivia amb donya Benita, la seva mare. I també hi havia Teresa Bofill, molt culta, germana de Jaume. Els masovers, Jaume i Agneta i els seus fills eren com de la família, conreaven les feixes d'hort i eren molt fidels als refugiats en aquell bell i aristocràtic casal de muntanya.

La llegenda deia que a la Baga s'hi apareixia un animal mític: el ca-borrec, que era mig be, mig gos. I sovint, grans i menuts, anàvem a fer llenya al bosc i aprofitàvem sobretot ginesteres mortes i ginebró sec, però també branques de castanyer caigudes. Però la gran preocupació era el menjar. Espigolàvem els camps de blat i molíem els grans i en fèiem unes farinetes tan bones com nutritives. O cercàvem amb un pot gros maduixes silvestres i en trobàvem moltes. Encara en sento el perfum! O, quan havia plogut, anàvem als prats a arreplegar moixines o moixernons, els petits bolets, exquisits, que donaven gust a la carn. A Viladrau vaig aprendre tots aquests rituals que vaig ampliar amb les estades al Mas de Segimon durant els estius de la postguerra. També espigolàvem castanyes i menjàvem moniatos i fins i tot naps fregits.

Un dia amb la tia Alberta vam anar a collir un enciam de l'hort de cal Guarda i tot d'una la vaig advertir que vigilés perquè a tocar hi havia, amagada, una serpeta, que va resultar ésser un escurçó i no li picà de miracle.

El 29 de gener el meu pare encara s'exclamava: «Com pensem, ara, en el menjar! Mai no havia tingut consciència com ara del benefici que és el nostre pa de cada dia, del gaudi que hi ha en un bon plat de patates i cols bullides, en els vermells i saborosos fesols d'enramar, en un bocí de pa amb nous o amb ametlles.»

Però els qui passaven privacions de debò eren sobretot els barcelonins. El meu pare, o l'avi, que ens ajudava molt duent a coll quilos de queviures i anant de masia en masia, es desplaçaven sovint a Barcelona i Manent anota, de tant en tant, com la qüestió del menjar ho dominava tot. La família del senyor Roset s'alimentava d'herbes i Manent veia cues que duraven hores i hores per arreplegar alguna cosa: «És una veritable obsessió col·lectiva» (p. 108), comenta. O bé anota, el 8 d'octubre de 1938: «Hi ha qui viu només d'avellanes, de xufles i ametlles. A casa la meva tia Carme coneixen una família que per sopar només mengen un plat de puré, i una altra que hi afegeix unes quantes cebes bullides» (p. 122).

L'agost de 1938 el vell amic John Langdon-Davies, que els primers mesos de la guerra trobà Marià pel carrer, a Barcelona, i l'abraçà emocionat perquè li havien dit que l'havien mort, va escriure-li d'Anglaterra dient que rebrien queviures. En efecte, John va fer una subscripció entre escriptors anglesos per ajudar deu escriptors catalans. Manent suggerí noms i finalment foren Jaume Bofill i Ferro, Feliu Elias, Josep Farran i Mayoral, Josep Maria Junoy, Josep Maria López-Picó, Josep Lleonart, el mateix Manent, Carles Riba, Joaquim Ruyra i Sebastià Sànchez-Juan.[123] Participaren en la subscripció T. S. Eliot, J. B. Priestley, Stephen Spender, F. M. Delafield, Hug Walpole i el mateix Langdon-Davies. El biògraf d'aquest darrer, Miquel Berga, creu que també hi podrien haver participat Allen Tate, A. MacLeish, Henry S. Canby i George Macy, el que havia fet llegir a Manent el *Quixot* en anglès. Compraven els productes a Perpinyà i ho coordinava Assistència Infantil que dirigia a Barcelona Maria Solà i Sellarès, que encara viu a Mèxic. El 30 d'agost ja arribaren els primers paquets. Eren de Spender i contenien cacau, malta i sucre.

«Quina exquisida aroma! Els pots lluents, amb belles etiquetes, recorden un món d'abundor i placidesa que ara és ben lluny de nosaltres» (p. 197). La nostra família va rebre altres paquets, més escadussers, de Jules Supervielle, amic personal del meu pare, d'Antoni Fabra-Ribas, vell dirigent del PSOE, amic i coterrani del meu avi i que vivia a Ginebra; de Josep Millàs-Raurell, de l'escriptor dominicà Pérez Alfonseca, del PEN Club, de la tia Rosario Segimon, que era a Sant Sebastià, al País Basc. Recordo l'anècdota d'uns policies de la Generalitat que, probablement el 1937, per indicació de l'avi, van anar al Mas de Segimon i van dur-nos força litres d'oli. També se'n van quedar. Però pel camí, pistola en mà, van haver de defensar el preciós carregament dels controls de les patrulles «revolucionàries».

Tornant enrera, remarco les anades del meu pare a Barcelona per cobrar-hi els articles i les traduccions, veure els amics i vetllar el pis de Craywinckel on vivia una família, anomenada Guix, refugiada. Els milicians hi havien fet dos escorcolls, un dels quals l'agost de 1936: «Ara fa un any —escriu al dietari— que vaig trobar el pis de Barcelona fet un caos de l'escorcoll de les patrulles de control. Imatges destrossades, tot el contingut dels calaixos per terra, les cartes meves de festeig i les de la Josefina escampades d'ací d'allà... Després vam trobar a faltar l'aparell de ràdio, la màquina d'escriure i dues màquines fotogràfiques. La persona perseguida, «sospitosa» era la meva tia, que té més de setanta anys i segurament pel fet de pertànyer a associacions religioses» (8 de setembre de 1937, p. 113). El 16 de febrer del 1937 Manent recull una conversa la qual reporta l'opinió del totpoderós cònsol rus Ovsenko a Barcelona: «Això no és una Revolució, és un conjunt de gàngsters desfermats.» Manent continua fent observacions sociològiques sobre la gent de la ciutat: com es vesteixen, on van, els cafès plens... Una de les constants són els bombardeigs, des d'avions o des de vaixells (el temible *Canarias*!). Heus ací la descripció d'un dels tràgics episodis: «Al volt de les tres se senten sirenes. Al cap de pocs minuts ja veiem dues esquadretes d'avions en forma de fletxa, que avancen impertorbablement entre els esclats dels antiaeris. És un espectacle emocionant; i fóra bell si un no pensés que en aquest joc terrible, olímpic, perillen tantes vides humanes» (p. 138). I Manent marca tot seguit l'horrible contrast: «Aquesta tarda hi ha hagut sang pels carrers de Barcelona, 50 morts almenys i molts ferits. I uns amics meus, cap al tard, en un ambient de pau burgesa, compraven roses per a una dama, preguntaven el preu de les orquídies» (p. 138). I pel gener de 1938 Manent sentencia: «Tothom parla amb pànic dels bombardeigs» (p. 155). Els del març de 1938 foren especialment terribles i sàdics. No oblidem que les bombes franquistes van matar a Catalunya més de cinc mil persones. Un dels del març durà tres hores i Manent s'hi trobava, vivint a casa la tia Carme: «Un terrabastall apocalíptic. M'esglaio. Les cames em fallen i sento un fred estrany; em costa de parlar: comprenc allò de *no podia articular palabra* (...) Tenim la mort a sobre, com una espasa. Hem resat el rosari. La tieta Carme, sempre coratjosa, tenia una llàgrima al costat de l'ull» (p. 168-169). Però al cap de dos dies Carme Cisa i els seus fills, Magdalena i Pere, esfereïts, feren cap a Ca l'Herbolari on els vam acollir una setmana. Els barcelonins, sota el terror de les bombes, dormien pels carrers o a la muntanya: «Algú veié el poeta Gutiérrez Gili amb un carretó de matalassos, seguit de la família, talment una tribu» (p. 170).

Fent un altre salt enrera, cal que repassem les relacions amicals i socials que tenia Manent a Viladrau, tant amb els que hi vivien com amb els qui hi pujaven amb freqüència. Veia força Ernest Martínez Ferrando, l'arxiver, i el venien a veure, de tant en tant, joves escriptors, de la mateixa promoció, com Joan Teixidor, Joan Vinyoli, Josep Palau-Fabre, Josep Maria Boix i Selva, Josep Calsamiglia, Tomàs Lamarca... Parlaven de literatura, de la situació política i els comentaris no es reflecteixen sempre al dietari, per prudència. A Barcelona Manent veia força Riba, el qual el 21 de desembre de 1937 li va dir que ell i el seu grup i el mateix govern català, restauracionistes, representaven la contrarevolució, és dir, l'anti-FAI, que ja havia ferit de mort el país. Marià anava a la Institució de les Lletres Catalanes, veia Pous i Pagès, valent denunciant els crims dels anarquistes, alguns joves de la Residència d'Estudiants, on va conèixer B. Rosselló-Pòrcel, i els relacionava amb amics com Agustí Duran i Sanpere, que acabaria instal·lant a Viladrau el Servei d'Arxius de la Generalitat, del qual durant pocs mesos Marià fou funcionari. A Ca l'Herbolari recordo que es veien amb Joan Mirnabell, arquitecte de jardins, i Ramon Esquerra, el malauguanyat crític.

Amb Jaume Bofill de vegades discutien perquè no tenia una percepció prou realista de la crisi dels republicans en la victòria dels quals encara creia. També venia Felip Graugés, que anuncià a Manent la mort de Francis Jammes. La relació era freqüent amb la seva cosina, Cèlia Suñol, i el seu marit Joaquim Figuerola.

L'esperit religiós, oficialment liquidat, en moltes llars mantenia el caliu. Manent ho constata. L'anticlericalisme era una altra constant barroera i l'Església catòlica no existia. A Catalunya, llevat de la capella dels bascos de Barcelona, no hi havia cap temple obert al culte. Però l'Església clandestina treballava. El Dijous Sant de 1937 Manent subratlla la tràgica situació: «Quants temples, en lloc de l'Urna, les palmes i els flams trèmuls no contenen sinó cendres i pols!» (p. 50). Però el 2 de gener de 1938 Manent oí la primera missa — clandestina, és clar— de la Revolució. Per por, no gosa escriure on. El març següent parla d'una altra: «Missa de catacumbes: el calze és una copa, el sacerdot duu espardenyes i pantalons de vellut. Però hi ha una unció vivíssima en la cambra silenciosa.» I encara una altra eucaristia, celebrada a Espinelves el 15 de maig del mateix any. Però el 2 de maig de 1937 l'historiador, clergue i amic, Josep Sanabre, molt actiu en el culte clandestí, havia batejat a Viladrau la meva germana Maria, també clandestinament: «Emoció de les antigues paraules en el ritu breu, senzill», comenta el dietari (p. 67).

Els Fets de Maig de 1937, amb la derrota dels anarquistes i del POUM, representaren un avenç polític substancial dels comunistes i la consolidació —sempre precària— de la Generalitat i foren anunciats a Manent per Langdon-Davies una setmana abans que passessin. El meu pare explica com, des d'aleshores, s'acabaren pràcticament els crims dels «incontrolats», però que «la lluita ha estat molt més dura que el 18 de juliol» (p. 71). El dietari aporta testimoniatges de gent que ho havia viscut. La caiguda dels anarquistes va dur fins i tot un canvi social. L'ambient extern es va tornar menys proletari. El 14 de setembre de 1938 Manent explica que «per trobar burgesos, cal anar al Saló Rosa a les tres de la tarda. Hi prenen cafè cavallers respectables, joves ben vestits, com paladejant llur supervivència» (p. 114). Va sortir al carrer molta més gent amb barret, sobretot masculins.

En aquells dos anys i mig Marià llegiria més que mai.

Fóra enutjós d'enumerar tots els llibres i les revistes que esmenta. Però almenys voldria deixar-ne constància d'uns quants. Era lector, diu, dels «teoritzants de la Revolució»: Marx, Engels, Lenin (p. 17). També de Gide, Wells, una història de Rússia, les biografies de Cromwell, de Belloc, i la de Disraeli, de Maurois, *Vergers*, de Rilke, la vida de Rimbaud, *Les Nouvelles Littéraires*, Berdiaev, Scheller, Curtius, Shakespeare, *London Mercury* (revista), un estudi sobre Péguy, *Noeud de vipères*, de Mauriac, Maquiavel, poemes de Josep Lleonart, assaigs de Spender, Maritain, sant Agustí, l'estudi d'Eliot sobre Byron, S. Sitwell, un treball de Walter de la Mare sobre Plató, Du Bos, un estudi sobre Ronsard, la vida de Racine per Mauriac, Sainte-Beuve, Boileau, Brémond, Villon, Aubrey Bell... Mentrestant el 1938, com que el meu oncle Domingo Segimon havia marxat a Lleida i després passà la frontera cap a l'altra banda, el S. I. M., establert a Viladrau, va cridar a declarar el meu avi. El meu pare va parlar amb el capità militar i l'avi no fou empresonat. La impressió és que l'oficial o era mig franquista o ho veia tot perdut. D'altra banda, el meu avi anava quasi cada dia al poble i hi escoltaven ràdios estrangeres i també ràdio Veritat, clarament franquista. Així anàvem sabent la marxa real de la guerra.

Manent també traduïa intensament. Per indicació de Riba, la Institució de les Lletres Catalanes li publicà la versió de Walter Pater *El Renaixement* (1938). Traduí l'obra en cinc setmanes. Un altre llibre, que aviat es tornà emblemàtic, sobretot a la postguerra, fou *Versions de l'anglès* (1938), publicat per la Residència d'Estudiants i la traducció de la qual li reportà 1.227 pessetes. A *Revista de Catalunya* Bofill i Ferro en féu la lloança bo i remarcant el mestratge del traductor i el fet que es podia considerar un llibre original perquè poeta i traductor fonien llurs afinitats.[124] Manent traduí igualment un volum d'assaig de Coleridge i *Form and Style in Poetry* de Ker. Ambdós originals, lliurats a la Institució de les Lletres, es van perdre amb l'entrada dels franquistes i Manent no en guardà còpia! I per a la mateixa Institució preparà l'antologia de la seva obra, *Tria de versos*, de la qual conservem les compaginades amb pròleg de Jaume Bofill i Ferro que situa la poesia de Manent en un context europeu i en fa l'apologia.[125]

Pel setembre de 1938 Manent comenta: «Des de les darreries de l'any passat he guanyat més de 7.000 pessetes. No hauria pensat mai que la ploma pogués mantenir mesos i mesos una família en aquest país» (p. 198). Pel gener de 1939 va escriure un estudi sobre la poesia de Rosselló-Pòrcel (publicat a la revista *Ariel* el 1946) i unes «divagacions sobre grups i cenacles literaris. Em pagaran 500 pessetes per 20 quartilles; és el treball més ben retribuït de tots els que he escrit fins ara» (p. 233). Dissortadament no s'arribaria a publicar...

Finalment el 2 de febrer de 1939, la temible Brigada Líster s'instal·là en terrenys de Ca l'Herbolari. Des del turó dels Sis Avets intentaven resistir i situaren una metralladora molt a la vora d'on la nostra família havia colgat les joies. Mentrestant en els darrers mesos hom vivia el drama dels soldats desertors i dels pròfugs, que els carrabiners caçaven per les masies sense miraments. I dies abans d'entrar la gent del Líster, es presentaren sis presoners franquistes, evadits, que acollírem amb menjar i sota teulada, però aviat els enviàrem a amagar-se en una llarga mina que anava del pati de Ca l'Herbolari a sota els Sis Avets. El meu pare era al llit, malalt, i no s'havia presentat quan, feia poc, havien cridat a darrera hora la seva lleva. Els oficials «rojos», molt correctes, venien a casa a prendre cafè i a fer tertúlia i no ens molestaren mai. Un d'ells va dir a la meva mare: «No se preocupe. En cuanto nos marchemos nosotros entrarán ellos.» I tanmateix el 3 de febrer, després d'una resistència d'hores dels del Líster als Sis Avets, arriben uns moros, un «tabor de regulares», comandats per un alferes, Manuel Suero, persona molt agradable. Al cap de poc van venir els presoners «blancs», que ploraven en retrobar els seus. El meu pare explica al dietari la varietat bigarrada, i que de vegades feia por, dels soldats marroquins que els oficials tractaven sovint amb fuet. Hom contaria aviat les malifetes dels moros —robatoris i algun assassinat— en aquella comarca. El meu pare descriu un negre, semblant a un nubi: «La figura atlètica d'un númida que duia grans arracades de plata i semblava un pirata medieval.» En un viatge de proveïment al poble Marià va veure perillar la vida perquè un moro el confongué amb un soldat «roig».

La guerra s'havia acabat i, guanyés qui guanyés i per damunt de tot, la pau era el valor suprem. Començava per a tots un altre capítol de la nostra vida.

CAPÍTOL IV

La primera postguerra

El 10 de febrer de 1939 Manent escrivia al dietari: «A la tarda vaig al poble per fer-me visar per l'alferes el permís d'anar a Barcelona. Tots estem frisosos per tornar a ciutat, després de tant temps, però no hi ha vehicles. Amb tot, diuen que des d'ahir circula un tren fins a Vic.» La família va assistir a la missa de campanya a la plaça major de Viladrau i Marià expressa l'alegria per tornar a sentir el toc de campanes.

Retorn a Barcelona. Sense feina fixa. Temences i estretors econòmiques. L'exili interior. Uns mesos a Tarragona. El recer de Sant Gervasi

El 15 de febrer la carreta de bous de la masia del Pujolar va recollir l'equipatge i el carro del «Valent» —el recader de Viladrau— va dur els Manent a l'estació de Balenyà d'on anaren en tren fins a Vic. Però van haver-s'hi d'esperar tota la tarda. L'estació era plena de moros i soldats de Franco: «Tot respira un ambient de guerra», escriu. Per fi amb part de l'equipatge (la resta el duria, dies després, el recader) feren un llarg i penós viatge cap a la capital de Catalunya. En arribar-hi, Manent en sent l'embriaguesa. «Quina impressió profunda em fa la ciutat il·luminada. Després d'aquests anys de tenebra esglaiada, Barcelona sembla una reina amb mil diamants. És com un somni de fades.» La meva mare recorda que a l'estació uns falangistes van dur tots els Manent, en cotxe, fins a Craywinckel, 24. Eren prop de les dotze de la nit. «Trobem el pis net, ordenadíssim: ens sembla un palau», comenta.

El meu pare es va moure de seguida per tenir feina. La impremta Atenas estava molt paralitzada. No hi havia, de moment, paper i Josep Roset li ho va comunicar entristit. El 17 de febrer el poeta Josep Maria Boix i Selva li oferí, en nom del seu pare, Josep Maria Boix i Raspall, president de la Caixa de Pensions, el càrrec de cap de secció de propaganda. Però el desig mai no es va poder fer realitat perquè pel juliol Boix i Raspall, que durant la guerra havia salvat la Caixa, fou processat i més tard empresonat. L'acusació era de catalanisme i —oh paradoxa!— no li agraïen que salvés la Caixa durant la revolució sinó que li retreien que no s'empassés al bàndol franquista.

L'esperança aquells primers dies feia viure tota la família Manent i tanmateix fou un temps d'adaptació i de prova molt dures. El dia 18 Manent va veure desfilar les tropes vencedores per la plaça de la Bonanova: «Els moros —pell terrosa, amples xilabes— tenen un aire feréstec, bèl·lic.» El 22 va anar a recollir, amb la seva cunyada Roser Segimon, una màquina Hispano-Olivetti que li regalava Pere Milà i Camps, marit de la nostra tia Rosario —així l'hem anomenada sempre, perquè habitualment parlava castellà— Segimon i Artells, cosina germana per doble vincle del meu avi i per un de sol de l'àvia. La Pedrera, que havia fet construir el matrimoni Milà-Segimon, va ésser ocupada durant la guerra per Joan Comorera i, en tornar-hi els propietaris el 1939, van trobar-hi mobles i objectes forasters que anaven regalant. Aquells dies Manent va veure Ferran Valls i Taberner a l'Arxiu de la Corona d'Aragó i aquest li comentà que l'havia proposat com a col·laborador de *La Vanguardia*. No obstant això, Marià no hi col·laborà fins a l'època de la transició política (quaranta anys després!) i encara a la pàgina en català. El diumenge, 26 de febrer, va anar a missa a la capella saquejada dels pares dels «Sagrados Corazones», a l'avinguda de la República Argentina, vora casa. Encara recordo aquells primers dies en què un dels religiosos anava vestit de militar, de «pater» o castrense. El primer de març Manent expressava la seva embriaguesa ciutadana: «Em submergeixo amb delícia en la ciutat viva, retrobada, primaveral. M'embriago de Barcelona. A la Rambla de les Flors hi ha un bé de Déu de branques de presseguer o pruner florit, nadales, mimoses, clavells, camèlies, violes. Molts soldats, molta gent. Havent dinat, m'assolello a la cambra de bany, davant la carena de Sant Pere Màrtir, contra la qual es destaquen eucaliptus daurats i les siluetes angleses del convent de Jesús-Maria. Sóc feliç. Menjo molt i dormo millor que abans. Tanmateix, ens hem tret una llosa de sobre: la guerra.» Mentrestant Manent no deixava de basquejar-se i oferia articles a les revistes *Commonwealth* i *The American Press*. No em consta que hi escrivís.

El 28 de març el dietari recull l'eufòria pel final de la guerra: «Això és la pau, a la fi! Passaven tramvies plens de jovent amb banderes i branques verdes, cridant i cantant. A quarts de sis hem anat tots a Barcelona. Concentracions de Falange, gentada animadíssima, camions de boines roges, banderes, cants, aclamacions. Visca la Pau!» Cal subratllar que la victòria de Franco duia el silenci de les armes i que la repressió per a molts encara no havia començat i hom pensava que el clima de conquesta que congriava el nou règim fóra passatger. Però, no patir l'esglai de les bombes ni sentir el soroll de les metralladores valia en aquell moment més que qualsevol altra cosa. La pau, havent sofert tant durant dos anys i mig, es convertia en un valor suprem.

Uns dies abans Josefina i Marià havien tornat a Premià: «M'emociona entrar a casa, omplir ampolles de vi vell, passejar per l'hort, en la tarda assolellada, neta... Aquest any llogarem la casa. Som pobres i ens cal treure rendiment del que tenim.» Aquell mateix més Manent s'entrevistava amb Josep Zendrera i Fecha, amo de l'editorial Joventut, i Ramon de Capmany, el pintor noucentista i amic de joventut, la mare del qual era la principal accionista de l'editorial Montaner y Simón, tan poderosa aleshores. La recerca de treball era un tema obsessiu per a Manent: «Em preocupa no tenir feina i penso en la tragèdia dels desocupats. Com convé posar en marxa l'economia!» (10 d'abril de 1939).

Una de les emocions retrobades seria la d'assistir al culte religiós sense traves: «L'església és pleníssima. Que emocionant el cant de la Passió! Damunt el cor deprimit per prop de tres anys de guerra, tímid davant els problemes de la pau, la Tragèdia divina agita un vent d'Eternitat. Senyor augmenteu la nostra fe» (7 d'abril). El dia divuit Marià escriu: «S'accentua la nostra inquietud econòmica.» El 12 faria gestions per pignorar unes cèdules hipotecàries i es va moure per obtenir el salconduit per circular fora de Barcelona. El 14 va tornar a Viladrau i reflexionava així: «Ja em miro el paisatge no amb ulls de refugiat sinó de turista.»[126] El 19 explica que han resolt anar-se'n a viure al Mas de Segimon, de l'Aleixar, propietat de l'avi Segimon, per «passar amb un pressupost més reduït aquesta època transicional». La situació d'un pare, amb dona, tia i tres fills petits movia a prendre aquesta mena de decisions que tanmateix no va arribar a dur-se a terme.

Manent també va veure aleshores Manuel de Montoliu, qui li oferí de dirigir l'oficina de premsa italiana. Tot seguit el meu pare es va posar a fer pràctiques llegint diaris italians, però el lloc de treball no es va materialitzar. El retorn a Premià, el 24 d'abril, li exalta l'esperit: «¿Què ho fa que aquest paisatge de vinyes, pins mediterranis, tarongerars, cirerers florits, em comunica una singular eufòria, una exaltació interior dolcíssima, única?» Però el 12 de maig expressa, en canvi, una temença que es repetirà: «Em sento temorós davant aquesta nova etapa difícil de la vida.» El 16 Manent és un dels pocs catalans que assisteixen a l'enterrament de Joaquim Ruyra, el seu vell mestre.

La família Manent, trobem al dietari, gastava mil pessetes al mes i tenia uns ingressos de cinc-centes, com a traductor i corrector (també revisava proves per a l'editorial Balmes), mentre que la renda de les cases era d'unes tres-centes pessetes mensuals. Però el 19 de juny de 1939 en cobrà més de sis-centes dels lloguers.

Aquell mes retrobà la seva cosina germana, Carme Garriga i Manent, que li donà detalls de la mort a Mendoza (l'Argentina) de la seva mare, la tia Paquita, que fou enterrada a San Juan. Una altra preocupació s'afegia a la manca d'ingressos: el govern franquista feia tornar a pagar contribució de les cases que no s'havia pagat durant l'època anomenada roja!

Mentrestant l'exili interior pesava com una llosa. Manent era un dels escriptors que no havien marxat a l'estranger, igual que Foix o Rubió. O Garcés, que havia tornat feia poc i que havia hagut de fugir el 1936. El català, com és prou sabut, havia estat esborrat de la vida pública.[127] Ni tan sols a les esglésies no es podia emprar. Aquell clima no resta reflectit al dietari, que ens serveix tant de guia per a redactar aquest període, però hi surt per al·lusions o pels silencis. Calia ésser molt prudent a l'hora d'escriure per por que qualsevol denúncia o un mal fat provoqués un escorcoll i el text escrit es convertís en un dit acusador. No hi ha referències al triomfalisme franquista, ni crítiques als republicans, ni tan sols parla de política espanyola. Mentrestant, per exemple, des de *Solidaridad Nacional*, diari falangista, Miquel Utrillo (junior) dedicava diversos articles a injuriar escriptors catalans exiliats, com Pompeu Fabra o Carles Riba, als quals titllava, genèricament, de «fantasmones rojos». El meu pare no va voler escriure als diaris de l'època, opció que per guanyar-se la vida van prendre d'altres, com Carles Soldevila (quan li ho van permetre) o Josep Pla. Li repugnava l'exaltació dionisíaca del «Nuevo Estado», però l'angoixa de la incertesa econòmica el corsecava i per això va tenir crisis de salut. Una nota d'estiu parla de com pateix: «M'angunia excessivament l'endemà: no penso prou en els lliris i els ocells, no visc prou aquella dolça confiança evangèlica» (14 de setembre de 1939).

El mes d'octubre Manent renovà un préstec al banc i la situació econòmica de la família era tan primparada que decidiren anar-se'n a viure a Tarragona, al pis dels avis (que vivien amb la filla soltera, Roser), Rambla Nova número 71, tercer pis. La tia Alberta continuaria a Craywinckel, alternant amb estades a casa de «donya Teresina», íntima amiga seva i sogra d'Eugeni d'Ors. Tots hi vam conviure molt bé. Jo anava al col·legi dels germans de les Escoles Cristianes i hi vam ésser fins al mes de desembre en què van haver d'ingressar a la clínica L'Aliança la meva germana Roser, que patia una mastoiditis greu. Manent s'adaptà a poc a poc a la nova ciutat. El 16 d'octubre escrivia: «Aquests dies em sento molt deprimit. La incertitud de la meva situació econòmica torna a aclaparar-me i no em sé avenir en aquest descentrament; enyoro la vida normal de Barcelona.» El dia 18 la meva mare va dur vuit-centes pessetes del lloguer de les cases i el meu pare comentava: «Què hi ha que, quan estic més deprimit per la situació econòmica, compareix el corb del profeta?» Tanmateix a Tarragona va tractar força el savi canonge Josep Serra i Vilaró, que li ensenyà les restes paleocristianes i romanes, la catedral, el museu i mil detalls de la vida de segles escolats.[128] Aquests contactes l'alleugen una mica: «Tot el meu viure tarragoní —escriu— ja comença a adquirir aquell plec de familiaritat que és un ingredient necessari», però «la falta d'un sou fix, segur, inquieta. Aquesta inquietud és un sentiment nou, inèdit per a mi: estava avesat a donar per segurs els meus fonaments econòmics». I ho compara amb la «incertesa que han viscut tants artistes». Però Manent va, de tant en tant, a Barcelona i dina a la Pedrera a casa la tia Carme Cisa, germana de la sogra d'ell, o ho fa a Craywinckel amb la tia Alberta. La incomunicació amb l'exili aquell 1939 era total fins al punt que Riba, en una carta a Pierre Rouquette, del 7 de desembre, li comunica: «La situació d'allà baix (...) Solament us diré que el dolcíssim Marià Manent té trenta anys de presó».[129] La notícia era fantasiosa però la repressió era real. Els meus pares, i l'avi, de matinada sentien les descàrregues dels soldats que afusellaven condemnats a mort a la muntanya de l'Oliva de Tarragona. Això, naturalment, no es podia dir al dietari.

Tornant enrera, cal remarcar com el fet de viure al barri de Sant Gervasi, llavors ple de torres, jardins, flotes de pins i eucaliptus, carrers solitaris i on gairebé tothom es coneixia, era un dolç alleujament per a Marià, tan sensible i amb un sistema neurovegetatiu fàcilment alterable. Sant Gervasi volia dir gairebé viure en un poble. I al dietari no es cansa de perfilar aquell encant del barri. El 12 de maig hi sentia el primer rossinyol i després la primera puput i hi descobria la primera oreneta. I hi exalçava lilàs i glicines, o hi veia merlots de bec groc. Anava molt amb els fills a la Font del Racó, Avinguda del doctor Andreu amunt, on, encara avui, hi trobem pins i roures centenaris, una font i una clotada, entre ombrívola i assolellada. Hom té, si no fossin els cotxes rabents, la sensació de viure en ple bosc. Aleshores, sense a penes circulació, tot era pau idíl·lica. I als costers de Vallcarca veia el bestiar de la Intendència Militar, i camps d'ordi i de blat on avui hi ha la urbanització Mas Falcó. I també «unes flames lleus de ginesta» i «lliris blancs es retallaven —fades de seda— contra el blat tendre».

Dos anys després, l'octubre de 1941, Manent reblava aquell goig: «Tornant de la ciutat brogidora, il·luminada, arribar a Sant Gervasi és submergir-se en una agradable tenebra, en una pau perfumada, en un repòs gairebé espiritualment camperol.»

Treballs per a l'editorial Lucero. Crisis de salut. La família creix. Mort de la tia Alberta

A través de Joan Maria Guasch, poeta pirinenc i puntal dels Jocs Florals de Barcelona, el meu pare va conèixer Maria Montserrat Borrat, amb la qual aquell aviat es casaria.[130] Manent va escriure un pròleg per a *La rosa dels cinc sentits* [1945], del poeta. Borrat era una dona menuda i rodanxona, rossa, molt intel·ligent i vivaç, de caràcter aparentment dolç, però de tant en tant despòtic. Estimava molt l'art dels llibres i la cultura i el mateix any 1939 va demanar permís per a una editorial en català, Estel, i una altra en castellà, Lucero. En una època tan repressiva i controlada els permisos es retardaren i no arribaren fins el gener i el febrer de 1942, respectivament! Però, mentrestant, la senyora Borrat —com li dèiem— encarregava feina, i sort en va tenir el meu pare de les traduccions i de les correccions que feia amb continuïtat per a Lucero. Durant uns quatre anys aquelles feines significaren una àncora de salvació econòmica. Però alhora Manent va haver de fer a fons un reciclatge de castellà. Conservem unes llibretes on apuntava curosament girs literaris o populars, mots cultes o frases fetes d'autors com Juan Valera, Gabriel Miró (sobretot d'*Humo dormido*), de Larra, de Cervantes *(La gitanilla)*, de Lope de Vega *(Pastores de Belén)* i d'una versió castellana de Francis Jammes que havia fet Enrique Díez-Canedo. Així doncs, aviat va saber fer-se un bon estil literari i poètic en castellà, com van reconèixer alguns comentaristes, una mica sorpresos. Per exemple, el 2 de juny de 1939 anota al dietari: «Em meravella veure que sé una mica més de castellà que no em creia.»

El 29 d'abril va veure l'editora Borrat, «que té grans projectes en llibres per a infants» i que per la correcció d'un llibre que lliurà li donaria setanta pessetes (maig). Pel juny l'editora ja feia la maqueta de *El color de la vida*, interpretacions de poesia xinesa de Manent. L'edició, ornada amb bellíssims boixos d'E. C. Ricart, era limitada a 305 exemplars, alguns en paper de fil o japó. Les versions tenien una rima estricta i, tot i llur bellesa, no van ésser pràcticament comentades per una premsa sotmesa i poc culturalitzada. No hem sabut almenys trobar-ne cap recensió. Pels drets de *L'aire daurat*, que incloïen la versió castellana de què hem parlat, Borrat li donà mil pessetes! La traducció castellana fou enllestida a mitjan juliol de 1939 però, com que Borrat no tenia permís d'empresa editorial, no sortiria fins pel setembre de 1942.

Pel gener de 1941 Marià va tenir l'humor d'escriure vuit folis d'una obreta, «Després de les rondalles», a petició de Consol Teyà, cunyada del diputat de la Lliga, Felip Solà de

Cañizares, que vivia exiliat a França. El text és una barreja rondallística de personatges populars: la Caputxeta, la Blancaneus, el Gat amb Bótes, etc. Teyà era amiga de Magdalena Segimon, cosina germana de la meva mare, i va ésser a través d'ella que va complaure el desig d'aquella senyora que a casa feia representacions infantils en català! El text no s'ha publicat mai.

Per sort Manent podia traduir seguit o fer revisions per a l'editorial Lucero. L'estiu de 1939 explica que traduïa deu planes diàries. I a la darreria d'agost comenta que ha traduït 320 planes dels contes de Danzig (que no sabem si es publicaren) i que li'n pagaren sis-centes pessetes. També tradueix contes d'un autor anomenat Lang per a la mateixa Maria M. Borrat, i durant l'octubre d'aquell any revisà les traduccions d'*Historias de fugitivos* (Lucero, 1942), que evoquen Carles II d'Anglaterra, Lavalette, ajudant de Napoleó, un presoner francès i el pintor Lluís Garney. Pel novembre Manent traduïa contes nadalencs de Lenôtre que es publicaren amb el títol de *Cuentos de Navidad*, probablement el 1940, bé que duen data falsa del 1938 i il·lustrats per Evarist Mora. Aquell mes Manent proposà a Borrat que, si li assegurava feina fins a l'estiu de 1940, podria tornar de Tarragona a Barcelona. A final d'any treballava en l'adaptació de *Pastores de Belén*, de Lope de Vega, que sortí el 1941 (?) i va preparar *Leyendas de Grecia*, adaptades i traduïdes, suposem. Pel desembre va mecanografiar —segurament traduït per ell— *Selva de plata*, probablement narracions populars, per a les quals féu un pròleg i que potser edità Lucero, però no en tenim constància.

El 12 de desembre de 1939 Marià acusa la situació desolada del país i les seqüeles de la guerra: «No em sento amb gaire delit moral ni físic i la complexitat de la vida d'ara m'espanta una mica.»

Al final de l'any 1939 Maria M. Borrat es desplaça a Madrid per fer-hi tràmits burocràtics i dur-hi originals per a la censura. Llavors deixà plens poders per a representar-la durant la seva absència al meu pare i al poeta Frederic Alfonso i Orfila. Mentre ella era fora el meu pare treballava al despatx de l'Editorial Lucero-Estel, de la plaça de Catalunya. Però el gener de l'any següent una nota de dietari constata amb alarma que l'editorial trontolla i que la propietària té massa fantasia.

El 1940 el dietari ja no parla tan sovint de la senyora Borrat i l'octubre de 1941 explica que ell ha mecanografiat *Historias de tres cuervos* (1942), també traduccions seves.

El 1941 Manent va conèixer una subtil artista japonesa, Toyo Kurimoto, casada amb un pintor de la República Dominicana, anomenat Colson. La pintora va il·luminar a mà un exemplar únic de *L'aire daurat*, que penso que es va quedar el col·leccionista i bibliòfil Josep Maria Vall i Perdigó. Toyo feia exposicions, una d'elles a la Syra. El meu pare la descriu així: «És desnerida, lletja, però amb ulls molt intel·ligents.» I del marit, afirma que feia una pintura d'escola picassiana i amb «cara de traïdor de pel·lícula». El cònsol dominicà d'aleshores es deia Hungría i el meu pare, per obtenir recursos, va proposar-li d'escriure en revistes del seu país, com *Cuadernos Dominicanos*, però n'he pogut seguir molt poques pistes.

Abans de la guerra Manent havia tractat força un diplomàtic dominicà, Pérez Alfonseca, que va preparar una antologia de poetes catalans en versió castellana, però no trobà editor a Catalunya i se n'anà enutjat. També era escriptor i dedicà un acròstic a la meva germana Roser que la meva mare ha recordat de memòria:

> *Rosario de estrella y rosa,*
> *Orto de vida y dulzura,*
> *Suavidad de mariposa,*
> *Alta en nuestra tierra dura.*
> *Rosario de estrella y rosa,*
> *Iris que el buen tiempo augura,*
> *Orto de vida y dulzura.*

El xoc de la guerra, les privacions i les angúnies, malgrat que es van atenuar en un lloc privilegiat con Viladrau, van minar la salut del meu pare, sempre propens a l'insomni: «aquesta és la meva creu: un son tranquil m'és indispensable i no puc tenir-lo». També tenia arrítmies, nerviosisme i era moralment força patidor. El dietari ofereix moltes precisions sobre el seu estat de salut i sobre els medicaments que prenia. Ja el març de 1939 confessa que se sent deprimit i que pren injeccions de bioplastina: «No tinc a penes delit d'escriure.» Aquell mes explica que sent lassitud i vertigen i el 25 comenta: «Estic trist, preocupadíssim per la salut.» Pel maig va agafar una grip amb la sensació que li fallava el cor. El visità el doctor Francesc Pons i Navarro, fill del també metge de capçalera, Pons i Freixa. El metge era meticulós i sabia escoltar-se'l. Però sovint es refredava i els cadarns li duraven, cosa que el deprimia més. El 1940, també pel març, tenia la pressió baixa. I pel novembre va tenir la mala sort que en una botiga del Passeig de Gràcia el mossegués un gos. Manent va patir molt pensant en el risc d'hidrofòbia i, «com un modest Sherlock Holmes», va fer d'autèntic detectiu per esbrinar de qui era el gos que finalment es va saber que pertanyia a la filla del cònsol italià. Sortosament no era rabiós.

El 1941 es van repetir les arrítmies cardíaques i les palpitacions. El metge li deia que només era nerviós. Però el 20 de febrer va tenir la sensació que es moria i va demanar un capellà. El metge li trobà «un gran decandiment nerviós» i li van descobrir una lleugera hipertròfia cardíaca, «segons sembla, produïda per excessos en el caminar de jove». Marià era molt impressionable i confesa: «Això acaba de deprimir-me l'ànim i passo dies tristos, negres.» I aleshores va anar a veure un especialista del cor, el doctor Antoni Aguilar i Feliu, amb qui es va fer molt amic i era el pare del pintor Aguilar Moré. Home seriós, amb una lleugera pinta de filipí, Aguilar, contertulià del saló literari d'Ester de Andreis, era molt culte i un poc solemne de tracte. Va dir al meu pare que «la meva emotivitat —comenta Marià— pot contribuir a un miratge de lesió que no existeix». Passada la crisi escrivia: «Torno a trobar el gust a la vida.» Marià va sentir aquell 1941 la primera puput i va veure el primer ametller florit i «agraïa a Déu el do de la vida que donava per perdut». A l'abril va notar molèsties intestinals, que li van perdurar, intermitentment, durant anys fins que anà a veure el famós doctor Jacint Vilardell, metge dels Borbons. A finals de 1941 el doctor Aguilar el va trobar massa prim i li receptà una cura d'insulina. D'altra banda, l'insomni continuava crucificant-lo. Abans de la guerra, a Premià de Dalt, com que hi havia un ferrer davant de casa, el pare es va arribar a fer construir una protecció de suro que esmorteïa els cops secs de mall que, de bon matí, donava el simpàtic Gregori.

Pel juny de 1939 la Roser i jo vam fer la primera comunió a l'església dels pares dels «Sagrados Corazones». Van imprimir recordatoris en castellà i també en català, però aquests clandestins. Mentrestant la família creixia. El 15 de maig de 1940 havia nascut la filla petita, Josefina, coneguda per Fina. El dietari anota: «Té un plorar fort: sembla un gatet que s'enrabia.» I postil·lava: «Em trobo bé, eufòric, gràcies a Déu.» Jo el 1939 anava al Liceu Verdaguer, del senyor Pijiula, a l'Avinguda de la República Argentina, i el 1940 vaig fer l'ingrés de batxillerat al col·legi dels germans de les Escoles Cristianes, al carrer del marquès de Santa Anna, no gaire lluny de la plaça dels Josepets o Lesseps.

Trobar regularment menjar no era gaire fàcil. I tots recordem que menjàvem llenties, farinetes i moniatos. El meu pare comentava: «Les menges una mica exquisides ens atreuen amb la suggestió de les coses llargament enyorades» (7 de març de 1939). Marià vigilava per Barcelona llocs on venien menjar i en comprava. De Viladrau, sobretot, i també del Mas de Segimon ens duien patates. Aquells primers mesos d'adaptació a Barcelona, venint del Montseny, eren durs, enmig d'una postguerra bròfega, com ja hem anat assenyalant. Per això no és estrany que Manent l'onze d'abril arribés a escriure: «Em balla pel cap d'emprendre altres rumbs, d'anar-me'n per terres d'Amèrica.» I l'agost del mateix 1939 escrivia un plany: «Com ens ha minat la guerra!»

El 26 de novembre de 1939 part de la família Manent va haver de deixar Tarragona perquè la filla, Roser, patia una mastoiditis molt greu i el nostre metge d'infants, l'escriptor i estimat Josep Roig i Raventós, va demanar una operació d'urgència. L'operaren el dia 28: «Quina estranya basarda de veure la malalteta, estirada al baiard de rodes, i tota coberta d'una manta!» Tanmateix el perill s'havia conjurat. I al cap de dues setmanes la nena va tornar a casa. El meu pare dóna molts detalls de la recuperació de la seva filla, de l'ambient agradable de L'Aliança i de les visites que rebia la Roser. Pel gener vam tenir una onada de fred i, malgrat la potent salamandra que hi havia al menjador del pis, no passàvem de deu graus! Pel març de 1940 va morir l'oncle «Perico», Pere Milà i Camps, que era una institució dins la família Segimon i que es distingia per la seva generositat i per una certa pompa. Posseïa un petit vaixell, a Blanes, i a bord anava vestit d'almirall. Com que era de bona família (cosí germà per doble vincle del que fou president de la Diputació), entre els aristòcrates es deia que no s'havia casat amb la vídua Guardiola (Rosario Segimon i Artells, vídua d'un «indiano» de cognom Guardiola) sinó amb «la guardiola de la viuda».

Encara l'abril de 1940 ens vam haver de vendre al decorador Santiago Marco un quadre d'escola espanyola del segle XVII i de dimensions respectables, que teníem a la sala i que representava una mena de ruïnes d'Itàlica amb algunes figures. Li'n donaren dues mil pessetes! I aquells dies, el meu pare, que ja treballava seguit per a l'editorial Lucero-Estel, escriu: «Les angúnies econòmiques s'han esvaït.» Aleshores, de tant en tant, amb la meva mare anaven al cinema (Publi, Kursaal, Coliseum), assistien a algun concert o a actes culturals de l'Institut Italià o de vegades berenaven en una granja. L'octubre de 1941 el matrimoni ho féu a l'Orxateria Valenciana. Cafè amb llet, xocolata amb melindros i un iogurt els costà 11,25 ptes.

Una de les persones que ajudava la nostra família era Filomena Zazurca, casada amb un català, Bruguera, que havia estat la mainadera del meu pare i sentia per ell una devoció sense límits. Era filla d'Estadilla, de parla castellana, però a la ratlla de la frontera lingüística, prop de Roda d'Isàvena. Parlava català popular, però ensordia les esses. Era molt treballadora i profundament religiosa i va anar venint a casa, on feia tasques de tota mena, fins que li flaquejaren les forces. Els avis Segimon també venien sovint a Barcelona i ens feien molta companyia. Fins que el 1943 s'hi van establir definitivament perquè, d'ençà que la seva filla Roser, pel setembre de 1942, s'havia fet carmelita descalça, se sentien massa sols a Tarragona.

El 19 de juny de 1940 va morir la tia Alberta, la meva padrina. Havia estat operada d'urgència el 13 per un budell pinçat, amb amenaça de *miserere*. Va rebre el viàtic i hi havia esperança que es refés. Va morir pregant a setanta-set anys. L'agost el meu pare rememorava la seva tia carnal: «Com em dol no haver-me mostrat més dolç amb ella, més comprensiu de la torbadora tragèdia dels vells! Però em consola pensar en la seva mort: recordar que estava contenta del que vam fer per ella.» («En Marià és nerviós —deia— però quan es passa un trasbals fa el que ha de fer...») i molt satisfeta de la clínica i d'haver pogut rebre —com deia ella— «tots els tresors de l'Església». La mort de la tia, que li havia fet de segona mare, i que era decidida i autoritària en les coses de casa, i així ho va haver de soportar la meva mare, deixà Marià molt deprimit i va haver de prendre una llarga tongada d'injeccions. I va coincidir amb el que ell en diu al dietari «la depuració militar» que deu voler significar la depuració política, ja que havia estat, els darrers mesos de guerra, funcionari interí de la Generalitat de Catalunya, a Viladrau, sota les ordres d'Agustí Duran i Sanpere. A casa hem trobat un document del «tribunal classificador» (31 juliol 1940) on diu que ha de «completar los informes reglamentarios que se solicitan para su clasificación definitiva». Marià va perdre set quilos i continuava molt atuït. L'estiu al Mas de Segimon es va començar a refer. La tia Alberta el va fer hereu de tres casetes a Premià, i de les parts que eren d'ella de les cases dels carrers Doctor Dou i de Mercaders. Però els drets reals a pagar pel nebot van ésser molt alts i es va veure obligat a vendre les quatre cases de Badalona i a Cal Ros, la més gran de les de Premià, per poder-hi fer front. Una greu preocupació nova s'afegí a la mort de la tia i a la situació econòmica fluctuant de la família.

Viure de traduccions. La Caixa de la Diputació. Josep Zendrera i l'editorial Joventut. Amics i tertúlies. La por d'una nova guerra mundial

En no poder comptar amb una feina estable, Manent es refiava de les traduccions. Hem seguit la bona relació amb la mestressa de l'editorial Lucero, la qual, de tant en tant, venia a casa i ens duia presents. Però el meu pare en aquells temps es movia molt per trobar un lloc de treball fix o, subsidiàriament, incrementar el nombre de traduccions. Josep Roset, pel març de 1939, li va comunicar que volia fundar una editorial religiosa però Manent comentava: «Jo no tinc gaire esma per començar negocis (...) Més aviat m'abelleix un càrrec tranquil, burocràtic.» Pel juny Roset li proposà de liquidar el negoci que tenien a mitges, per bé que li oferia una «forta quantitat». Manent ho va haver d'acceptar i va restar-hi com a soci amb una participació simbòlica, tot i que va mantenir una relació amical amb el senyor Roset, fins que morí, i amb l'hereu del negoci, Ramon, el fill petit.

A la postguerra Editorial Joventut es convertí en un dels

millors clients, en algunes èpoques gairebé l'únic, de la impremta Atenas A. G. Curiosament l'abril de 1939 Ignasi Agustí va fer un aval per a Eduard Montserrat i Cabré, encarregat de la impremta i cenetista moderat, perquè pogués sortir del camp de concentració. El març abans Manent havia parlat amb Fèlix Ros, aleshores escriptor del règim, el qual li comentà uns projectes editorials i li oferí traduccions. D'altra banda, Josep Maria Cruzet, company del col·legi Condal, havia posat els fonaments de l'Editorial Selecta i demanà col·laboració a Manent, ja al final de 1939. Tanmateix no es va poder materialitzar fins que l'editorial en català fou autoritzada uns tres anys després i s'encetà amb les obres completes de Verdaguer que obligatòriament va haver de reproduir amb ortografia vuitcentista. Mentrestant, des de la primeria de 1940, Marià treballava a la Caja de Ahorros y Monte de Piedad, de la Diputació de Barcelona, i coneguda popularment com «la Caixa dels Marquesos», on tenia cura —només als matins— d'afers mutualistes. Alhora a casa feia tasques escadusseres per a l'Editorial Balmes, l'antic Foment de Pietat, on retrobà vells amics, com els mossèns Joan Puntí i Cullell i Eudald Serra i Buxó. Com que encara tenia problemes de salut, l'estiu de 1940 Armand d'Arquer, de la Caixa, li autoritzà unes llargues vacances. Segons la meva mare, per la feina a la Caixa li pagaven quatre-centes pessetes mensuals. Però pel febrer de 1942 Arquer va dimitir i van dir a Manent que col·laborés amb la Caixa des de fora de la institució, fórmula hàbil per fer-lo fora.

Per una altra banda, l'editor Carles Maristany li encarregà la versió de *The lady of lake*, d'una obra de Walter Scott i d'uns poemes de Shelley, a set pessetes la plana. No sé si va arribar a traduir-ho. També Ramon de Capmany volia que Marià traduís Omar Khayam. No crec que ho fes pas. En canvi, sí que va escriure un pròleg d'onze quartilles, per les quals li pagaren tres-centes pessetes, per a una antologia de sant Joan de la Creu, publicada per Montaner i Simón el 1942. La relectura del poeta místic li brindà l'ocasió d'aprofundir-hi. En aquella primer postguerra el meu pare també connectà amb Antoni Vancells, que havia fundat la llibreria Mediterránea i Ediciones Mediterráneas. Vancells li encarregà dues traduccions, que edità molt acuradament, amb precioses il·lustracions de Mercè Llimona i d'Evarist Mora. Foren *Le-*

yendas de la Virgen (1942) de Jerôme i Jean Tharaud i *Las florecillas de san Francisco* (1946). Joan Teixidor des de *Destino* va elogiar amb elegància el contingut del llibre de llegendes i hi destacà «la bellísima traducción castellana». Igualment Josep Janés, ja depurat com a editor «rojo», oferí a Manent altres traduccions, la primera de les quals seria *Invitación al vals* (1942) de Rosamon Lehmann i que edità una filial seva que es deia Ediciones Lauro.

El mateix 1939 Josep Zendrera, a qui havia conegut abans de la guerra com a client d'Atenas A. G., li parlà de feina i, quan l'Editorial Joventut (aleshores «Juventud») hagué superat les restriccions més greus de la postguerra, pel novembre de 1941 li encarregà l'adaptació del *Llibre de les bèsties*, de Ramon Llull, i que es publicaria el 1944 sota el títol *El león y su corte*. L'editor li pagà mil pessetes per cent vint quartilles. Però, a partir de 1941, Manent es relacionà més estretament amb el senyor Zendrera i a l'editorial va conèixer la seva filla Conxita, que ajudava el pare. «És una noia intel·ligent, amb un aire absent i somniós (la mateixa expressió paterna)», escriu Manent (12 de novembre). El mes de desembre Zendrera li demanà l'exclusiva com a traductor i per això Manent s'hagué de limitar a acabar les obres compromeses amb Janés i renunciar a d'altres encàrrecs d'Ediciones Mediterráneas. Des d'aleshores traduí sistemàticament i abundosa per a l'editorial Joventut i hi publicà *El maravilloso país de los snergs* (1942) de Wike-Smith, *Entre pigmeos y gorilas* (1942) del príncep Wilhelm de Suècia, *Cuentos del Japón* (1943) —pel qual li abonaren 1500 pessetes— *En el mundo del espejo* (1943) de Lewis Carroll, *Precisamente así* (1943) de Kipling, *Mary Poppins* (1943) de P. L. Travers, que li reportà dues mil pessetes; *Ha vuelto Mary Poppins* (1944) de Travers, *Algo sobre mí mismo* (1945) del mateix Kipling, *El viento en los sauces* (1945) de Kenneth Grahame, *La epopeya del Everest* (1946) de Francis Younghusband, *Los libros, los niños y los hombres* (1950), el famós assaig de Paul Hazard, que li reportà dues mil pessetes, *Literatura castellana* (1946) d'Aubrey F. G. Bell i *Grieta en el glaciar* (1962) de R. Frison-Roche.

Aquestes traduccions —i sobretot les poètiques— donaren a Manent una fama de traductor excepcional de l'anglès i hom el comparava als millors en castellà d'abans de la guerra. Aquesta constant s'anà repetint fins que va morir. De fet, el prestigi es va forjar d'ençà de les primeres versions poètiques al català, sobretot de *L'aire daurat* (1928). Entre els escriptors de Madrid i d'altres nuclis culturals castellans aquest prestigi de traductor era un *leitmotiv* i, en general, el coneixien més per aquesta faceta que no pas com a líric i crític en català. Hem pogut espigolar algun comentari de traduccions en prosa, com un article del diari *Jornada* (5-VI-1945) de València sobre *Algo sobre mí mismo*: «El traductor ha tenido que matizar delicadamente —diu— el estilo de la versión. Con menos esmero se hubiera desfigurado la obra o hubieran quedado incomprensibles para el público español las denominaciones familiares que Kipling aplica liberalmente a lugares, personas y sucesos.»

La col·laboració amb el senyor Zendrera d'ençà del 1942 es concretà més. El 20 d'abril li va dir que dirigiria una col·lecció de poesia i crítica, que li faria informes i fins li lliurà un fitxer d'obres en estudi. Per tot plegat li abonaria una quantitat trimestral, que Manent no especifica, però apunta al dietari: «Estic contentíssim.» Començava així una assessoria literària que duraria fins el 1986 en què el meu pare es jubilà. L'octubre d'aquell 1942 Zendrera el posà més a prova en demanar-li que durant un parell de mesos anés cada matí a l'editorial i poc després li pregà que hi anés regularment mig dia. Manent explica que Zendrera li pagarà «una suma considerable». Després el contracte cristal·litzà i Manent hi anava matí i tarda i va figurar sempre com a director literari i des d'un lloc preeminent. L'amistat amb la família Zendrera es féu molt íntima i li encarregaren missions confidencials i sempre li tingueren una gran deferència. Com que Manent no dormia bé, arribava a l'editorial cap a quarts d'onze o les onze i a la tarda hi anava fins a les set o s'hi quedava més temps per comentar amb el pare o els fills Zendrera qüestions editorials, culturals o d'actualitat. Aviat es van incorporar al negoci els dos fills grans, Josep Maria i Pau. El primer, que tenia un *charme* especial, estava molt relacionat amb exiliats catalans de Mèxic i Xile i li agradava ficar el nas en aspectes de la política clandestina: així assistí, el 1960, al procés militar contra Jordi Pujol. Pau, més retret, duia el pòndol gerencial del negoci i també viatjava per Amèrica on l'editorial tenia una filial a l'Argentina i representants a d'altres països. Després s'hi afegí Lluís Manuel, quasi de la meva edat, per dedicar-se sobretot a certs autors de viatge i a la col·lecció popular Z. Per certs gustos i pel sistema de promoció d'autors s'assemblava molt al seu pare. Dissortadament Lluís morí el 1993 i Josep Maria el 1982, en plenitud de vida. Finalment, s'incorporà al negoci editorial el fill petit del senyor Zendrera, Jordi, que hi entrà per la preparació de llibres de cara a la impremta, però hi ha fet una mica de tot, per bé que la seva afició són els llibres de viatges i d'esport. Tots els nois Zendrera són entusiastes de la navegació i alguns, com Pau, han pres part en competicions. Lluís també era bibliòfil com el pare, i comprà algunes biblioteques particulars perquè tenia una mica de vocació romàntica de llibreter antiquari. El centre d'operacions esportives dels fills Zendrera era Cadaqués, on tots tenien casa i eren i són força coneguts. Conxita, que a la immediata postguerra ja treballava a l'editorial i era companya d'universitat de Josep Palau-Fabre i de Frederic-Pau Verrié, va tenir grans èxits com a descobridora d'autors infantils estrangers, com Hergé, el de les *Aventures de Tintín*, Enid Blyton o excel·lents dibuixants i autors catalans. El meu pare recordava sempre altres empleats de la casa, com el cap de producció, Jordi Bru de Sala i de Valls, molt eficient i expert en el món del llibre, i amb qui jo tenia converses polítiques o culturals i ens divertíem molt. També Manuel Fonseca, cosí dels Zendrera i corredor durant molts anys dels productes editorials. O bé Eloy Galindo, un castellà de la Manxa, que amb el seu propi esforç va arribar a ésser cap del magatzem i era molt competent.

L'ambient era d'empresa familiar. El meu pare duia la correspondència en anglès, francès, castellà i català d'allò que es relacionava amb els drets d'autors estrangers, amb els escriptors, els traductors, etc. Rebia molta gent i encarregava traduccions, revisions i informes. Escrivia sovint a raig en qualsevol d'aquestes llengües i per a l'editorial era important tenir un director literari amb uns coneixements lingüístics i culturals vastos. Al despatx comptava amb poca gent: una secretària i una o dues auxiliars. Jo el vaig ajudar, del 1958 al 1980, en qualitat de redactor literari, revisor d'estil (català i castellà), publicitat i relacions amb alguns autors. Tots treballàvem en un sol despatx, ple de llibreries i sota terrat, amb el sostre molt baix, perquè era un sostremort on a l'estiu feia molta calor, però estàvem força independents. El contacte amb els correctors, especialment amb José Maria Nebreda, de Burgos, que en sabia molt, era constant amb el meu pare, el qual supervisava algunes obres i aclaria els dubtes de correcció. L'afecte i el respecte dels Zendrera pel meu pare eren exemplars. Sovint el feien anar a cercar en cotxe a casa perquè ell acostumava a agafar l'autobús, el 14, al carrer de Mandri. El meu pare es trobava molt bé en aquell ambient i era ràpid en la feina perquè sabia concentrar-se, malgrat que no tenia un despatx independent. Va tenir algun disgust amb un parell d'autors, altius i desconsiderats. Manent no suportava actituds d'impertinents amb urc o de savis menyspreatius.

No cal dir que el meu pare tenia plena llibertat per entrar i sortir a l'hora que volgués i per fer algun viatge a l'estranger o a Madrid per qüestions literàries, personals o polítiques. Quan va complir els vuitanta anys, en actiu, tots els empleats de l'editorial li van retre un homenatge. Editorial Joventut fou per a Marià Manent una mena de segona llar, que li va permetre consolidar amb dignitat l'economia familiar i, a més a més, es convertí per a ell en una plataforma cultural de prestigi i molt professional des d'on va poder relacionar-se amb el món dels escriptors, dels editors, dels traductors i dels il·lustradors. El senyor Zendrera i ell es miraven personalment algunes obres de bibliòfil o d'alt nivell que il·lustraven E. C. Ricart, Josep Narro o dibuixants prestigiosos més moderns.

Retornant al 1939, l'arribada a Barcelona de Manent va fer possible que refés, lentament, part de la xarxa d'amics, llevat dels que s'havien exiliat. El març Marià va anar a veure Josep Pla, probablement com a director de *La Vanguardia*, i ho aprofità per recomanar-li Felip Graugés com a periodista. El meu pare només comenta: «Està amb mi molt amable.» El 7 d'aquell mes va trobar Joan Estelrich, que ja era un decidit partidari de la restauració monàrquica, un cop la «nueva España» hagués refet Espanya. I «aspira —escriu Manent— a crear un diari català a Barcelona. Ha fet un gran elogi de Franco, home treballador, serè, modest, l'antitipus de l'espanyol "tenorio", ni arrauxat, ni amic de fer discursos». El dia 19 el van venir a veure Joan Teixidor i Joan Vinyoli. Més endavant aquest li confessaria que sentia un cert desencís per Rilke, a qui havia admirat tant i com l'havia influït!

Pocs dies més tard Manent trobà a la Rambla J. V. Foix i Josep Maria López-Picó: «Comentem la coincidència entre el programa imperial de Falange i el de certs teoritzants de la nostra joventut», anota. La referència a Maurras i qui sap si a l'Ors és evident. Aquest és un dels pocs comentaris polítics del dietari dels anys quaranta. Manent s'autocensurava del tot, s'havia d'autocensurar per por d'un hipotètic escorcoll. Pel juny Marià s'emocionaria de reveure Tomàs Garcés, que havia hagut de fugir a França, perseguit, ja el 1936. El mateix mes coincidí amb Martí de Riquer al Foment de Pietat: «Té un aire estoic i optimista.» Recordo molt bé com aquell any 1939 Riquer, que sempre va respectar el meu pare, bé que de vegades discutien durament, va venir a casa amb uniforme de falangista i la boina vermella. I el 1943 avalà el meu pare com a lector de la Biblioteca Central (ex-Biblioteca de Catalunya).

Durant l'octubre anà topant-se amb Josep Palau-Fabre, Manuel de Montoliu i Guillem Díaz-Plaja. A la Sala Parés coincidí amb Josep M. Junoy, Foix i Josep Calsamiglia. I a final d'any, a casa de la vídua de Jaume Bofill i Mates, coincidí amb mossèn Pere Ribot. Manent s'impressionà en contemplar el despatx intacte del seu enyorat amic, «Guerau de Liost». I el 5 de desembre, a casa de Rafael Maspons, diplomàtic espanyol, amb qui féu una sòlida amistat, conegué, el poeta Jaume Agelet i Garriga «home gras, limfàtic i gentil; la seva cara grossa, "acucutada", contrasta amb la seva veu suau. El que diu fa gràcia; té un humorisme natiu, inconscient en part». L'amistat amb Agelet es féu perdurable. Cada any recordo que venia a casa, amb el seu aire entre trist i divertit, ple de bonhomia i amb el característic accent lleidatà, contant anècdotes de la seva vida mig errabunda de diplomàtic, d'home ric, que transformava la poesia en la seva contribució a Catalunya on vivia intermitentment. El 1953 Agelet va acomboiar la meva germana Roser en una estada a París. I rebíem tots els seus llibres amb aquella invariable targeta de l'administrador de les seves finques que deia: «De part de l'autor, absent.» El meu pare s'havia enlluernat amb molts poemes d'Agelet i em penso que sentia la recança de no haver-li dedicat cap comentari.

Manent mantenia una relació freqüent amb Josep Maria de Sagarra, al qual anava a veure a casa seva, al número 1 del

Passeig de la Bonanova, a deu minuts del carrer de Craywinckel. Feien tertúlia i comentaven qüestions del moment que, naturalment, el dietari no reflecteix per prudència. Però sí que diu que el 1940 el poeta havia enllestit la versió rimada de la *Divina Comèdia* i li'n llegia trossos. I el 1941 feia el mateix amb fragments de les obres de Shakespeare. Aquell any Manent tornà a veure llargament Cruzet i Estelrich, el qual imitava la dicció de l'Ors i el considerava un mistificador que «simula ésser un filòsof». Manent va anar a Samalús, amb Joan M. Guasch i Felip Graugés, a veure mossèn Ramon Garriga, que feia d'ermità-poeta, coneixia tots els secrets de les bestioles del camp i recitava versos amb veu de gàrgola escanyada. I Marià retrobaria altre cop Garcés i comenta lacònic: «Comparteix els meus punts de vista en moltes coses.» En un altre lloc explica que «Garcés ja ha superat la neurastènia de l'època» (1942), en clara el·lipsi política.

El 1941 el visitaren J. Palau-Fabre i Josep Romeu, aleshores universitaris i que organitzaven la resistència cultural en petitíssims nuclis. Pel març el meu pare havia parlat llargament amb Eugeni d'Ors a can Montaner y Simón. I des del 1941 assistia a les lectures de poesia, clandestines, a la rebotiga de l'orfebre Ramon Sunyer, el seu padrí de bodes. N'hi ha alguna referència velada al dietari, igual que d'una lectura —anterior, del 29 de maig de 1939— de versos castellans de Sebastià Sànchez-Juan al mateix lloc. Manent anota: «En conjunt la reunió fa una certa angúnia.» El 7 de desembre de 1941 assistí a un acte de Josep Puig i Cadafalch, també a can Sunyer. En d'altres anotacions comenta un cicle de conferències a Barcelona sobre Joan Boscà (Juan Boscán) d'Eugenio Montes, Antonio Marichalar i Joaquín de Entrambasaguas. Boscà s'havia convertit per al règim franquista en el símbol del «bon català», del botiflerisme, perquè escrivia en castellà.

Un altre punt de trobada, igualment de lectures clandestines, era la casa de Joaquim Martí i Rodés, pare de Montserrat Martí, on el meu pare escoltà, pel gener de 1943, una lectura de Josep Maria López-Picó. L'abril d'aquell any el dietari feia un comentari contundent i malhumorat: «La gent, a força de dissimular, ja no sabrà ben bé què pensa.» El maig de 1942 havia conegut Joan Ramon Masoliver que li presentà l'escriptor Eugeni Nadal i trobà el primer «bellugadís, somrient i simpàtic». Pel novembre del mateix any Manent fa una reflexió punyent: «Avui compleixo 44 anys. El temps se'ns enduu i la vida sembla alhora llarga i brevíssima. Quants continents del meu passat dormen ja en l'oblit! Només em queden petxines apagades, brins d'herba seca.» Aquest comentari reprèn pensaments escrits en els dietaris de joventut quan sentia el delit per copsar i deixar fixat el «temps perdut».

Un dels amics que el venien a veure amb més freqüència era Felip Graugés, entusiasta i fidel, a qui «Guerau de Liost» havia fet famós en un poema. Un altre dels assidus era Josep Maria Boix i Selva, a qui algun cop acompanyava el seu germà Joan, després convertit en el benedictí Maur M. Boix. Manent i Josep Maria dialogaven molt i els anys cinquanta es tornaren a veure sovint amb motiu de la versió catalana que Boix feia de *El paradís perdut* de Milton. Amb Boix «comentem —escriu al dietari— l'enorme canvi que ens ha portat la guerra. Som uns altres (...) Jo per la meva part em sento envellit moralment, incapaç de grans abrandaments per les coses humanes» (maig de 1943). I aquell mes va visitar el doctor Aguilar el qual li troba el cor «bé com mai», afectat per una «transició estacional» i li receptà Tonofosfan i calcibromat. El mateix 1943 Manent enllestí la versió de *La isla del tesoro*, per a Editorial Lucero. Diu al dietari que li costava molt i que no la signaria. No sabem si es publicà. També revisà la segona edició del *San Francisco de Asís* (1944) de Chesterton.

El dietari s'esmalta sovint de personatges, amics o coneguts, que mantenen amb Manent un encontre fugisser o als quals veu de tant en tant. En el ràpid de Reus trobà el seu vell amic, Josep Maria Girona, o topà amb Junoy a l'Editorial Estel-Lucero o va veure el pare Evangelista de Montagut, Jaume Ruiz-Manent, Gustau Gili, el doctor Lluís Carreras, Gonzalo Pérez de Olaguer, molt de la nova situació per raons confessionals, Tomàs Lamarca, mossèn Manuel Trens, Manuel Brunet, etc. Mossèn Pere Pujol, de la Seu d'Urgell, venia de vegades a casa i ens duia productes alimentaris. Manent veia Joaquim Folch i Torres al seu recer, El Greny, de Premià de Dalt. El 1942 va anar a l'enterrament de mossèn Jaume Barrera, a qui havia conegut quan feia la plana literària de *El Correo Catalán*. Manent també visitava el taller de l'escultor Enric Monjo, que s'interessava per Rilke. I va ajudar una pintora anglesa, bohèmia i de talent, Doris Belshaw, perquè pogués exposar a Barcelona. Però el contertulià més assidu de la família Manent era Jaume Bofill i Ferro, que vivia al pis de sota i durant anys cada diumenge, havent dinat, ens obsequiava amb una conversa que no fatigava mai i on no mancaven les notes humorístiques que ens feien esclatar de riure. Bofill era com de la família i les seves evocacions, de tota mena, eren com esplèndids articles orals.

I el 1943 l'escultor Segura, que després marxà a l'estranger, féu un bon bust del meu pare, que presideix la sala de la casa.

En aquella postguerra, en què gairebé tothom es trobava, més o menys, en llibertat vigilada, els llocs de trobada per a llegir-hi versos en català o fer-hi commemoracions eren, a part can Sunyer —on s'organitzaren els Amics de la Poesia— i can Martí i Rodés, l'«Estudi» dels germans Gassó, Joan Barat, etc., on Manent anava ben poc; les cases de l'arquitecte Lluís Bonet i Garí o del poeta Miquel Saperas, que feien reunions ja aquells anys quaranta. Saperas enviava una invitació il·lustrada i tot. I, al final de la dècada, va tenir molta requesta la llar del geògraf i escriptor Josep Iglésies, del Passatge Permanyer número 17. Manent hi presentà els següents poetes: Felip Graugés (21-XII-1947), Ricard Permanyer (25-I-1948) i Palmira Jaquetti (19-XII-1948).

Vers 1942 alguns escriptors començaren a enviar als amics *christmas* o nadales amb un poema. Era una manera de comunicar-se en un desert de tribunes catalanes. El meu pare comenta: «Aquest costum anglès s'ha estès molt a Catalunya» (febrer de 1942). Pocs anys després un altre sistema de parlar dels escriptors era fer notes en català per a un prospecte que el qui publicava un llibre enviava, passat per censura i en castellà, però amb comentaris entre cometes en la nostra llengua.

Però les tertúlies on Manent fou més present serien la de Carles Riba —de què ja parlarem— i la d'Ester de Andreis, una escriptora italiana, nada a Gènova el 1901 i morta a Barcelona el 1989, però que vivia a Catalunya des d'abans de la guerra i era casada amb l'industrial Enric Mir i Deulofeu. Escriptora bilingüe, publicà en italià una vida de santa Clara i en castellà uns volums de poemes: *Prímula* (1943), *Pastor de Morea* (1961) i *Instantes* (1982) amb pròleg del meu pare, on cita uns mots inèdits de Dionisio Ridruejo sobre Ester: «Decididamente suave y a media voz, un poco absorta (...) Muy sensible, muy golpeada por la belleza de las cosas, inclinada a un éxtasis en el que se bebe lo más bello y sensible del mundo: la flor, la tarde, la lontananza del monte...»

El primer esment al dietari de la tertúlia de la senyora Andreis és de l'octubre de 1941 on el meu pare explica que Estelrich ballà boleros, cantà cançons mallorquines, evocà, cantant, Pergolesi i Monteverdi i va imitar el cant del rossinyol amb tanta destresa que al cap de poc des del jardí li contestà un d'autèntic. El mes següent hi llegí Carles Soldevila la comèdia *Fuga y variaciones*. Manent hi trobà Eugeni Nadal (que donà nom al premi), Blanca Escandón, muller de Maurice Molho, al qual va conèixer a la tertúlia i que era un gran erudit sefardita. Ester no convidava sempre les mateixes persones. La torre del carrer de Ganduxer número 55, convertida fa més d'una dècada en pisos, tenia un jardí ple d'arbres, flors i ocells. L'octubre de 1942 Manent hi llegí versions al castellà de poesia anglesa. El gener següent el lector fou Sagarra amb *De l'equador als tròpics*. També hi feien recitals de cant. El meu pare esmenta la impressió que li féu una noia berber que cantà en el seu idioma. Entre d'altres contertulians hi havia Joan Teixidor, Jordi Rubió i Balaguer, el llibreter Antoni Vancells, Zannotti, director de l'Institut Italià, Joan Vinyoli, Jordi Maragall, Ramon Arderiu, Guillem Díaz-Plaja, el jesuïta Joan B. Bertran, Palmira Jaquetti, Carles Riba, Martí de Riquer i de vegades el pare Miquel Batllori o Ridruejo, quan vivia a Catalunya. Ocasionalment hi havien fet acte de presència convidats com Ungaretti, el comte de Keyserling o Vicente Aleixandre.

La tertúlia era molt càlida i refinada i el meu pare hi anava sovint amb la meva mare. Curiosament Ester, que tutejava pràcticament tothom, inclòs el doctor Rubió, no ho va fer mai amb el meu pare. I, tot i que acostumava a parlar en castellà sempre, amb mossèn Pere Ribot s'hi adreçava en català. Andreis deixà un extens dietari inèdit, en castellà, que algun dia caldria publicar fragmentàriament, on hi ha el record bategant d'aquella memorable tertúlia que durà, més reduïda, fins poc abans que ella morís.[131] Riba va deixar unes notes per a escriure un pròleg per al segon llibre poètic de la senyora Andreis.

Acabada la guerra civil espanyola, i amb una lenta recuperació, tanmateix farcida de prohibicions, detencions (dels que es movien massa) i corrupcions, la por de Manent i de molts catalans era haver de sofrir una altra guerra, amb la temença, fonamentada, que Franco, tan amic de feixistes i de nazis, no es posés a llur costat. Preveient la gran hecatombe, Manent escrivia al dietari: «Sensació d'una gran tragèdia pròxima.» El primer de setembre de 1939 els alemanys ocupaven Danzig i esclatava la guerra mundial. Manent el 1940 sentia l'angoixa de la invasió d'Holanda pels alemanys: «Som doncs al començament de la tempesta apocalíptica.» El dietari reflecteix sovint aquesta inquietud de la contesa mundial, però sense referències a Franco. Una de les poques crítiques, amb una soterrada intenció política, és del gener de 1940 i té un aire aparentment cultural: «Avui comentàvem amb en Jaume [Bofill] la fal·làcia d'un article del nostre amic Riquer en què intenta demostrar que l'esperit de Provença, el món dels trobadors, és la quintaessència de l'esperit hispànic i que té en el món hispànic el seu veritable origen.»[132] Pel novembre de 1941 Estelrich li deixà llibres francesos i Manent comentava: «Em fa una gran il·lusió entreveure què passa en el món intel·lectual francès en aquesta gran crisi.» Aquell mes s'entristeix quan el Japó declara la guerra a Anglaterra: «Déu vulgui que no ens hi barreguem.» Marià segueix fil per randa el curs de la lluita i comenta el desembarcament nord-americà a Itàlia. I no es pot estar de celebrar les victòries dels aliats. Recordo la passió entusiasta amb què jo seguia amb ell, i com esperàvem, el triomf de les democràcies occidentals contra els totalitaris de l'Eix. De vegades hi ha notes telegràfiques: «Ha caigut Palerm» o la dimissió de Mussolini. Sent l'horror de la bomba atòmica («folla humanitat», sentencia) i pel maig de 1945 profetitza: «Rússia es dreça, al fons de tot, com un ogre. Que Déu ens ajudi!»

Dels estius al Mas de Segimon. Lectures.
El *hobby* de l'art com a complement econòmic.
Una antologia de la poesia anglesa en tres volums.
Lenta represa de les activitats i les publicacions en català.
L'amistat amb Carles Riba

Les llargues vacances, de dos o tres mesos al camp, amb alguna escapada de feina a Barcelona, foren per a Manent una font de salut, de joia, d'inspiració i d'accelerar tasques intel·lectuals. El 1939 escrivia: «Aquesta pau m'és indispen-

MARIÀ MANENT
LA BRANCA

MARIÀ MANENT

L'AIRE DAURAT

INTERPRETACIONS DE POESIA XINESA

ATENES A. G. - PROVENÇA, 157
BARCELONA
1928

REVISTA
de
POESIA

SUMARI

VOL. I   GENER 1925   NÚM. 1

M. MANENT

L'OMBRA
I ALTRES POEMES

BARCELONA
1931

Domènec Segimon i Agustina Cisa, sogres del poeta, amb els seus néts Albert i Roser, 1933.

Albert i Roser Manent a la platja de Salou, el 1935.

Agustina Cisa i Alberta Cisa, tia del poeta, amb Roser i Albert Manent, 1935.

D'esquerra a dreta, X, Joan Teixidor, Sebastià Sánchez Juan, Marià Manent, Manuel de Montoliu, M.ª Luz Morales, Ignasi Agustí i Lluís Montanyà, el 1935 en una reunió d'*Amics de la Poesia*.

Ca l'Herbolari, la casa pairal de Jaume Bofill i Ferro on la família Manent va passar la guerra civil.

El gener de 1937 a ca l'Herbolari (Viladrau), d'esquerra a dreta, X, Enric Cubas, Ernest Martínez Ferrando, Martí de Riquer, Marià Manent, Josefina Segimon amb la seva filla Maria, Agustina Cisa, Roser Segimon i Domènec Segimon i Cisa; a primera fila, Albert i Roser Manent, i Eulàlia i Roser Duran i Grau.

Sopar de la tertúlia d'Ester d'Andreis el juny de 1946 al Saló Rosa. Assegudes, Josefina Segimon, X, X, Ester d'Andreis, X, Pilar de Ventós –muller de Joan Teixidor–, Giuliana d'Andreis i Margarida Gabarró. Drets, Guillem Díaz Plaja, Joan Vinyoli, Joan Teixidor, Ramon Sarró, Pere Pruna, Carles Soldevila, Marià Manent, Antoni Aguilar, Jaume Bofill i Ferro, Antoni Vancells, Lluís Segalà i X.

Grup d'assistents a la festa literària de Cantonigrós (1951), entre els quals es distingeixen Antoni Pous, Miquel Llor, Carles Riba, Joan Triadú, Jordi Sarsanedas, Joan Barat, mossèn Vila, Jaume Bofill i Ferro, Ferran Canyameres i Joan Cortès.

Sopar ofert a l'editor Antoni López Llausàs (juliol de 1954). D'esquerra a dreta, Josep Ferrater Mora, Xavier Benguerel, August Matons, Marià Manent, Tomàs Garcés i Octavi Saltor.

A l'era del mas de Segimon, vers 1943, el matrimoni Manent amb els quatre fills.

L'avi Domènec Segimon, l'estiu de 1956, entre els seus avellaners del mas.

El mas de Segimon, un dia de neu el 1963

Marià Manent amb l'escriptor
John Langdon-Davies,
a Premià de Dalt el 1959.

Marià Manent el 1964.

Reunió clandestina d'intel·lectuals catalans i castellans (1965) al
«Cigarral» de Toledo de Fernando Chueca. Marià Manent és el primer
per l'esquerra. També s'hi distingeixen Rafael Tasis, Sergi Vilar,
Vicent Ventura, Jordi Carbonell, Enrique Tierno Galván, Josep Benet,
Pablo Martí Zaro, Maurici Serrahima, Joan Reventós, José Luis
L. Aranguren, Llorenç Gomis, Dionisio Ridruejo i Josep M. Castellet.

Josep Carner i la seva muller, Émilie, el 1979, a casa de la família Manent.

Marià Manent amb Josep Pla i els amos de Can Tista (Porqueres), Carles Fontserè i la seva muller Terry Broch.

A Montserrat, Anna Maria Torra de Gili, Joan Miró, l'abat Cassià Maria Just i Marià Manent, 1975.

El matrimoni Manent amb un grup familiar de fills, gendres, nora i néts a casa de Maria Manent a l'Aleixar.

Marià Manent amb les insígnies de l'Orde de l'Imperi Britànic.

La darrera fotografia de Marià Manent al terrat del mas de Segimon amb la seva filla Maria (agost de 1988).

sable i enlloc sóc més feliç com al camp.» Com reflecteixen els dietaris, el meu pare s'hi va adaptar i va fer seus el paisatge, la casa i la gent del Camp de Tarragona. Abans de la guerra era habitual que la família Manent passés l'estiu a Premià de Dalt, a la casa pairal. Però a la postguerra tot es va capgirar i, com he dit, Premià de Dalt es llogava i tots ens estàvem a la masia de l'Aleixar on estalviàvem i teníem, a més, la recapta i la fruita del lloc, per bé que no hi havia llum elèctrica sinó llums de carbur o de petroli. La finca té unes quaranta-cinc hectàrees, amb una aclaparadora majoria de conreu d'avellaner, però amb dues terceres parts de bosc. Aigua abundosa —llavors tres mines i tres pous— i una pau bucòlica, ja que el Mas de Segimon és gairebé a dos kilòmetres del poble, l'Aleixar, aleshores una vila de mil habitants, on havia nascut el meu rebesavi matern, Ramon Artells i Vallverdú. El mas fou construït el 1882 pel meu besavi, Pere Segimon i Freixa, i costà cinc mil pessetes. Sempre hi ha hagut masovers. Conserva una gran era, perquè dos segles enrera hi havia abundosos cereals i vinyes. El lloc constituïa el paradís i el centre d'operacions del meu avi, Domènec Segimon, el qual hi passava quasi mig any i també hi tenia ruscos d'abelles (allà en diuen arnes) que crestava ell mateix i ens ensenyà, de petits, l'art de treure la mel. Hi havia molta cacera. El meu pare recordava, com, l'any 1928, en un tros d'avellaners, voltats de bosc i dalt la muntanya, avui abandonat, que anomenem el Cremat, en guaitar-hi hi va veure set conills...

Marià se sentia amarat de natura i el dietari s'esmalta de petites descripcions o simples pinzellades de paisatge. Les observacions sobre ocells hi sovintegen. Per exemple: «Sota els àlbers les tórtores parrupejaven inacabablement, voletejaven lentes, com extàtiques, feien un so de seda entre les fulles grises de plata, semblaven una flor despresa d'aquell fullatge lunar» (5 de juliol de 1939). Al Mas de Segimon, a més de la collita d'avellanes, considerada gairebé sagrada, hi havia la de l'oli: una seixantena d'olivers que havien arribat a donar uns tres-cents litres. I les collites, petites i casolanes del codonyat, de les ametlles (tres o quatre sacs com a màxim), de les castanyes per a Tots Sants, dels rovellons (l'avi era un expert a trobar-los), dels moixernons i els rossinyols o potes de rata i àdhuc dos presseguers que maduraven pel novembre! Fins i tot l'avi hi feia mistela.

Anàvem a peu o en carro al poble. La missa major es deia en una gran església barroca que, gràcies a un batlle del POUM, va conservar els altars el 1936, quan els comitès revolucionaris forans ho volien cremar tot. D'altra banda, no es va matar ningú del poble. I, encara el 1939, com que no hi havia farina, un veí de Maspujols, Lluís Palla, va batre a l'era del mas amb les mules. I l'estiu del 1942, el masover, Josep Climent i Català, conegut per Josep Pelegrí, va anar amb el carro i l'avi a la Febró per comprar cent-cinquanta kilos de farina d'estraperlo als molins del poble. Així podríem tenir pa blanc, ja que sovint era morè o, de vegades, ens arribava florit i per tren de Barcelona. El 10 d'agost Marià anota: «Cap al tard, mato un conill a l'aguait: sento la crueltat de la caça i recordo aquell amarg poema de Walter de la Mare.»

L'endemà van caure dos llamps i Manent va reviure els records de la guerra i dels bombardeigs. En aquells anys quaranta encara hi havia a la finca algunes tires de ceps, sobretot de moscatell, per al consum, al Serrató, vora el mas. I les figues de coll de dama, les setjoles, les de bordissot blanc, de bacó, etc., que l'avi assecava per fer-ne secallons. Marià recorda que «el setembre daura els raïms i endolceix garnatxes, aledos, sumoi». I contempla l'anar i venir dels esquirols, el vol ràpid d'un tudó —aleshores escadussers—, l'afuada i fugissera ombra d'una mostela, el vol irregular del picot, la malfiança o el crit del merlot de bec groc, el salt de la guineu, de sobte, que semblava el gos de la masia, la remor del senglar trencant branques per obrir-se pas per la bosquina, la rapidesa d'un lluert etzit, el rastre d'un teixó que es menjava el moresc... I ho glossa: «La meva intimitat amb el bosc, els ocells i les altres bestioles feréstegues em fa, a moments, una dolça basarda» (20-IX-1939). I s'enarta davant algunes herbes que li plau de poetitzar: «Voldria dir la meravella d'aquesta vidalba —o vidiella o ridorta— en flor, que decora marges i camins, pel conreu ple d'ordre o entre la salvatgeria dels boscos. N'he vist cobrint tota una alzina amb les seves estrelles, netes i erectes, de quatre puntes, o bé enllaçada amb els ceps, o posada com una prodigiosa randa blanca damunt l'ocre d'un conreu ben cavat o decorant un marge de pedres grises amb la seva flor com de llessamí muntanyenc i les closes poncelles de vori.»[133] Heus ací, doncs, una descripció plena d'embriaguesa lírica i que és una de les expressions eloqüents del sentiment que movia Manent en aquells racons paradisíacs. Però torna a observar els ocells: «Mentre sèiem vora un conreu, a muntanya, sentim grallar els corbs: un de veu greu, l'altre de crit agut, ridícul, com un escarafall de vella dama francesa. Els gaigs també dialogaven.»[134]

La cacera encara era un gaudi moderat per a Marià. Però, a partir dels seixanta anys l'abandonà i li plaïa molt més de veure córrer un conill o l'arrencada del vol d'un perdigot, que no pas caçar-los. Per això l'agost de 1940 parla del seu instint de caçador, ara molt esmussat, i de mi: «L'Albert sent, com jo, el gust per la cacera: aquell goig de veure córrer els animalons, feréstecs i graciosos, i d'apoderar-se'n, llevant-los la vida.» Una de les passions del meu pare era l'aguait del conill o de la perdiu. I es feia barraques, sobretot per a les perdius, al Cremat, a Això el Baptistet o al Pla de la Torre, generalment dins uns avellaners o amb botges i branques d'alzina i en aquests trossos de la finca que eren voltats de bosc. En matava algun o alguna, però sobretot hi llegia molt i fins hi escrivia. En una nota humorística diu que ha transformat la barraca en un despatx. Algun cop, a punta d'alba, ell i jo havíem sortit del mas, encara fosc, per esperar les perdius a la barraca i cridar-les amb el reclam o escutxinador. Aquells anys quaranta el bosc era més habitat que ara. Hi havia els llenyataires o també els que feien brossa de peu, o sigui el sotabosc, per a convertir-lo en feixos de pastisser. I hi va haver alguns carboners, com un de molt pintoresc, anomenat Cisco, que parava rateres per als conills. Als vespres al mas era costum de fer tertúlia amb el masover i l'avi.

El meu pare traduïa moltes vegades assegut en una cadireta molt baixa i posava la màquina en un pedrís de la Mina, lloc fresc i ple d'ombra, a dos-cents metres de la casa, amb una bassa al costat i d'on venia l'aigua que anava al peu de la masia, a la font. (De fet al Mas de Segimon no hi va haver aigua corrent fins al 1960 i corrent elèctric fins al 1980.) Era ràpid en el traduir i de vegades feia quinze o vint planes diàries. Aquells anys quaranta en vint dies va traduir *I Fioretti*, de Sant Francesc, i en cobrà tres mil pessetes.

A la immediata postguerra vam fer alguna sortida llarga per a caçar perdius. Com que la caça s'havia prohibit durant la guerra civil, n'hi havia més que mai. Recordo que vam anar darrera el Mas de Borbó i ens van sortir quatre o cinc ramades de perdius i que al Puig d'en Cama n'hi vam arrecerar potser un centenar. Però no es podia tirar perquè s'alçaven massa lluny o bé el bosc era tan espès que no hi havia visibilitat. Més fàcil era caçar al vol als plans de la muntanya de Rocanys, amb ben pocs arbres, molta botja, tot i que amb tanta llicorella el caminar es feia feixuc.

Per anar al Mas de Segimon, des de Barcelona estàvem quatre hores en el tren correu fins a Reus. Després esperàvem l'autobús de línia, un vell Hispano-Suïssa ben conservat que ens duia a l'Aleixar, i mentrestant ens entaulàvem a Cal Botella, del carrer de Sant Joan, i bevíem gasoses o «suaus», beguda local. Les dificultats del transport, perquè després encara fèiem dos quilòmetres a peu, mentre el carro o el matxo ens transportava els paquets, feien que en arribar al mas gaudíssim més de la pau insòlita del lloc i amb l'ombra espesseïda o oratjosa dels cinc plataners, un dels quals és més que centenari, que refresquen la masia. El meu pare hi posava una hamaca, hi llegia o hi feia conversa. El Mas de Segimon es convertia també en un centre d'excursions, a la Font Major, terme de l'Albiol, a l'antic llogarret de Mascabrés, abandonat des de la darrera guerra carlina i que pertany a l'Aleixar, o al Mas de l'Anguera on hom podia trobar pel camí els dos canonges Sentís, de Riudoms i parents del periodista, en una barraca, a l'aguait del perdigot. En aquest mas, l'amo, el senyor Vilanova, alguna vegada ensenyava un bitllet de cent —una fortuna llavors!— i deia: «Ja no veurà més lo sol!»

En aquell temps teníem molta relació amb les famílies Caselles i Prats de la Bassa del Just, mas situat a la carretera de Salou, on hi havia una bassa amb nenúfars, i hi anàvem sempre per la Mare de Déu d'Agost. Maria Caselles, cosina germana de la meva mare, feia una gran festa, i els Prats que vivien també al Mas hi aportaven el gust artístic d'Enric Prats i la gresca dels seus fills, molt amics nostres. Era una època, en certa manera, daurada. A la Bassa del Just s'hi celebraren, el 1946 i el 1947, dos Jocs Florals clandestins i amb tots els ets i uts. Hi van concórrer mossèn Camil Geis, Oleguer Huguet i fins i tot Sebastià Sànchez-Juan, i en els primers el meu pare va fer de secretari del jurat. Una altra excursió obligada era l'Alzina Grossa, del Mas de Borbó, en terme de l'Aleixar. Segons Ramon Vinyeta, expert en arbres monumentals, és el més antic de Catalunya i pot tenir uns mil tres-cents anys, o sia que és una alzina visigòtica! Els propietaris del Mas, primer el doctor Lluís Barbarà i després la seva filla i ara la néta, Maria Teresa Galofré, han tingut una gran cura d'aquell arbre mític, on durant la guerra s'hi van poder aixoplugar centenars de bens perquè, abans que una nevada esqueixés branques, l'alzina era rodona com un rovelló.

El dietari, que és la pedrera principal que exploto per a la biografia, arriba fins al 1948 i el meu pare no el reprendrà fins el 1960. Però les notes sobre el mas, sovint breus o molt familiars, duraran fins el 1986. I sempre alternen aquestes notes ben casolanes, amb les visions de paisatge o d'ocells o altres bestioles. Per exemple, el 30 d'agost de 1945 constatava una visió insòlita: «El 19 d'agost, mentre érem al Cremat, vaig veure un vol de cinquanta ocells blancs, molt enlaire. El sol els il·luminava de tant en tant; hi havia un poc de llum i d'ombra en els seus cossos que els feia semblar estrelles, una constel·lació circular o allargada, trèmula i plena de majestat. Devien ser ocells d'aigua. Es van perdre lentament, enllà de les carenes. És una de les visions més intenses de la vida feréstega que he presenciat, un moment d'èxtasi en què la naturalesa confina amb el misteri una llavor de llegenda i poesia.»

Quan el 1946 el carboner se'n va anar del bosc i feia temps que no hi havia els llenyataires, el meu pare se'n plany: «Com que no hi ha llenyataires, el bosc té una estranya intimitat, una suggestió de mite. El silenci sembla gairebé sacre, a punt de rebre altres presències.» I en una altra plana comenta: «Ara gustem aquella melangia de la fi de l'estiueig que, com diu en Bofill i Ferro, és una de les coses més exquisides de l'existència.»

Al dietari hi ha alguns salts, com l'hivern de 1945 i la primavera de 1946. El meu pare comenta, com justificant que no hagués escrit res: «Hem passat un hivern amarg a causa de malalties.» La meva germana Roser hi va tenir una mastoiditis molt greu de la qual fou guarida per un miracle nou: la penicilina, que ens féu conèixer el doctor Aguilar i no va caler operar-la. Però aquells anys la família va patir una altra despesa grossa: la meva germana Roser i jo érem molt bifis o prognàtics, jo més que Alfons XIII, i vam haver de fer un tractament d'anys amb el doctor Diego Costa del Río, gran especialista en ortodòncia.

Fóra feixuc detallar massa les lectures de Manent durant

aquella dècada de 1939 a 1950. Però, per il·lustrar la seva vida intel·lectual, caldrà fer-hi algunes referències, que trobem al dietari. Així, llegia revistes com *Yale Review, London Mercury, Criterion* (dirigida per Eliot), *Destino* i *Ínsula*. Des del 1947, a través de Joan Gili, d'Oxford, estava subscrit al *Times Literary Supplement*. S'entusiasmava amb *Humo dormido*, de Gabriel Miró, Huizinga *(El otoño de la Edad Media)* o Fenelon. Valorava l'estudi de Vossler sobre Lope o *La filosofía del lenguaje* del mateix autor; també *Poema de Mío Cid*, els versos de fray Luis de León, l'antologia anglesa de la sèrie «Albatros». I Daudet, Jane Austen, l'estudi de Thibaudet sobre Amiel. Era lector a fons de Quevedo i de Góngora, que tant l'alliçonaven per ensinistrar-se a traduir en vers castellà els poetes anglesos. Rellegia Claudel, i Eliot i Rilke de qui escriu: «Poques vegades la paraula ha servit tan lleialment el misteri» (26 de gener de 1942). Altres lectures variades eran Villon, Aragon, l'assaig de Betz sobre Rilke, o la biografia de Cristina Ossan sobre aquest poeta, Julien Benda, Girodoux, Marcial, traduït per Dolç, *El escritor*, d'Azorín, Gilet, Melo, T. Moulnier, Rousseaux, Ortega: *Goethe desde dentro*, un assaig sobre Virginia Woolf i el famós *A study of History* (abreujat) de Toynbee, sobre el qual va escriure un llarg comentari, destinat a *Ínsula*, però per pudor (ell no era historiador de la cultura!, pensava) va restar inèdit.

Més d'una vegada a la darrera plana blanca del llibre hi escrivia quan, i segons com, on l'havia comprat. I fins i tot quan l'havia acabat de llegir. Aprofitava les lectures i més d'un cop prenia moltes notes, que conservava encara que solament n'aprofités una petita part, sobretot si n'havia de fer un article. I tenia el costum de marcar els punts que li cridaven l'atenció amb llapis o amb tinta.

A partir de 1941 Marià es va adonar que el camp de l'art, sobretot el de la pintura antiga, seduïa algunes persones refinades que, alhora, tenien diners, tan escassos aleshores. Un d'ells era el senyor Manuel Perdigó, amb el qual va entrar en contacte gràcies al seu nebot, l'industrial i bibliòfil, Josep Maria Vall i Perdigó. Perdigó era cunyat de Santiago Espona, que va fer una gran col·lecció d'art, avui present sobretot a Barcelona i una mica a Vic. El dietari recull moltes referències a converses i visites d'aquesta època a casa dels germans Sebastià i Carles Junyer i Vidal, companys de joventut de Picasso i excel·lents col·leccionistes. Però la persona que l'orientà més en aquest *hobby* providencial fou Domingo Xarrié, un gran restaurador, fill de Premià de Dalt, nebot de Jaumet, l'inseparable company de Marià en les aventures de caça, i pare del conegut restaurador i expert en art antic Josep Maria Xarrié.

A través d'aquest *hobby*, que li proporcionava comissions i també alegries, sorpreses i algun disgust, el meu pare, a temporades, va complementar l'economia familiar i va poder resoldre ràpidament algunes qüestions de traspassos d'herències. Però aquesta recerca de quadres, dibuixos, litografies, etc. es convertí per a ell en una petita passió detectivesca i, a més a més, li oferí una ampliació de les seves coneixences i dels seus coneixements culturals. Fóra massa entretingut, difícil o complex de determinar totes les operacions que en el camp de l'art va fer el meu pare, pràcticament fins dos anys i mig abans de morir. A tall d'exemple, i cenyint-me sobretot a la dècada 1940-1950, recordo que va vendre un Borrassà, una taula flamenca, un quadre atribuït a Velázquez, un Sánchez Cotán, un Joan de Joanes, possiblement un Greco i, més endavant, un Bernat Martorell, que decorà la sala d'un castell de l'Empordà.

En la dècada dels anys cinquanta i seixanta amplià la recerca a la pintura contemporània i va vendre a un vell amic de col·legi una colla de Mirs i algun Nonell, Rusiñol i Gimeno, etc. Un cas particular fou el d'un altre amic seu que va descobrir a les golfes un Picasso de l'època blava, de mida mitjaneta, i que el meu pare va vendre a l'estranger, amb els permisos pertinents d'exportació, per la quantitat de tres milions de pessetes (1958). Sembla que al pare de qui el tenia a la golfa, polsós, li havia costat uns deu duros. Una altra persona que el posà en contacte amb compradors de Madrid fou Laura Oliva i Sedó, filla de Pere Oliva i Segimon, cosí germà del meu besavi. Ella era també nora d'Eduard Toda. També recordo que l'escriptor John Langdon-Davies tenia una sèrie de dibuixos en color de Picasso que es van vendre, fa potser quaranta anys, a Albert Puig-Palau, per unes vint-i-cinc mil pessetes. Més endavant el meu pare es relacionà amb marxants i museus de l'estranger, com Theodor Rousseau, director del Metropolitan Museum de Nova York, amb Kramer, galerista de Ginebra, i Beyeler, galerista de

Berna. Amb tots va crear una relació estable, més fàcil perquè Manent parlava amb fluïdesa francès i anglès, i anava descobrint, incansable, olis, dibuixos, etc., però no sempre hi havia comprador. Calia fer moltes gestions que semblaven en va. Manent també va vendre Tàpies de l'època surrealista i de l'època de la matèria i algun Miró, sobretot un, donat expressament pel pintor, fa un quart de segle, va servir per a la campanya de la llengua catalana i que Joan Granados va demanar a Manent que el comercialitzés. En una altra ocasió, a través de l'editor Gustau Gili, va fer arribar a Picasso una fotografia d'una pintura, aparentment de l'època blava, sense signar (que es veu que havia pintat J. Camps-Ribera, imitant-lo), i el pintor malagueny va escriure amb rotulador i al darrera: «*C'est faux.*»

En aquest camp de la pintura, que li agradava tant, el meu pare va demostrar una capacitat de gestió la qual van reconèixer marxants catalans, que fóra llarg d'enumerar, i personatges internacionals que anaven pel món comprant peces molt escollides per a museus o grans col·leccionistes.

Al dietari del juny de 1941 Manent explica que treballa en el segon volum de traduccions de *La poesia inglesa*, sota el títol de *Románticos y victorianos* (1945). Era un encàrrec de Josep Janés que sembla que havia començat ja l'hivern de 1940. Explica que traduïa setanta versos —amb ritme i vers blanc de les mateixes síl·labes— cada dia: «Però és una feina inacabable, ja que, almenys, n'he de traduir deu mil!» Pel gener de 1942 es plany: «Ja desitjo que s'acabi aquesta llarga feina de l'antologia.» Pel maig d'aquell any lliurà a Janés el volum: prop de tres-centes planes a màquina. En aparèixer el llibre va tenir força ressò. Així Martí de Riquer, en una nota crítica llegida a Radio Nacional de España (19-XII-1945), en féu una recensió intel·ligent i plena de matisos. Remarcà el coneixement que tenia l'antòleg de la matèria i la «durísima y arriesgada prueba» que significava tenir enfrontada la traducció en vers castellà amb l'original anglès. Valorà la fidelitat del traductor que ha trobat, deia, «redacción rítmica que incluso llega a substituir los efectos poéticos de la rima». Riquer subratllava que Manent hi havia inclòs alguns poemes força llargs de Coleridge, Keats o Thompson i només hi trobava a faltar el «lakista» Southey. Maurice Molho a *Ínsula* (núm. 2, 15-II-1946) escriu que les traduccions son «casi perfectas» i només li discuteix la no inclusió de poemes en prosa i que Blake, Shelley i algun altre no hi siguin prou representats. Però acabava atacant el Romanticisme: «Un virus del alma, un desequilibrio morboso, que busca en la contemplación del mundo un remedio al dolor.» Joan Teixidor des de *Destino* (18-V-1946) recordà les «inolvidables adaptaciones de poesía oriental» en català de Manent. Ara, «la recreación ha llegado a veces a fórmulas tan perfectas, que ha permitido la coexistencia en el recuerdo del original y la traducción (...) Sus conocimientos, su rigor profesional no podrían explicarnos la bondad de su labor de traductor. Acudiremos al poeta como única explicación plausible». Fernando Gutiérrez, al diari *La Prensa*, en data que ignoro, considerava que el llibre no tenia parió en el seu gènere. I Angel Zúñiga, signant Z a *La Vanguardia Española* (23-V-1948) constata l'encert de les versions de Manent: «la elegancia, la difícil facilidad con que ha efectuado el traspaso» a una altra llengua. El *The Times Literary Supplement* (23-VIII-1947) en un comentari, potser de Charles David Ley, poeta anglès que visqué molt anys a Madrid, deia que «Manent ha fet bé la seva tasca. No solament les seves versions són generalment fidels i afortunades, sinó que, amb veritable instint poètic, ha aconseguit reflectir el ritme de l'original».

El ressò d'aquest primer volum de traduccions fou molt menor en els altres dos. Sobre *De los primitivos a los neoclásicos* només he sabut trobar un comentari de José Luis Cano a *Ínsula* (número 24, 15-12-1947). Considera insuperables les traduccions de Manent i subratlla «su exquisito gusto como traductor de poesía, que sabe en cada momento hallar la versión más bella y el matiz más poético». El tercer volum, *Los contemporáneos* (1948) fou també comentat per José Luis Cano signant amb inicials a *Ínsula* (núm. 31, juliol de 1948) amb elogis ditiràmbics: «Con este volumen completa el esfuerzo más considerable que ha sido realizado por traductor español alguno para dar a conocer en castellano las muestras más importantes de la poesía de lengua inglesa desde sus orígenes hasta nuestros días.» Parlant de com traduïa aquest tercer volum, Marià explicava: «Generalment escrivia sobre el pedrís de la Mina, on de tant en tant em visitaven les merles o veia, arran de l'aigua, el vol blavós i daurat d'una cuereta» (setembre 1947). El 1979 a *Homenatge a Marià Manent* (*Delta* núm. 4, Universitat de Barcelona, pàgs. 73-74), José

María Valverde escrivia que *Románticos y victorianos* li van obrir «una nueva idea de la poesia».

A partir del 1946, amb la derrota aclaparadora de nazis i feixistes, el règim de Franco va haver de cedir una mica. Des d'aleshores hom autoritzà algun llibre més de creació i ja aquell any es va reprendre el teatre català i van donar fe de vida editorials com Barcino, Millà, Aymà o Fundació Bernat Metge, les quals encetaven una tímida normalització. Manent, com veurem, es vinculà molt a l'Editorial Selecta. Però des del 1940 tenia contactes amb joves universitaris, per això J. Palau-Fabre, en publicar la revista clandestina *Poesia* (1944-1945), en paper de fil i un tiratge de solament cent exemplars, li demanà col·laboració. Manent hi publicà versions: *Balada anglesa* (núm. 1), un poema de Blake (núm. 13) i un altre d'E. Barrett Browning (núm. 20). Però el 1946 Manent també figurava ja amb un article sobre Rosselló-Pòrcel en el primer número d'una altra revista clandestina, *Ariel*, que arribà a tirar uns set-cents exemplars i que en foren fundadors J. Palau-Fabre, Joan Triadú, Josep Romeu, Frederic-Pau Verrié i Miquel Tarradell. No cal dir que la revista fou perseguida per la policia i, amb intermitències, s'acabà el 1951; el meu pare, sempre escàs en col·laboracions, hi publicà també una recensió sobre *El caçador* de Tomàs Garcés.

En aquell any Manent va prendre contacte amb una nova revista, *Ínsula*, d'arts i lletres, que feien a Madrid Enrique Canito i José Luis Cano, liberals i antics republicans. Al llarg del temps la publicació va patir vexacions, censures i fins suspensions temporals, tot i que no es movia del terreny literari. Al número 6 (juny de 1946) Manent hi obrí una «Crónica de libros ingleses» i fins el 1980 hi publicà catorze articles o recensions, generalment sobre literatura estrangera. Riba i ell van introduir-hi Paulina Crusat, mig catalana, com a crítica literària, la qual va arribar a fer-hi una secció de «Letras catalanas». *Ínsula* fou una altra finestra en un cel molt enfosquit de núvols negres. El mateix 1946 Marià va escriure un pròleg a *Fábulas de mi jardín* de Duhamel. Es el temps igualment de la presència d'ell i de la meva mare a l'Institut Britànic, un altre reducte liberal, que acollia els escriptors catalans —igual que l'Institut Francès— i fins i tot un dels directors, Derek Traversi, va arribar a publicar un article a la revista *Ariel*.

Josep Janés va publicar *Ensayos hispano-ingleses* (1948) d'homenatge a Walter Starkie, el primer director de l'Institut Britànic a Madrid, i irlandès loquaç i molt divertit. Hi havia (*rara avis!*) quatre treballs en català de Jordi Rubió, de J. Puig i Cadafalch i del mateix Janés, i la versió catalana que va fer el meu pare del famós poema de Dylan Thomas *Fern Hill*. I encara el 1947 Manent traduí poemes de Charles David Ley al castellà en el darrer número (el 24) de la revista *Entregas de poesía*, que dirigia Joan Ramon Masoliver.

El 1946, amb una tímida «apertura», començà el *boom* dels llibres de bibliòfil en català, en bona part clandestins i que tenien molta requesta. Manent publicà *Epipsychidion* (1946), poema de Shelley, en edició de bibliòfil (170 exemplars numerats), amb il·lustracions de D. Olivé Busquets. Es tracta d'un poema llarg, traduït amb rima consonant, edició, de fet clandestina, de l'Editorial Helikon (tot i que duia peu d'impremta), que sembla que dominava el crític Joan Cortès i Vidal. El volum era esplèndid i àdhuc fou comentat per Albert del Castillo, «Saludo efusivo a un bello libro» (*Diario de Barcelona*, 31-VII-1946) que és sobretot una lloança de l'edició i dels seus artífexs.

Aquell mateix 1946 Manent va demanar permís per reeditar *L'ombra i altres poemes* (Instància del 22 d'agost) i *L'aire daurat*. El 25 de setembre la Dirección General de Propaganda va contestar-li que, d'acord amb l'ordre del 29 d'abril de 1938, li era denegada la publicació. Amb data del 2 i del 23 de novembre Marià va fer recurs a la mateixa Direcció General al·legant que es tractava d'«un libro de poesía lírica, sin intención política alguna ni pasajes atentatorios a la moral» i que suposava que no l'havien prohibit per causa d'haver-hi unes traduccions, «si realmente existe un criterio contrario a la publicación de traducciones en lengua vernácula», però que tanmateix es tractava de recreacions. També remarcava que no havia rebut cap resposta a la petició per a reeditar *L'aire daurat* i, «temiendo se deniegue dicha autorización» subratllava que eren interpretacions de poesia. El 14 de desembre va rebre un ofici confirmant la denegació de tots dos llibres, que ja tenia pràcticament impresos. Naturalment, el dietari no fa cap referència en aquestes trifulques. Tanmateix el meu pare tirà al dret i sortiren *L'ombra* pel setembre i *L'aire daurat* per l'octubre. Les edicions respectives constaven de

160 exemplars en paper de fil, impresos a Atenas A. G. Després em sembla que n'aconseguí l'autorització, probablement verbal, parlant, enfadat, amb José Pardo, cap de censura de Barcelona. Els llibres, és clar, no van tenir ressò a la premsa. Només a *Ariel* (núm. 10, juny de 1947) Frederic-Pau Verrié en féu l'elogi, bé que amb el desmereixement de dir que *L'aire daurat* recollia «en to menor però ple, nogensmenys, d'un aire daurat d'exquisidesa».

Per arrodonir l'economia domèstica, el mes de desembre de 1946 Manent va vendre per cinc mil pessetes diversos documents literaris a Josep Senesteva, amo de l'Editorial Políglota i bibliòfil. Hi havia un manuscrit de Joaquim Ruyra, sis cartes i una postal de Josep Carner, adreçades a Manent, una carta autògrafa de Picasso, etc. El 1947 l'antologia històrica, *La poesia catalana*, editada per Janés i compilada per Fernando Gutiérrez, bé que fou Josep Pedreira qui preparà el recull, incloïa nou poemes del meu pare.

Aquell mateix any Josep Maria Cruzet va demanar permís per a una nova edició de *El llibre de la jungla* de Kipling. Manent reforçà la gestió escrivint a Dámaso Alonso. Pedro Rocamora, director general de Propaganda, va contestar així al prec del professor Alonso: «Mi querido amigo: Vd. que conoce la maravilla de los versos de Kipling, *The jungle books*, y Vd. que es maestro del castellano, ¿no gozaría más con que esa edición se hiciese en esa admirable lengua, en vez de en catalán? Le saluda con todo afecto.» Com veiem, en aquell any el menyspreu pel català encara era esfereïdor. I fins el 1952 Editorial Selecta no va poder publicar la tercera edició del famós llibre de Kipling.

El 1918 Manent va comentar a la revista *El Camí* una versió bíblica de Carles Riba. Es devien conèixer per aquell temps a la Penya del Continental, que presidia J. M. López-Picó. I el 1925 Riba fou redactor de *Revista de poesia*, que dirigia el meu pare. De la vintena de cartes a Marià que reprodueix l'epistolari ribià, que ha publicat en tres volums Carles Jordi Guardiola, la més emotiva i significativa és la que Riba li envià el 1938 agraint-li un comentari a una antologia seva: «Gosaria cridar als meus 45 anys, després de vint-i-cinc anys d'un esforç gairebé isolat, que no m'enganyava, i que els feliços pocs que m'encoratjaven amb llur estima no s'enganyaven tampoc (...) Però calia dir-ho; i vós, i Bofill i Ferro, com anys enrera Joaquim Folguera, ho han dit i dit bé. Gràcies Manent.»[135]

Va venir l'exili i la separació fou total. Fins el 17 d'abril de 1943 no trobem Riba en una nota de dietari: «Visito un gran amic i poeta que ha vingut de terres llunyanes. Està envellit, prim. Creu molt en la influència anglesa per la futura organització del món; li doldria una hegemonia de "la immensa vulgaritat nord-americana".» Manent no gosava ni donar el nom de Riba, que havia arribat, d'amagatotis, de l'exili. La por continuava envaint-ho tot, fins els dietaris privats. El 25 tornà a visitar-lo, però no hi era. I el 4 de maig va escriure lacònicament: «Veig C. Riba.» El 25 de setembre el retrobà i aquest li va explicar que havia recuperat quasi tota la biblioteca, però li afegia: «Tant se val. Una de les coses que he vençut és la passió de la propietat. M'he avesat a anar pel món amb una maleteta.» Pel setembre de 1946 el dietari recull els contactes entre Riba i Manent que dirigia els aspectes tècnics i la producció de la nova edició, refeta, de *L'Odissea*, que es publicaria limitadament i per a bibliòfils. Les cartes de Riba certifiquen aquesta missió i en donen detalls, sobretot dels contactes amb la imprenta SADAG, tan professional i exquisida, i hi surten dubtes molt concrets, fins d'algun mot, que el traductor consultava a Marià. En aquells anys el meu pare anava gairebé cada diumenge a can Riba, a la inoblidable tertúlia on hi havia un màxim de sis o set fidels i on el poeta feia de mestre, de taumaturg, de col·lega i, de vegades, gairebé de deixeble. Parlava molt, però també escoltava. La confiança entre Manent i Riba es va acréixer i el mestre li consultava moltes coses, sobretot les de caire «polític», especialment les de les relacions amb els intel·lectuals espanyols.[136]

El 1948 Manent publicà fragments, exclusivament lírics, del seu dietari de la guerra civil, ara amb permís de censura: *Montseny, zodíac d'un paisatge*, edició amb vinyetes de Josep Narro, amb cent-cinquanta exemplars en fil, un en paper d'Holanda i vint en paper allisat. Com els anteriors eren distribuïts pel llibreter-editor Josep Porter. L'obra fou celebrada pels *happy few*, però no va tenir gaire ressò en una premsa que apreciava tan poc la literatura catalana. Tanmateix Juro (pseudònim de Juli Coll) el 26 de març de 1949 publicà a *Destino* un bon article sobre *Manent, poeta*.

El matrimoni Manent el 1949 va passar uns dies a la Selva Negra (Alemanya) i quasi una setmana a Anglaterra on van veure Josep Trueta, per qui sentia admiració i respecte i que l'aconsellà molt bé quan Manent va tenir una periartritis que li deixà la mà dreta sense poder-la cloure del tot. També va trobar-se amb un vell amic, l'editor Joan Gili i la seva muller. I Manent va entrevistar-se amb un dels seus ídols contemporanis, T. S. Eliot, que el convidà a dinar en un club de luxe.[137] El matrimoni va arrodonir la sortida visitant Josep Carner a Brussel·les per mirar de convèncer-lo, de part de Josep Maria Cruzet, que encetés la revisió de la seva poesia completa. Però aquest episodi pertany a un altre capítol. El viatge tenia, en part, per objecte comprar d'«estraperlo» unes peces per a la impremta Atenas. A Londres no les van voler vendre sense papers oficials. En canvi a París tot va resultar llis. No oblidem que per al viatge Manent va haver de justificar que disposava de mitjans per a fer-lo, car així ho exigia l'Institut Espanyol de Moneda Estrangera.

Mentrestant en aquells anys les meves germanes Roser i Maria van començar a estudiar a les Mercedàries. Després anaren a les Teresianes del carrer de Ganduxer i, com que el col·legi era massa lluny, finalment estudiaren a les Filipenses de la Via Augusta on anaven en tramvia. Després la Maria i la Fina van acabar els estudis al col·legi del Cardenal Spínola, a l'avinguda del Tibidabo. El cost d'aquests estudis desequilibrava, algun mes, l'economia familiar. Jo, el 1940, havia encetat l'ingrés de batxillerat als germans de les Escoles Cristianes i després, el 1948, vaig iniciar la carrera de Dret. I, el 1951 i el 1953, vaig fer el servei amb les Milícies Universitàries, al campament militar de Los Castillejos, a la serra de Prades, prop de la Mussara i Arbolí... Tenia l'avantatge que amb dues hores i mitja podia baixar al mas de Segimon el dia que era festa. Després calia tornar-hi també a peu.

El 1949 l'Editorial Selecta publicà la segona edició de l'obra completa de Verdaguer, ja amb normes fabrianes, perquè la del 1943 fou forçada a emprar l'ortografia vuitcentista. Un llarg pròleg de revalorització crítica de l'obra verdagueriana fou escrit pel meu pare. L'any següent Manent publicà una antologia de poemes sobre la Mare de Déu de la Mercè, també per a l'Editorial Selecta. I el 1950 guanyà un premi als Jocs Florals de la Llengua Catalana, dels exiliats, celebrats a Perpinyà. Era dotat amb cent dòlars per la comunitat catalana de Colòmbia. Hom demanava un «recull i traducció al castellà de composicions poètiques catalanes de qualsevol autors o autor». La tria comprenia uns quants dels poemes més coneguts de Carner, Salvat-Papasseit, Sagarra, etc. I ha restat inèdit. El co-guanyador del premi seria el jesuïta colombià, amic de Costa i Llobera, José Vargas Tamayo.

La revista *Ariel* (número 20, novembre) publicà un article de Josep Palau-Fabre (signant L'Alquimista) que ha restat emblemàtic: «La poesia de Marià Manent tocada pel silenci.» Hi escrivia, entre altres coses: «Ha preferit emmudir abans que fer literatura (...) El silenci que envolta l'obra de Marià Manent no ha fet més que enriquir-la (...) Marià Manent exhaureix totes les possibilitats sensibles de la paraula a un grau que no ha estat mai assolit en català (...) La seva obra és molt més la d'un místic que la d'un terrenal.»

CAPÍTOL V

Un món literari, viu i condicionat

Els Congressos de Poesia. *Poesia anglesa i nord-americana.* L'obra poètica completa. Antologies. El retorn públic de l'obra de Josep Carner. Manent traductor en català i en castellà. Presència activa de l'escriptor en la vida cultural catalana

De 1949 a 1959 Manent no va escriure dietari. Ens manca, doncs, aquesta preciosa guia per a reconstruir la dècada.

El 1952 es va produir un esdeveniment que capgirà alguns dels vells esquemes de l'exili i fins algunes tàctiques antifranquistes. Un escriptor, nat a Portbou el 1914, fill de pare castellà i mare catalana, Rafael Santos Torroella, fou el motor d'un «Congreso de Poesía», celebrat pel juny de 1952 a Segòvia, sota l'empara de Joaquín Pérez Villanueva, director general d'Enseñanza Universitaria, essent ministre d'Educació Joaquín Ruiz Giménez. Entre la cinquantena d'assistents hi havia estrangers com l'italià Ungaretti, el portuguès Serpa, el belga Vandercammen o l'anglès Roy Campbell. I poetes i escriptors d'expressió castellana com Vicente Aleixandre, Luis Rosales, Rafael Morales, Pedro Laín Entralgo, Camilo José Cela i Dionisio Ridruejo, que donà amb el seu verb un càlid abrandament de llibertat al congrés. A la biografia que vaig escriure sobre Carles Riba valoro aquest fet transcendent: «La presència dels catalans fou l'esdeveniment més important dels congressos. Feia anys que els contactes gairebé no existien. S'encetà el diàleg i tot seguit Riba el polaritzà cap als problemes de les llengües i de les cultures, de les relacions entre Castella i Catalunya. La seva conferència a Segòvia fou un clam sincer i enèrgic que plantejava una qüestió soterrada i no resolta. Tot anava més enllà de la poesia, i els escriptors no catalans se sorprenien d'aquell humanista que els alliçonava —i a qui ben aviat molts anomenaren «maestro»— i que els feia descobrir Catalunya i una cultura mil·lenària que duia al darrera. Riba feia una vegada més d'home públic, de gran consciència catalana. I del diàleg nasqué l'admiració, l'amistat i el treball comú. És evident que aquells congressos eren el començ d'una acció d'obertura per tal que en la polèmica d'aleshores entre «comprensius i excloents» guanyessin els primers. L'escalf i la influència de Riba determinaren una evolució ideològica més ràpida i definida en certs escriptors castellans».[138] Entre els poetes de Catalunya també hi havia Clementina Arderiu, Foix, Garcés, Teixidor, Ricard Permanyer, Perucho, Llorenç Gomis, etc. Aquest darrer, en un article recent, «El congreso de Segovia» (*La Vanguardia*, 11-X-1993) deia que «Riba, Foix i Manent formaban el gran trío de poetas catalanes históricos». Manent havia treballat molt en la preparació del congrés, fent sobretot d'enllaç amb Riba i Santos. Abans d'acceptar d'anar-hi, en ponderaren els riscos polítics i vetllaren perquè el congrés no es convertís en una ensarronada. José Luis Cano en el seu dietari explica que els discursos més aplaudits foren els de Riba i de Ridruejo.[139]

No obstant, això, no tots els intel·lectuals catalans hi estigueren d'acord. Fa poc Joan Perucho a «Santos Torroella i els congressos» (*Avui*, 31-X-1993) precisa: «La participació catalana, però, no fou ben vista per tothom, car hi hagué un sector que ens titllà de *traïdors*; per exemple, a mi, un conegut d'ideals *incontaminats* es negà a saludar-me en públic.» El meu pare a «Riba i el diàleg»,[140] el 1959, s'hi referia clarament: «La malfiança irreflexiva, primària i un cert maquiavelisme de botiguer ofusquen de vegades alguns —pocs— dels nostres intel·lectuals i polítics.»

Els altres dos congressos, celebrats a Salamanca (1953) i a Santiago de Compostel·la (1954), al qual no assistí el meu pare, van consolidar el diàleg que trobà nous camins, com les traduccions al castellà de poesia catalana, sobretot a través de la col·lecció Adonais, que dirigia José Luis Cano. Així hi publicaren *Antología de poetas catalanes contemporáneos* (1952) amb traduccions en vers de Paulina Crusat i *Elegías de Bierville* (1953) de Riba en versió poètica d'Alfons Costafreda, etc.

El 1951 Joan Triadú va incloure Marià amb nou poemes a la seva polèmica *Antologia de la poesia catalana*.

Probablement a través de Joan B. Solervicens, l'Editorial Alpha encarregà al meu pare una extensa antologia, *Poesia anglesa i nord-americana* (1955). Era com una mena de segona part de *Versions de l'anglès* que abastava des de les cançons i les balades anònimes fins a W. B. Yeats. Tots els poemes foren traduïts amb mètrica i sovint amb rima consonant. Com que l'època ja no era tan hostil, van poder publicar-se uns quants comentaris variats. Joan Ramon Masoliver a «Sobre poesía norteamericana» (*La Vanguardia* 7-XII-1955) constatava, d'entrada, que «proverbial es el conocimiento que Manent tiene de las letras inglesas y la justeza y gusto con que de antiguo viene traduciendo (...) y la ajustada traducción rítmica de unos y otros poemas».

Antoni Vilanova, en un comentari que duia com a títol el del llibre (*Destino* 10-XII-1955), després de qualificar-lo com el més profund coneixedor de la poesia anglesa a Espanya, hi afegia: «El lector se dará cuenta hasta qué punto Mariano Manent ha elevado el arte de la traducción al rango indiscutible de una autèntica recreación lírica. Y de la prodigiosa intuición y sensibilidad que hace falta para conservar la milagrosa vibración lírica desgajada de la misma entraña del poema que le dio vida y recrear el verso en el que puede permanecer intacta, la estrofa en el que el verso pueda engarzarse, el ritmo y el acento que le impriman su íntimo temblor, la leve arquitectura del poema donde ello cobre su plenitud y sentido.» Joan Fuster a «Traducir lo intraducible» (*Levante* 8-I-1956) glossava el llibre i remarcava que «contra la superficial "fidelidad" de la versión vanamente literal, Manent opta por una "fidelidad" más honda.» Enric Badosa a «El poeta Marià Manent, traductor ejemplar» (*El Noticiero Universal* 3-I-1956) també amb tot ditiràmbic hi subratllava el do de «la capacidad de creación original y el de la capacidad de creación como traductor (...) versiones de poetas al catalán tan pulcras, tan eficientes líricamente, tan lingüísticamente perfectas que el mejor dictado crítico creo que consiste en decir que sus poemas traducidos dan la impresión de haber sido escritos, creados, en catalán».

Miquel Dolç en una recensió a la revista de Madrid *Arbor* (setembre-octubre de 1956) hi observava que el traductor s'hi havia lliurat «con toda la integridad de sus conocimientos y de su elevado temperamento artístico», tot aclarint que «esta base mètrica es, en realidad, el elemento unificador de las traducciones que constituye el precioso volumen».

Finalment en un comentari radiat, que no he pogut identificar, el catalanòfil John Elliot escrivia: «Se afirma que Unamuno dijo un día: "Voy a leer el *Quijote*, pero en inglés. Me gusta más." Después de la publicación de la antología inglesa y norteamericana, traducida por Marià Manent, yo casi me atrevería a decir: "Voy a leer la poesía inglesa, pero en catalán. Me gusta más."»

Gràcies a la insistència del seu amic del col·legi Condal, Josep Maria Cruzet, Manent publicà a la Biblioteca Selecta l'*Obra poètica* (1956) que recollia *La Branca* (expurgada), *La collita en la boira*, *L'aire daurat* i *L'ombra*. El pròleg de Jaume Bofill i Ferro era pràcticament el mateix que el que havia d'anar a la no-nada *Tria de versos*. El crític exalçava la poesia de Marià: «En el món de la lírica catalana la poesia de Marià Manent és com un clos regalat i delitós, soledat perfumada, boscatge secret. Lluny de tota remor descompassada, de tot lirisme enfurit, de tota paraula discordant o simplement sobrera.» Hi descobreix un culte a la bellesa, que ve dels trobadors, tot i que «és la lírica anglesa l'element decisiu que la precisa i caracteritza». I afirma que Manent ha copsat el concepte del somni, oposat a l'onirisme.

Com que s'havia iniciat un desglaç, l'obra poètica de Manent va tenir una crítica abundosa i variada. Octavi Saltor a la revista barcelonina *Momento* (12-IV-1956) en feia el gran elogi i hi descobria una mena de cosmologia. Una intel·ligent gasetilla de *La Vanguardia* (2-V-1956) destacava les versions de poesia xinesa. Carlos Martínez Barbeito al diari *Informaciones* de Madrid (12-V-1956) dedicava quasi una columna a l'elogi del Manent traductor i lamentava que «no puedan todos los españoles leer todas las lenguas españolas». Angel Marsà glossava fragments de poemes a *El Correo Catalán* (15-VII-1956) i hi descobria un joiós panteisme. Fins i tot el rossellonès Josep Sebastià Pons a «Le visage de Marià Manent», publicat a *Tramontane* (Perpinyà, juny-juliol 1956), posava en un mateix grup tres poetes i destacava el color en Agelet i Garriga, la música en Garcés i el perfum en Manent. I acabava afirmant que «*elle est un rêve refléchi. Elle* [la poesia de Marià] *s'inscrit sur son propre visage, dans son silence attentif, dans son attitude penchée. Il a un visage d'ange fatigué*». Rossend Llates a *Revista* (26-VII-1956) de Barcelona desgranava els records de la seva joventut amb Manent, el qual —deia— li havia fet conèixer un bell esplet d'escriptors i subratllava que el poeta des de l'inici «ha conservado el mismo tono lírico, *su* lirismo personal». Joaquim Molas a *Índice* (Madrid, novembre de 1956) hi destacava el fet que a la poesia de Manent «a través de un proceso de esencialización, de depuración de todo motivo circunstancial, el paisaje pierde su geometría, pierde sus calidades de color para convertirse en categoría poética».

Aquell any es publicà la panoràmica de Joan Fuster *Poesia catalana* (Editorial Moll, Palma de Mallorca). El crític dedicava a Manent dues planes i el considerava «un poeta essencialment dotat dels pregons sortilegis de la paraula». Paulina Crusat a *Destino* (19-I-1957) va publicar l'article més intel·ligent i complet sobre l'obra poètica manentiana. La seva anàlisi, penetrant i amb connotacions d'altres literatures, acaba qualificant-lo de «príncipe de refinados» i amb poders poètics que considerava òrfics. Encara a *Las Provincias* (6-IX-1959) de València, Miquel Dolç glossà els mèrits del volum d'obra poètica de Manent.

També per encàrrec, de vegades delicadament imperiós, de Josep Maria Cruzet, Manent va compilar d'altres antologies poètiques: *Llibre de l'Eucaristia* (1952) i *Antologia amorosa* (1955), que va merèixer una crítica molt intel·ligent de Joan Triadú a *Resumen* (núm. 40, març 1955), òrgan del Centre d'Influència Catòlica Femenina (CICF). Tornem a recordar que finalment el 1952 va passar per les malles de la censura franquista (oposada a les traduccions al català) la tercera edició per a Editorial Selecta del *Llibre de la jungla*. En un pròleg justificatiu Manent confessa que la traducció «exigia una revisió profunda. En fer-la, m'he adonat del canvi que ha sofert el gust estilístic de llavors ençà. He suprimit arcaismes, he acostat la prosa a la llengua parlada. Però he conservat certes fórmules literàries que potser expressen amb frescor la vida dels boscos i dels seus feréstecs habitants, perquè sorgiren, no pas dels llibres, sinó de les meves experiències de caçador jovenívol i del diàleg dels que compartien amb mi aquella passió il·lustre i primitiva».

Després del viatge a Brussel·les, el 1949, Manent havia intensificat els contactes amb Josep Carner, instat per Cruzet, per tal de convèncer-lo que revisés a fons la seva obra poètica i la deixés editar a Barcelona. Carner vivia força aïllat i patia la pruïja de l'exili, amb trets de purità: esperava tornar només quan no hi fos el dictador Franco. Però es va deixar convèncer, com ho palesa l'abundosa correspondència Manent-Carner, ja publicada.[141] El primer tast fou *Arbres* (1953), amb pròleg del meu pare, i finalment, el 1957, l'*Obra poètica*, publicada per la Selecta, on Carner va revisar i reordenar la seva obra. El meu pare i jo li vam fornir poemes dispersos i li vam fer veure que se n'havia descuidat alguns d'importants. Generalment feia cas d'allò que li deia Manent i el mateix Riba. El pròleg del meu pare a l'obra poètica carneriana és probablement el més llarg estudi que va escriure mai i un dels seus millors textos de crítica i d'història literària.

En la dècada 1950-1960 Manent publicà traduccions en vers castellà, que van tenir molt de ressò. *Poemas* (Col. Adonais, Madrid 1951) de Katheleen Raine, aleshores jove poetessa, van suscitar una bona crítica del poeta i jesuïta Jordi Blajot a *Razon y Fe* (Madrid, abril de 1952): «En ocasiones la traducción supera incluso al texto original en concisión y ahorro verbal.» *La poesia irlandesa* (José Janés, 1952) fou una novetat important, tot i que a penes va tenir ressò a la premsa.[142] L'obra traduïa els poemes en gaèlic, ja des del segle VII. En canvi, els *Poemas* d'Emily Dickinson. (Editorial Juventud 1957) va sorprendre més els crítics. Enric Badosa a *El Noticiero Universal* (7-V-1957) valorava la profunditat dels temes de la poetessa: el temps, la mort, la religiositat, l'amor, i afegia: «Manent ha encontrado las equivalencias poéticas y estilísticas y las ha plasmado en unos poemas henchidos de precisión poética.» Melchor Fernández Almagro (*La Vanguardia*, 22-V-1957) remarcava el fet que el traductor hagués reproduït, acarat a la versió castellana, l'original anglès, «permitiendo comprobar a cada verso la minuciosa exactitud de la traducción».[143]

El 1959, després que els soviètics expulsessin del país Boris Pasternak, premi Nobel i autor de *El doctor Jivago*, aprofitant l'expectació i assessorat per un rus «blanc», Boyan Marcoff, Manent publicà els *Poemas* (Editorial Juventut 1959) de Pasternak, en adaptació mètrica. Enric Badosa (*El Noticiero Universal* 16-V-1959) elogiava que, tot i la llunyania de la llengua, n'arribessin les essències poètiques. Fernández Almagro (*La Vanguardia* 24-VI-1959) comentava: «Para hacernos sentir la emoción de estos versos que tantas veces acuden a motivos prosaicos o francamente feos, M. Manent ha puesto de seguro en tensión su propia poesía.» Joan Gomis a *El Ciervo* (juny 1959) i Paulina Crusat (*Ínsula*, novembre 1959) glossaren els trets singulars del poeta rus i la segona al·ludí a la forma poètica, «con esa gracia infalible» que hi donava Manent.

En aquesta dècada Manent publicà un llarg assaig a *Cántico* (Córdoba, núm. 13, 1957) sobre «Maritain y la intuición creadora», que es pot lligar amb un altre estudi sobre el sentit de la poesia a *Criterion* (núm. 4, Barcelona 1960), amb el títol de *La poètica de Maragall*.

Manent vivia amb entusiasme actiu i fins amb apassionament el combat contra el franquisme. La vaga dels usuaris de tramvia (1951), la campanya contra Galinsoga, director de *La Vanguardia* (1959) o la detenció de Jordi Pujol (1960) eren fites d'aquest combat. El nom de Manent era cotitzat per signar manifestos culturals o cívics de protesta. Amic de Claudi Ametlla, li contava les vicissituds del comitè clandestí que presidia. Escoltar Ràdio París (emissió en castellà) era un ritual al qual el meu pare s'afegia sovint. Marià era fidel al grup d'escriptors amb els quals compartia un mateix pensament. D'ells partí la idea de preparar els seixanta anys de Carles Riba (1963). A més d'una miscel·lània, en el comitè inicial de la qual figurava Marià, ell, Anna Maria Torra, muller de Gustau Gili i Esteve, editor, i Jaume Bofill i Ferro i Rosa Leveroni foren els més actius de la comissió dels seixanta anys i van recaptar diners que serviren per comprar per a Riba i els seus una modesta casa a Cadaqués. La quota més alta era de mil pessetes! La casa fou ofrenada al poeta el primer d'agost de 1953 i després se celebrà un sopar.

L'any següent —el 2 d'abril— i en nom de Foix i la total anuència de Riba, Manent va enviar una instància al Director General de Prensa, de Madrid, demanant permís per a fer una revista en català: *Monitor de les Arts i de les Lletres*, de caràcter mensual, amb un tiratge de mil exemplars i com a director Jesús Ruiz-Manent, a qui jo vaig anar a demanar-li-ho a *La Vanguardia*, de la qual era redactor. El meu pare figurava a *Monitor* com a gerent, Garcés com a administrador i Riba i Teixidor n'eren redactors. El 18 d'agost Demetrio Ramos, cap de censura a Barcelona i visceralment anticatalà, va enviar la denegació, arribada de Madrid. En una carta de l'estiu Manent ho comunicava a Riba i considerava que calia fer alguna protesta. Juan Beneyto, ex-valencianista i més tard Director General de Premsa, en una evocació memorialística va recordar una carta del 19 de maig de 1957 en què el meu pare —que l'havia anat a veure— insistia demanant el permís de la revista i li preguntava: «¿Está todavía en vigor la orden secreta de la Junta Política del Movimiento —creo que es del año 1937— relativa a la conveniencia de limitar el uso de los idiomas regionales?» Beneyto ho consultà i li digueren que calia mantenir l'injust «statu quo».[144]

El 1952 Manent fou un dels signants d'una petició per organitzar un sopar d'homenatge a l'editor Josep Maria Cruzet, ja que la Biblioteca Selecta havia arribat al número 100. Un manifest —de 1954, forçosament en castellà— amb un centenar de signatures, entre les que hi havia la de Marià, demanava que el seixantè aniversari de Josep Maria de Sagarra tingués ressò. El 6 de juny del mateix any mossèn Pere Ribot organitzà a Riells del Montseny una festa literària, amb l'excusa d'un homenatge a Verdaguer i per tant sota tutela eclesiàstica. El meu pare era del jurat i hi premiaren «Els tres reis d'Orient» de Carles Riba. El març de 1955, com a eco dels congressos de poesia, la revista belga *Le journal des poètes* publicà un número especial consagrat a la poesia catalana, amb una introducció de Jaume Bofill i Ferro i dos poemes del meu pare. El 1956 Manent participà amb el poema «Elfs a Montserrat» a la corona literària oferta a la Mare de Déu, que es publicà en volum l'any següent. Manent també fou un dels signants de l'homenatge al doctor Jordi Rubió i Balaguer que tingué lloc en un dinar a Cantonigrós (16 d'agost de 1956). I el 22 de novembre d'aquell any redactà el document, adreçat a l'opinió pública, protestant per la invasió soviètica d'Hongria. El signaren catorze escriptors, entre els quals Riba, Espriu, Joan Oliver i Triadú. Recordo que es publicà el mateix any a *Le Figaro Litteraire*, on els escriptors hongaresos havien fet una crida desesperada a llurs col·legues del món.

En aquella dècada Manent enfortí l'amistat amb poetes com Josep Sebastià Pons, sobre qui publicà un text molt intens: «Estat de poesia» (*Tramontane*, de Perpinyà, gener-febrer de 1955). També amb Jaume Agelet i Garriga, el qual li enviava tots els llibres i un cop l'any dinava a casa i ens contava anècdotes sucoses.

Garcés li consultava poemes i li venia a llegir versos al despatx o a casa. En una nota de dietari d'aquesta època[145] Josep Pla evoca una visita dels meus pares i del matrimoni Langdon-Davies: «Impressió que dóna Manent de confortabilitat i bon sentit —d'home correcte i net.» D'altra banda, el meu pare va contestar a un tal Josep Serra, que volia fer una revista, *Mediterraneum*, i en castellà a Barcelona, que «ja fa temps que vaig proposar-me de no escriure, a Catalunya, en revistes que no siguin redactades en la nostra llengua».

Del 21 de setembre al 10 d'octubre de 1958 el matrimoni Manent féu un viatge a Frankfurt, Brussel·les (on hi havia l'exposició universal), Londres i París. Van reveure Carner, que ja tenia el volum de poesia completa i n'estava cofoi, darrera l'habitual vel d'ironia.

L'octubre de 1959 va morir Domènec Segimon i Artells i el meu pare, recordo, s'afectà molt. Des de feia setze anys convivien a la mateixa llar i compartia amb el seu sogre els principis morals i nacionalistes amb la incògnita de la lenta i desesperant evolució del règim franquista, que no queia mai. El meu pare li dedicà un poema —publicat a *La ciutat del temps*— on evoca la presència omnímoda de l'avi al Mas de Segimon:

Ell passava, capblanc, com si parlés
amb els arbres. A terra, la vidalba
feia fines congestes, o floria la malva.
Ell mirava les branques dels seus avellaners.

Ara no hi és. Té son i no es desperta,
lluny de l'olivereda i dels costers.
Maduraran els fruits, la casa serà oberta,
i quan el vent murmuri, sempre més
sentiré aquell pas lent a la sorra deserta.

El 10 de gener de 1960, i durant un mes, Manent fou convidat a treballar a l'Organització Mundial de la Salut (OMS) de Ginebra. S'establí amb la meva mare a l'hotel Ariana, nou de trinca. La seva feina consistia a traduir (o revisar) al castellà, especialment de l'anglès i menys del francès, textos tècnics de propostes, reunions, memoràndums o de caire mèdic, jurídic o burocràtic. Com que es trobava amb terminologia complicada, fins i tot va fer-se un vocabulari propi. Li ho pagaven molt bé: potser com tres o quatre sous de Barcelona. Feia horaris molt variats: de les dues a les deu, amb una hora per a sopar; de dos quarts de nou a dos quarts de cinc o de dos quarts de nou a dos quarts d'una i de les dues a les sis. Menjava al restaurant de les Nacions Unides. L'intensitat del treball no el privava, però, de visitar museus o galeries d'art, amb les quals preparava transaccions, o de conèixer Alfredo Mendizábal, un catòlic antifranquista exiliat, amic de Maritain i de Mounier. També va voler veure el professor Robinet de Cléry, que havia publicat una biografia crítica de Rilke, i va visitar el castell de Muzot, on va viure el poeta, i la mateixa tomba rilkeana amb «una creu com de tomba de pastors».[146] Manent al dietari anotava moltes observacions sobre Ginebra: «Tot té un aire extremadament nòrdic. L'estret carrer d'una barriada residencial semblava un racó finlandès.» I s'admirava dels ocells, al llac o als parcs: «Les gavines donen a Ginebra un curiós aire marítim.» O ponderava l'espectacle del paó adormit, estampa «poètica, mallarmeana». O exalçava els arbres: «Hi ha conciliàbuls de xiprers greus, monàstics, d'avets majestuosos i de joves bedolls sense fulles, però amb brancatge finíssim, afuat, amb els troncs blancs de vegades graciosament inclinats, que els daven un aire delicat, dolç de noies tímides.» Els Manent es relacionaven molt amb d'altres traductors de la OMS, sobretot amb el diplomàtic i escriptor exiliat —traductor en vers d'Apollinaire— Juan Ortega Costa, barceloní, nét de Joaquín Costa, el mític regeneracionista aragonès, i condeixeble molt amic de Tomàs Garcés. A casa d'Ortega s'aplegava una tertúlia on Eugeni Xammar o Josep Maria Corredor —també traductors— cantaven òperes o tangos. I hi havia, més tímids, els poetes Ángel Valente i Aquilino Duque, traductors de l'OMS, amb els quals va mantenir una amistat perdurable. Manent va veure igualment a Ginebra Rafael Patxot, el gran mecenes, de 87 anys, que li donà les seves memòries, *Guaitant enrera* (Ginebra 1952) i li féu l'elogi dels apàtrides. Patxot havia estat perseguit i vexat pels republicans i pels franquistes i vivia ple d'amargor i de desesperança, ell que tant havia fet per Catalunya.

D'altra banda, Manent en aquells deu anys va ampliar el

cercle familiar. El 1957 la seva filla Roser es va casar amb el químic Agustí Contijoch i Mestres, que darrerament ha presidit l'agrupació de la petita i mitjana empresa. Agustí sempre va compartir els ideals nacionalistes i el gust del paisatge del Mas de Segimon i els problemes de la seva agricultura, on s'ha afincat. Tenen tres fills: Mònica (1967), Mariona (1968) i Àlex (1971).

El 1956 jo vaig coronar el servei militar i vaig ver les pràctiques d'oficial de complement a Girona.

La ciutat del temps i el retorn del poeta

Ja hem al·ludit l'article de J. Palau-Fabre, de 1950, «L'obra de Marià Manent, tocada pel silenci», on deia que el poeta «ha preferit emmudir abans que fer literatura» i el qualificava de místic.[147] Josep Paré[148] considerava capciosa la tesi del «silenci». Certament Manent, en una entrevista amb Lluís Busquets i Grabulosa[149] matisava, la hipòtesi de Palau: «Els llargs intervals que separen els meus llibres provenen de la irregularitat amb què han sorgit els poemes. En general, només he escrit poemes quan m'hi ha empès una necessitat profunda. Van lligats, gairebé sempre, a una experiència que m'ha impulsat imperiosament a expressar-la.»

Tanmateix entre l'edició de *L'ombra i altres poemes* (1931) i *La ciutat del temps* (Les Quatre Estacions, Ossa Menor, 1961), van passar trenta anys. La majoria dels poemes eren recents, però n'hi havia algun dels anys vint. «La nit», segons el dietari, fou acabat a les dues de la matinada: «En el meu insomni habitual se m'han anat estructurant les imatges i els versos; tant, que he hagut d'encendre el llum i he escrit el poema» (setembre 1961). El títol de l'obra s'inspira en un vers de Rainer Maria Rilke. I els comentaris foren, com de consuetud, elogiosos. Joan Fuster a *Destino*[150] parlava de la seva poesia com una «pura irisación de la palabra (...) El mundo poético de Marià Manent es, sin duda, el del "esplendor de la belleza", entendido en su sentido más gozoso y natural». Sebastià Sánchez Juan a Radio Nacional (6-XII-1961) en feia un comentari molt afinat, el proclamava «maestro de la discreción» i deia que «nuestro poeta ha alcanzado el nexo de la pura poesía que —nótese bien— es más que la poesía pura».

A *Diario de Mallorca* (7-XII-1961) Miquel Gayà titulava el comentari «Mariano Manent o la delicadeza». Joan Triadú a «Retorn i fidelitat de la poesia de Marià Manent» (*Forja*, Barcelona, desembre 1961) el definia com «un llibre breu, però intensíssim, tan fervorós com lúcid, tan educatiu i obert com impregnat d'una presència única, on hi ha el poeta, entre Déu, els homes i les coses, lluitant silenciós sota remors vives i oferint-ne la comunicació immediata, però sol i actiu, en la seva poesia que ha retornat intacta d'un llarguíssim viatge». Però, en un article polèmic i ambigu, «La crisi de la poesia catalana» (*Serra d'Or*, febrer de 1962), després d'un seguit de lloances de la poesia de Manent, Garcés i Llacuna, Triadú venia a dir que no tots els lectors d'avui hi connectarien, per afirmar: «Ens calen poetes d'una altra etapa (...) Cal una vocació sorda del nostre temps en la nova poesia catalana.» Semblava com si volgués impulsar una altra via per oposar-la al triomfant «realisme històric».

En canvi, Paulina Crusat en va fer una bella crítica a *Ínsula* (juliol-agost de 1962): «Nunca turbada por el ruido del mundo, sorda a las tentaciones, la poesía de Manent pasa a través de nuestro tiempo convulso fiel a sí misma, recogida en su gracia intemporal que tiene no poco de ascética.» Rafael Tasis a *Pont Blau*, de Mèxic (núm. 113, 1962) aprofità l'ocasió per criticar àcidament la poesia anomenada «social»: «Sembla que l'amor i el paisatge, per exemple, ja no poden ésser temes poètics. Els substituiran estats d'ànim (...) o bé sibil·lines denúncies de la injustícia social i política, que cap proletari no llegirà ni agrairà perquè estan escrites pensant en la censura i en l'admiració dels companys.»

Tots els glossadors de *La ciutat del temps* van destacar el contingut del pròleg perquè Manent hi resumia la seva poètica i afirmava que, gràcies al torsimany líric, «visions, perfums, enigmàtics auguris i records insondables són així salvats en el fluir dels dies». Manent confessa que se sent fascinat per «la primera espurna del poema». El do, la inspiració fan que «la poesia ens espera de vegades al cor del silenci, en objectes, en éssers i concordances que inexplicablement se'ns tornen símbols i semblen condensar el misteri del món (...) La poesia neix d'un impuls metafòric (...) Tota poesia autèntica és, en el fons, religiosa...»

Més de vint-i-cinc anys després, crítics joves van fer judicis subtils i nous sobre *La ciutat del temps*. Així Enric Bou, a «Entre l'alba i el vent: Marià Manent en la poètica postsimbolista» (*Els Marges*, Barcelona, gener de 1987) s'interessava especialment pel Manent «teòric de la poesia» i trobava que el poeta era fidel als seus principis teòrics com, per exemple, la poesia com a forma de coneixement i per això l'atreien les tesis de Maritain. I Bou afirmava que «Manent fou un dels primers escriptors a teoritzar una determinada concepció de l'art i de la poesia».

Finalment, Àlex Susanna en un estudi especialitzat[151] ressaltava les concordances amb Rilke, tant a la poesia com a la prosa dels dietaris; analitzava els punts teòrics centrals del pròleg i subratllava que els vint-i-set poemes del llibre són diversos i circumstancials, però formen un tot homogeni i harmònic amb una tendència tanmateix al conreu de l'exotisme, tant en els temes com en la diversitat geogràfica: Sallagosa, el Rin, Londres, Suïssa, Viladrau i amb personatges familiars o molt entranyables, des del sogre del poeta o la seva filla, fins a Melcior Font, amic dilecte, o Carme Garcés, filla de l'escriptor. I també hi observava la varietat d'ocells, de plantes, d'arbustos i fins d'insectes per acabar concloent que el tast exòtic venia, sens dubte, d'un cert «mimetisme» de les traduccions que havia anostrat Marià Manent.

El «Contubernio de Munich» i *Cómo nace el poema*

Els dies 5 i 6 de juny de 1962, aprofitant una sessió del Moviment Europeu i gràcies a les gestions de Salvador de Madariaga i d'Enric Adroher («Gironella»), hom preparà a Munic una reunió de grups de l'oposició espanyola (de l'interior i de l'exili) a la qual participaren cent divuit persones. Hi havia representants de partits i de grups clandestins, però sobresortien noms com José María Gil Robles, Rodolfo Llopis i Dionisio Ridruejo. No hi va assistir cap polític destacat de la Catalunya interior. Entre els catalans hi recordo Rafael Tasis, mossèn Josep Sanabre, Víctor Hurtado, Antoni de Senillosa, Francesc Sitjà i Príncipe, Josep Lluís d'Urruela, Jordi Prat i Ballester i el meu pare, que hi anà molt il·lusionat, atès que el cuc de la política l'havia mogut a ésser un activista d'oposició, però sense voler lluir-s'hi mai. A *L'aroma d'arç*[152]

Manent recull el caliu i les viscissituds d'aquelles jornades que el secretari general del Moviment Europeu, Robert van Schendel, va considerar *històriques*. Aleshores continuava la manca d'entesa entre l'exili i l'interior. D'entrada, a la primera resolució no hi havia cap referència a Catalunya ni al País Basc. Fou Rafael Tasis qui va proposar una esmena força explícita que no prosperà fins que aprovaren un text més vague, redactat per Madariaga: «Reconeixement de la personalitat de les diverses comunitats naturals.» Gil Robles s'excità molt quan Tasis féu esment dels Països Catalans: «¡Eso no lo admito!», va tallar. El meu pare va fer molta política menuda, de passadissos, i recordo que presentà Irujo, l'ex-ministre republicà, del Partit Nacionalista Basc, a Dionisio Ridruejo. També s'adonà, i ho constata, que els polítics més clarividents eren Gil Robles i Ridruejo: «Els quatre dies de discussions polítiques m'han dut a una conclusió: el talent específicament polític és, ací, escassíssim.» En aprovar-se per unanimitat entusiasta el text pactat, Manent escriu: «Vaig sentir (i crec que no era l'únic) com em venien les llàgrimes als ulls.» Per a molts el pacte de Munic significà cloure definitivament l'esperit de guerra civil entre els dos antics bàndols. La irritació del règim franquista fou immensa i orquestrà una campanya de premsa i ràdio, a més de manifestacions, que vomitaven mentides i injúries. Un dels cartells dels manifestants deia, per exemple: «Los de Munich a la horca.» Naturalment els insultats no tingueren dret a rèplica. Quan arribaren a Madrid els principals capitostos, els deixaren triar entre l'exili o el desterrament a l'illa de Fuerteventura. Sortosament a Catalunya la policia no molestà ningú. Víctor Hurtado, molts anys després, a l'article «*El contubernio de Munich*» (*La Vanguardia* 12-XII-1980), que és com el batejà la premsa franquista, considerava que les revoltes d'estudiants de 1956 i el pacte de Munic constituïen dues dates cabdals de l'oposició a la dictadura.

Com a resultat dels contactes amb escriptors i polítics de Madrid, el meu pare va poder publicar a l'Editorial Aguilar *Cómo nace el poema* (1962), que aplegava trenta-cinc assaigs i crítiques breus, fonamentalment de poetes catalans, però també sobre Rilke, Sant Joan de la Creu, Maritain, Emily Dickinson, Dylan Thomas, Mario Praz, etc. El llibre constituïa una novetat per al món cultural castellà, especialment, com ho remarcava el pròleg, pels comentaris sobre escriptors catalans. Enric Badosa a *El Noticiero Universal* (14-VIII-1962) presentava Manent com a «poeta investigador y poeta traductor» i que alhora obria les lletres catalanes a l'àmbit lingüístic castellà. Melchor Fernández Almagro a *La Vanguardia* (12-XII-1962) li dedicà un extens article. Deia que Manent ens descobria en el llibre «las raíces de un arte muy sutil que apenas si es arte, por confundirse con la naturaleza misma del poeta que lo cultiva». Hi glossava poemes de *La ciutat del temps* i qualificava *Cómo nace el poema* de «desbordante de sugestiones poéticas y literarias». Bartolomé Mostaza, signant amb inicials, al diari *Ya* (Madrid 10-IV-1963) en féu una breu recensió i subratllà el valor del poeta en funció de crític.

Reunions periòdiques amb intel·lectuals castellans

Després dels congressos de poesia es van «institucionalitzar» els contactes entre escriptors catalans i de la resta de l'Estat, sota l'impuls decisiu de Dionisio Ridruejo i d'una mena de secretari seu, molt més jove, Pablo Martí Zaro, activista nat. Al voltant de 1960 es va crear la branca espanyola clandestina del «*Comitè d'Écrivains et Éditeurs pour une Entr'aide Européenne*», vinculat al Congrés per la Llibertat de la Cultura, que feia a París la revista d'assaig *Cuadernos* amb part de subvencions nord-americanes, entre elles la Fundació Ford. L'enllaç amb França era l'escriptor Pierre Emmanuel. A la junta del Comitè hi havia més d'una dotzena de persones, com Laín, Ridruejo, Aranguren, Cano, Marías, Fernando Chueca, Josep Maria Castellet (que feia de secretari a Barcelona), el meu pare, Josep Benet, Llorenç Gomis, etc. Això obligava Manent a anar cada dos mesos a Madrid i ho aprofitava per veure els amics d'*Ínsula* i de *Revista de Occidente*. Com a camuflatge legal van crear la societat anònima Seminarios y Ediciones, que duia Pablo Martí Zaro. Van endegar unes miscel·lànies d'assaig, de vida efímera, publicades en col·laboració amb *Ínsula*, alguna monografia i sobretot una col·lecció d'assaig, Hora H, en format de butxaca amb obres de Pedro Laín Entralgo, Pere Bosch Gimpera, Julio Caro Baroja, Antonio Tovar, Joan Fuster, J. A. Maravall, E. Tierno Galván, Valentí Almirall, Ridruejo, Cela, Rafael Caldera, Llorenç Gomis, etc. En conjunt, entre 1970 i 1975, publicà uns seixanta volums.

Al voltant de 1960 el Comitè havia anat atorgant beques d'estudis. Joan Fuster en va rebre una per a un conjunt d'estudis d'història cultural valenciana, que es concretà en l'obra *Poetes, moriscos i capellans*. Joaquim Molas, una altra per a un estudi sobre l'escriptor i la societat, i jo per a la biografia de Josep Carner. Altres becats foren Francesc Vallverdú, Julio Caro Baroja, etc.

El 1962 Manent va entrar en contacte amb José Ortega Spotorno, fill gran de José Ortega y Gasset, que volia ressuscitar la *Revista de Occidente*. Recordo un sopar amb Ortega, a Barcelona, al qual van assistir Paulino Garagori, secretari de la revista, Maurici Serrahima, el meu pare i jo. Va servir per donar-los algunes orientacions sobre Catalunya, tot i que la publicació es va fer poc ressò de la nostra cultura. Però el meu pare hi envià tot seguit un comentari sobre *Nosaltres els valencians*, de Joan Fuster. El ministre d'Informació, Manuel Fraga Iribarne, va demanar als editors de *Revista de Occidente* que no el publiquessin al primer número per no alarmar alguns dels seus col·legues. Després, el mateix Fraga va revisar els primers números i va fer dues petites censures a l'article de Manent, el qual sortí finalment al número deu de 1964.

Dins aquest clima de simpatia i de retrobament, a mitjan 1966, en un moment de multes i agitació a Catalunya, des de Madrid seixanta intel·lectuals van adreçar-nos un manifest, «Homenaje a Catalunya», inspirat i possiblement escrit per Enrique Tierno Galván, el primer signant. Fou redactat després dels fets de la «Caputxinada» quan es constituí al convent de Sarrià el Sindicat Democràtic d'Estudiants. Conservem una carta del futur batlle de Madrid al meu pare on li comunica que li adjunta el primer plec de signatures. Tot i que sortí a la revista d'exiliats a París *Mañana* (14-IV-1966) reprodueixo el text francès que publicà *La Tribuna de Genève* (18-VI-1966). Diu així: «*L'Espagne, en sa diversité, tient à proclamer son admiration sans réserve devant l'attitude de la Catalogne résolue à servir notre lutte pour la liberté. Une fois de plus, dans des circonstances décisives pour le pays, la Catalogne répond par un rare exemple de valeur civique à la nécessité de vaincre les obstacles obstinément dressés contre l'integration de la communauté hispanique à la vie politique et culturelle qui est l'apanage d'une authentique démocratie. La Catalogne a élevé à nouveau la voix et a engagé à nouveau le combat au nom de la solidarité démocratique de l'Espagne, à qui il faut la liberté pour réaliser l'idéal commun de coexistence auquel tous nous aspirons.*» Entre els signants, trobem Laín, Ridruejo, la duquessa de Medina-Sidonia, Juan A. Bardem, Domingo García Sabell, López Pacheco, Raúl Morodo, Alfonso Sastre...

Les relacions catalano-castellanes acabaren cristal·litzant en reunions públiques (algun simposi) i d'altres de clandestines. Pierre Emmanuel venia sovint a Espanya i el meu pare hi va tenir una relació i una correspondència més enllà dels contactes acadèmics.

Sis reunions clandestines, o, en algun cas, potser mig tolerades, van tenir lloc entre 1964 i 1971. La dels dies 5 i 6 de desembre de 1964 fou memorable i recordo que, l'endemà d'haver començat, el meu pare em va telefonar perquè anés a l'esplèndida finca que Fèlix Millet tenia a l'Ametlla del Vallès. El tema de debat era, de fet, l'encaix de Catalunya en una futura Espanya democràtica. No tots els castellans coneixien els antecedents històrics del «fet diferencial» i calia fer molta pedagogia. Hi foren ponents Antoni Badia i Margarit i Dionisio Ridruejo. Hi assistiren una vintena d'intel·lectuals, entre els quals Aranguren i Caro Baroja, a més de Josep Benet, Joan Raventós o Jordi Rubió.[153]

El 26, 27 i 28 de novembre de 1965 es repetiren les converses en un magnífic «cigarral» que l'arquitecte i escriptor Fernando Chueca Goitia tenia a Toledo. Els ponents foren altra vegada Badia i els economistes Joan Sardà i Dexeus i Ernest Lluch. En conjunt vint-i-dos assistents entre els quals Miquel Batllori, Rafael Lapesa o Enrique Tierno.[154] El clima d'entusiasme i de debat obert va impressionar els no-catalans, que valoraren especialment la brillantor d'Ernest Lluch.

El 6,7 i 8 de juny de 1969 nou col·loqui privat al local de Seminarios y Ediciones de Madrid, amb participació de bascos (Carlos Santamaría), gallecs (Ramon Piñeiro) i valencians (Vicent Ventura, que ja havia anat a la reunió de Toledo). Com a altres novetats la presència de José María de Areilza, Jordi Pujol i Julián Marías, amb set ponències i vint-i-dos assistents.[155]

El 12 de juliol de 1970 nou encontre a Seminarios y Ediciones amb quinze participants. El motiu seria la preparació d'una obra col·lectiva sobre la qüestió autonòmica. El 6 i 7 de novembre es repetí la sessió per mirar d'enllestir el plantejament de l'anterior, amb tretze assistents.

Però una de les trobades més vives i aclaridores fou la que tingué lloc els dies 13, 14, 15, 16 i 17 d'octubre de 1971 a Can Bordoi, una bonica finca de la família Vilaseca-Roca al terme de Llinars del Vallès. El meu pare no se n'havia perdut cap, però jo només vaig ésser a la de l'Ametlla i a aquesta. El debat polític i històric va tenir molta altura, gràcies sobretot a les intervencions tan incisives i elaborades d'Alexandre Cirici, Josep Benet, Josep Andreu i Abelló i Dionisio Ridruejo. El tema era «Autonomía, federación y otras formas de organización del Estado». A destacar entre els vint-i-quatre assistents la presència de dos membres importants del Partit Comunista d'Espanya: Manuel López i el novel·lista Armando López Salinas. També hi eren quatre valencians, a més de Fèlix Santos, director de *Cuadernos para el Diálogo,* i Pablo Castellano, que va sortir-ne bastant escandalitzat per l'ambient nacionalista.[156]

En conjunt, doncs, aquestes trobades contribuïren a aclarir conceptes erronis, a fornir arguments i a fer madurar la indefugible qüestió de les autonomies. Com sempre, Dionisio Ridruejo fou l'estrella fulgurant de la trobada i, al marge de la seva brillantor captivadora, féu la síntesi de diverses tesis i esdevingué un hàbil conciliador. El clima era vibrant i la durada de les sessions van permetre conèixer-se més a fons.[157]

Esdeveniments familiars i culturals

El dia 11 de març de 1963 la meva germana Maria es va casar amb un suís, ginebrí, Gérard Limat, futur financer. El lloc era la capella de Sant Bernat del Montseny i hi havia quaranta-quatre convidats. El meu pare, l'agost de 1961, definí així el seu futur gendre: «Alt i ros. Té aquell aire tímid i melangiós que és l'expressió habitual d'en Traversi», l'antic director de l'Institut Britànic de Barcelona. El matrimoni ha tingut quatre fills: Dominique (nat el 1963), Caroline (1965), Annick (1968) i Denis (1971). Tots són bilingües i han arrelat al Mas de Segimon, vora del qual els seus pares han construït una casa d'estil rural-urbà. Dominique, el gran, acompanyava habitualment el meu pare en les excursions diàries al bosc i tenien llargs col·lotges.

Un dels rituals familiars era l'assistència a la missa major de l'Aleixar, molt participada i amb cants populars i darrerament amb el so de l'orgue restaurat. De vegades el meu pare —i l'avi— anaven a missa a una casa d'estiueig, a mig camí del Mas de Segimon, on el propietari, Anton Sans i Cardona, de gran sensibilitat religiosa i molt catalanista, havia fet construir-hi una capelleta.

Durant la dècada 1961-1970 van morir alguns dels vells amics de Marià. Restà molt impressionat per la llarga agonia el 1961 de Sagarra i remarcà la frase d'algú: «Se'n va amb majestat».[158] El 1963 traspassà Ramon Sunyer, el seu padrí de bodes. L'estiu de 1968 morí Jaume Bofill i Ferro, l'amic de l'ànima. Pel setembre el meu pare li dedicà un article a *Serra d'Or*. El dietari recorda la frase de Riba: «D'una conversa amb en Bofill sempre en surts enriquit.» El 1969 moriria Josep Zendrera i Fecha, l'intuïtiu creador de l'Editorial Joventut, sempre tan gentil amb Marià.

El 1964 va morir, a noranta-quatre anys, la mítica tia Rosario Segimon. Hom li féu un enterrament popular a l'Aleixar, com a gran protectora del poble: el seu primer marit havia pagat l'hospital-asil i el cementiri nou i ella contribuïa amb escreix a millores importants. Els balcons de les cases tenien cobrellits amb llaçada negra i una petita processó de nois i noies duia grans corones.

Com he advertit, en els anys seixanta el dietari no és regular i es concreta sobretot al període d'estiu quan Marià assaboria el paradís que formen els núvols, els ocells, les plantes florides, el ritual de la collita d'avellanes, la conversa amb masovers i pagesos, les sorpreses de les bestioles al bosc, on anava cada dia, sovint amb mi. El dietari fa el recompte constant de tudons, conills, perdius, tórtores, gaigs, etc. que troba, a més d'alguna guineu o àliga molt escadusseres. També en aquests anys l'acompanyava la Kira, una gossa perdiguera que li havia regalat el fill del pintor Joaquim Mir i que li recordava els gossos caçadors de la seva joventut. Marià s'embriagava amb aquell racó de món. «L'aigua del Mas ens sobta cada any», escriu. O bé: «Sento una pau gairebé metafísica.» Passejar pel bosc o pels conreus li esvaïa les

195

cabòries, tot i que, si feia massa calor s'aclaparava, ell que l'havia deixada a ciutat...

El dietari continua fent observacions botàniques, ornitològiques o meteorològiques, que vesteix amb belles imatges o metàfores: «Els falciots passen, ràpids, amb gran so de seda, com si fossin dames del segle XVIII que llisquessin a una velocitat de l'era atòmica» (22-VII-1960). L'any següent de la mort del seu sogre l'evoca amb emoció: «La bellesa d'aquests boscos, la pau dels conreus on l'avi s'havia passejat tant em semblaven una mica sagrats, ennoblits estranyament per la mort i l'absència. Ell no hi és, però hi és. Sembla que el veig, amb la clara, lleugera, jaqueta d'estiu, alçant les branques dels avellaners, passant lentament per la terra llaurada» (juliol 1960).

Manent defineix la muntanya de la Mola de Colldejou, que alguns dies es retalla tan precisa, com «un vaixell poderós en aquell mar de carenes. Sembla una esfinx decapitada». Un dels llocs on el poeta s'aturava a copsar la varietat i majestat austera del paisatge era dalt, a Rocanys, una muntanya farcida de llicorella pissarrosa i amb plans, quasi sense arbres, on hi havia hagut abundor de perdius. Manent esguardava la serra de Prades: «Contemplo llargament el paisatge de la comarca del Mas de Borbó, tan harmoniós de color i de línia: a cada banda una muntanya alta (el Puig d'en Gulló i el Puig d'en Cama), al fons l'Albiol, amb els cingles de color de flor d'hisop a mà esquerra, i a primer terme els conreus alternant amb taques rodones de bosc —alzines i pins molt espessos» (8 d'agost 1966). O marca el disseny acolorit del Bosc de la Font Major, a l'Albiol: «És fosc, espès, sembla un dibuix d'Apel·les Mestres i un s'imagina allí aquells gnoms simpàtics, barbablancs, que evocava amb realisme "modernista" (agost 1967).»

Hem al·ludit en un altre capítol les excursions o viatges al Vernet, per escoltar Pau Casals a Prada; a les ruïnes fascinants de Scala Dei, a l'Albiol, poble de pessebre, a la Mussara, entre la boira envaïdora i les ruïnes, a Siurana, on els cingles esglaien i la Mare de Déu fou raptada; a Prades, sempre clàssic, harmònic i viu, a Gratallops per carregar uns quants litres del millor vi del Priorat, a Poblet a veure el pare Altisent i copsar l'ànima de les pedres quasi mil·lenàries.

El dietari esmenta una trentena d'ocells, del tudó al gall carboner. Però pel juliol de 1962 va fer la descoberta d'un ocell misteriós: «Són cinc notes cada vegada, inefablement evocadores, suggeridores d'un País de Somni.» Marià fins a l'estiu del 1965 no va saber que aquell ocell era l'oriol, groc i estilitzat, que també feia un altre cant grotesc, com un miol i era «l'ocell esquerp, daurat, cantat pels poetes xinesos». Abans no n'havia sentit cap ni l'havia vist mai al Mas i a les rodalies. Però, prop de vint anys abans jo n'havia vist en una figuera de la partida de les Planes.[159]

Un altre ritual, ple de sorpreses, era la del Manent boletaire. S'hi apassionava i ho havíem après de l'avi. Al nostre bosc trobàvem algun ou de reig primerenc i els rossinyols («groguegen com flors escampades»), que també surten aviat, si hi ha saó al bosc i la temperatura hi acompanya. I pocs bolets més de cara al cistell: les dues menes de rovellons —vermells i vinosos—, els pebrassos i algun cama-sec o rubiol.

Al Mas de Segimon el meu pare llegia molt, a més de traduir. Crec que val la pena esmentar alguns autors o llibres: Charles Moeller sobre literatura i cristianisme, Maritain, Joan Fuster, Eluard, Aranguren, John Press, Piaget sobre l'estructuralisme, un treball sobre Chaucer, Vinyoli, Ker, la biografia d'Edith Stein, poesia popular francesa, Bowra, Peguy, Apollinaire, un llibre sobre els etruscos, *Escrito en España*, de Ridruejo. S'hi entusiasmà: «Com s'esverarien, si el llegissin, els nostres despolititzats burgesos», comenta. També llegia Barthes («a moments és obscur, pedant»), Rousselot, Ramuz, Guitton, Beguin, un treball sobre els manuscrits de Yeats, *Maragall i la Setmana Tràgica*, de Josep Benet, Merleau Ponty, Sartre, concretament *Situations*: «Obsedit d'una passió ètica que és absurd d'aplicar a l'art de la literatura.»

Li plaïa, de tant en tant, anar a veure Joan Miró a Montroig. N'ha escrit un parell d'articles amb les impressions d'aquell geni tímid i carregat de silencis expectants, amb el qual col·laborà fent el pròleg de la versió carneriana de *El Càntic del sol*, de sant Francesc, il·lustrada per l'artista. I al Mas venien Ester d'Andreis, els parents, els clergues amics com mossèn Josep Raventós i Giralt, tan ple d'acuïtat en els judicis, Joan Gili... O Manent anava a Maspujols a veure mossèn Higini Anglès.

El 1969 Manent, a petició de Carlos Martínez Barbeito, escriví un guió televisiu sobre la vida de Joan Maragall, que resta inèdit.

I cinc anys abans Josep Maria Castellet i Joaquim Molas inclogueren Manent en una polèmica antologia, dominada pel realisme social. El meu pare sempre s'havia mantingut al marge de discussions estètiques i així ho constatava el 1978 Pere Gimferrer:[160] «Una íntima i sobirana discreció, potser un pudor especialíssim, l'han mantingut voluntàriament allunyat de l'epicentre de les polèmiques literàries i dels canvis de gustos i corrents.» Malgrat això, Manent va entrar en polèmica amb un article, que s'ha tornat emblemàtic, «Poesia i "realisme històric"» sortit a *Serra d'Or* pel gener de 1965. Hi remarcava que *Antologia catalana del segle XX* «prefereix una poesia que no vulgui comprendre el món, sinó transformar-lo. Segons aquesta escola crítica, la poesia no ha d'ésser una forma de coneixement, d'exploració del món i de la consciència, una immersió —inquieta i deliciosa— en el misteri existencial, sinó un instrument de lluita». Encasellar així la poesia —postil·lava Manent— és «desconèixer-ne la prodigiosa diversitat». D'altra banda, l'antologia triava poemes, fins i tot de joves, que no s'adeien als preceptes del «realisme social», segons observava el meu pare. Amb abundor de citacions, de teories i de versos, Manent reblava la seva tesi: «Que la poesia serveixi, si pot, la lluita històrica de l'home contra l'opressió i la misèria, però sense oblidar la dita d'Anaxàgoras: que som al món per admirar el firmament, per a gaudir del Sol i de la Lluna.» Aquesta fou l'única rèplica, «erudita» contra una escola estètica que exercia, implícitament, una dictadura, però que en mitja dotzena d'anys es va esvair.

El 1968 el meu pare va conèixer un personatge pintoresc i fora de sèrie: Lluís August Viñamata Emmanueli, comte consort d'Alba de Liste, que vivia al castell de Teià. Feia tàndem amb Esteve Albert i Corp i varen muntar al castell representacions de Mistral i de Josep Sebastià Pons i també hi van fer venir els *felibres*. Viñamata havia fet la guerra civil amb els franquistes i estava molt ben introduït en l'estament militar. L'anàvem a veure a Teià, voltat d'una escenografia mig medieval, on servava un gran arxiu familiar, i havíem aconseguit que salvés de consells de guerra sumaríssims alguns amics nostres antifranquistes, entre ells Miquel Coll i Alentorn. Viñamata feia conferències sobre Catalunya al Círculo Cultural de los Ejércitos, davant el capità general, Alfonso Pérez Viñeta, a qui tutejava i mig seriosament anomenava «virrei».

Tot i que el règim no havia atorgat cap permís per a revistes literàries en català, la pressió de la mateixa societat i dels nuclis intel·lectuals van fer possible l'aparició de *Serra d'Or* (1959), sota l'empara de Montserrat i que es convertí en la gran revista cultural en català de la postguerra. Manent hi col·laborava poc, només sempre que tenia alguna cosa important a dir-hi. Disposava igualment, bé que en feia un ús simbòlic, de tribunes en castellà a Madrid, com *Ínsula* i *Revista de Occidente*. I en català hi va haver *Tele-Estel, El Pont*, de Miquel Arimany, o *Criterion*, del caputxí Basili de Rubí, on Manent va escriure escadusserament. En canvi, llevat d'alguna enquesta, es negà a fer-ho, com d'altres col·legues seus, a *Destino*.

Noves versions de poesia xinesa. La «Lletra d'Or»

Quasi trenta anys després de *L'aire daurat*, amb una segona part, *Com un núvol lleuger* (Ossa Menor, 1967), el meu pare coronava l'anostrament de poetes xinesos en català. Un llarg article de Joaquim Marco a *Destino* (28-X-1967) situava la poesia xinesa en el context històric i deia que «Manent ha encontrado el registro de la belleza desde el mismo prólogo». El crític tanmateix trobava més reeixit *Com un núvol lleuger* que *L'aire daurat*. Joan Teixidor en l'espai «Media columna» (*Destino* 28-X-1967) sentenciava: «Con estas estrofas meditadas y frágiles, próximas a evaporarse en su aristocrática fuga, la poesía catalana encuentra uno de sus límites.» Miquel Gayà (amb inicials) a *Lluc* de Mallorca (gener 1968) remarcava l'íntim connubi entre Manent i els lírics xinesos. Llorenç Gomis (*La Vanguardia*, 30-XI-1967) explicava alguns mecanismes subtils del traductor i de la poesia xinesa i recordava que Manent s'identifica profundament amb el to, els temes i l'actitud d'aquesta tradició lírica oriental. Un article extens de Miquel Dolç (*La Vanguardia* 27-XII-1968) valorava, paral·lelament i dins una clara coherència, el dietari *A flor d'oblit* i les noves versions de poesia xinesa. Faulí a *Diario de Barcelona* (6-I-1968) remarcava en Manent «la encarnación de la misma continuidad» i «la superación por los caminos de perfección que le conocemos, con un gusto magistral en la elección de cada palabra». Un brillant article de Paulina Crusat, «Manent y la poesía china» (*Ínsula* núm. 259, juny de 1968) feia una reflexió gairebé filosòfica: «Poesía inmarcesible para todas las estaciones de la vida y de la historia (...) A penas puede dudarse que el encuentro con la lírica china fuese para Manent una revelación de sus propias calidades.» Joan Teixidor (*Serra d'Or*, desembre de 1968) en féu una recensió profunda i refermava les fidelitats del poeta a la seva línia. Per a ell aquesta segona part d'«interpretacions de poesia xinesa» més que un retorn és com un no moure's d'un lloc que ha estat triat.

Coincidint amb l'edició del volum de poesia xinesa, Josep Cruset a *La Vanguardia* (23-XI-1967) li féu una entrevista que és com un brevíssim compendi biogràfic i estètic. José Agustín Goytisolo el 1968 publicà *Poetas catalanes contemporáneos* (Seix i Barral, Barcelona 1968), tria de deu poetes i amb una bona traducció en vers acarada a l'original. De Manent en publicà vint poemes.

El 7 de maig de 1968 un jurat molt heterogeni, entre el qual hi havia Josep Maria Castellet, Joan Fuster, Antoni Comas, Maria Aurèlia Capmany, etc. atorgà la Lletra d'Or a *Com un núvol lleuger*, bo i considerant-la la millor obra literària de l'any. Santiago Nadal (signant N. y G.) a *ABC* (10-V-1968) se'n féu ressò per explicar: «Habla en voz baja Marià Manent y tiene una cortesía *ancien régime*.» Enric Badosa a *El Noticiero Universal* (14-V-1968) feia la lloança del premiat i la defensa de la traducció, de vegades titllada de gènere menor.[161] El 1970 es publicà l'obra *Vint-i-cinc anys de la lletra d'or* i en un dels capítols Ramon Pla i Arxé féu un balanç del *corpus* poètic de Manent i analitzà la seva relació literària amb la natura.

A flor d'oblit, un dietari

El meu pare, d'ençà de 1914, com he subratllat sovint, escrivia un dietari, de vegades diari, i que s'interrompé en el període 1927-1936 i 1949-1959. Prou s'haurà adonat el lector que he tret moltes dades essencials d'aquesta inesgotable pedrera de la qual el mateix autor féu una tria molt breu i rigorosíssima per publicar. I pocs dies abans de morir m'expressà repetidament la seva voluntat que no n'editéssim nous volums, sense privar, però, que en féssim citacions, com és el cas d'aquesta biografia. Al pròleg d'*A flor d'oblit* (Edicions 62, 1968) Manent afirma que el dietari que publica no fou escrit «ho dic ben sincerament, pensant en la seva possible publicació. Anotava les coses per a mi, obsedit per la voracitat del Temps que tot ho esborra». La tria recull notes entre 1918 i 1966 i el títol escau a la preocupació de l'autor per allò que es troba a punt d'esvanir-se, «a flor d'oblit».

El pròleg de Joan Teixidor a *A flor d'oblit* és una lluminosa panoràmica de l'obra de Manent a qui considera «colofó o final d'una escola»: el Noucentisme, que el poeta transcendí. Per a Teixidor amb el dietari «continuem movent-nos en el mateix clima poètic de sempre» on la natura pesa tant. Joaquim Marco a *Destino* (27-VII-1968) subratlla la precisió i la bellesa de l'estil i la profunda comunió amb el paisatge i el caràcter impressionista de moltes de les estampes del llibre. Paulina Crusat a *Ínsula* (febrer de 1969) hi aprofundí encara més i trobà en el dietari un correlat de vida: «Lo que el día trae y Dios puso a nuestro alcance.» El considera un aplec d'elements fugissers i «un herbario de instantes».

El professor extremeny, de Princenton, José Muñoz Millanes, que havia publicat una tria en castellà del dietari de Manent: *Diario disperso* (1986), va escriure a *Reduccions* (núm. 37, Vic, març 1988) «Marià Manent i l'escriptura dels dietaris» on els situa dins un context determinat que configura el dietari com a gènere. El mateix any Sam Abrams féu un estudi més particularitzat dels dietaris manentians i els classificava entre «els directes i espontanis de caire íntim» on l'escriptor anota «la seva manera de viure» i encara l'acota més: «És la narració ordenada, artitzada, mesurada, precisa i pausada de la seva manera d'estar i ésser en el temps.» En el fons, conclou, el dietari és una eina per a lluitar contra el temps, per a provar d'aturar-lo i salvar-ne moments viscuts. Recorda com hi ha fragments de dietari que són el preludi d'un poema.[162]

El 3 d'abril de 1970 Josep Carner, empès per una mena d'irresistible mandat, va retornar a Catalunya, després de trenta-quatre anys d'exili. En el cotxe de Pau Riera, president d'Òmnium Cultural, hi anaven el meu pare i Ramon Aramon, secretari general de l'Institut d'Estudis Catalans. A l'aeroport hi havia quatre-centes persones esperant-lo. El «príncep dels poetes» arribava decrèpit i amb la memòria emboirada. Però el carnerisme havia deixat petja i a l'hotel hi havia una corrua de visitants ben diversos: parents de lluny, col·leccionistes de la seva obra, lectors entusiastes. L'emoció vencia sovint el poeta i l'enyor traspuava com una força superior. Van abundar les recepcions i els homenatges, però el poeta mantenia una conversa inconnexa. Sort de la seva muller, Emilie Noulet, que li endevinava el pensament i els mots insinuats. El meu pare va fer-li tothora de cicerone i d'amic tutelar i en va deixar una crònica completa a *L'aroma d'arç*.[163] Tot i la decrepitud, Carner conservava la màgia del verb i feia un esforç per situar-se en cada cas. El meu pare va defensar sempre aquest retorn de Carner, que fou com un adéu, perquè Carner morí a Brussel·les dos mesos després. Enfront hi havia alguns puritans —com el mateix Espriu— que volien el poeta a l'exili com un símbol eteri.

CAPÍTOL VI

Plenitud de la glòria literària

De 1971 a 1988 Marià Manent va publicar vuit traduccions poètiques, dues edicions de la poesia completa i dos volums de dietari. Alhora va tenir premis ressonants, va escriure una abundor de pròlegs i va connectar amb uns quants poetes molt joves. I també va reprendre la seva col·laboració habitual a la premsa en català, prohibida fins al darrer dia del franquisme, que ell havia interromput quaranta anys abans quan escrivia a *La Veu de Catalunya*.

El 1971 va publicar *Palabra y poesía y otras notas críticas* (Seminarios y Ediciones, Madrid), recull de dotze assaigs i articles que van des de Rilke, Maragall, Carner o Lowell fins a Riba, Josep Sebastià Pons i el «Realisme històric». Al pròleg fa una reflexió sobre lingüística i poesia. Fins i tot Antonio Tovar hi dedicà un comentari.[164]

Aquell mateix any, Manent fou membre del jurat dels Jocs Florals de la Llengua Catalana, celebrats a l'exili a Brussel·les, on encara hi havia l'ombra tutelar de Josep Carner. Hi premiaren Ambrosi Carrion, Albert Junyent i Màrius Sampere.

Durant l'estiu, pel juliol, a noranta-dos anys, morí Agustina Cisa i Artells, la seva sogra. El dol familiar, tot i que hom esperava el traspàs, inevitable, fou profund. L'àvia representava tot un món i era el referent d'unes èpoques plenes d'anècdotes i amb personatges singulars, que ella descrivia amb gran vivor i bona memòria. Van viure plegats més de trenta anys i la sogra tenia una predilecció especial pel gendre, el qual la tractava amb exquisidesa.

El gener de 1974 em vaig casar amb Teresa Tomàs i Roig, barcelonina, d'Horta, vinculada a l'escoltisme i a grups cristians actius. La meva soltería i la interrupció de la nissaga directa preocupava els pares, que van acollir amb especial joia el casament. El dietari fa referències a la meva dona i, per exemple, explica com collia bolets: «La Teresa, que no havia plegat mai rossinyols, els va arrencant amb delícia.» Hem tingut tres fills, Lluís (1974) nat per Nadal, Jordi (1977) i Oriol (1979), dissortadament afectat per la síndrome de Down.

El vel de Maia, premi «Josep Pla» de prosa

Manent aviat formà part de la Junta Consultiva d'Òmnium Cultural i el gener de 1975 el seu dietari de la guerra civil a Viladrau, *El vel de Maia*, va guanyar el premi Josep Pla de l'Editorial Destino. Un allau d'entrevistes, de notes i d'articles van posar Manent en primer pla. Ell mateix definia el contingut i el per què de l'obra. Així ho contava a Jaume Guillamet, i traduïm: «En realitat, es tracta d'un llibre que no fou escrit per a ésser publicat. És realment el dietari dels tres anys de guerra, amb l'excepció dels primers mesos. Vaig començar a escriure'l pel gener de 1937 en què em vaig instal·lar amb la meva família a Viladrau, a la casa de Jaume Bofill i Ferro (...) Vaig escriure primer unes petites memòries dels mesos anteriors i després anava anotant regularment les vivències d'aquells dies. Però hi donava el propòsit que fos un testimoniatge personal per als meus fills i els meus néts. No hi ha tan sols una elaboració literària, és simplement allò que Maragall anomenava "la paraula viva", escrita espontàniament en una petita llibreta i amb lletra molt menuda. És un híbrid de dietari poètic i d'un paisatge per a mi molt estimat com el del Montseny, que aleshores encara tenia un caràcter geòrgic, amb el contrast de la guerra viscuda als carrers de Barcelona, on baixava regularment per atendre les meves feines habituals. Vivia l'ambient de la ciutat fuetejada, bombardejada, amb problemes de subsistència diària.»

El títol del llibre té ecos de la filosofia oriental. El vel de Maia és una expressió bramànica i respon «al fet que no considerava l'existència plàcida de Viladrau com una cosa il·lusòria i irreal. La realitat es coïa a Barcelona i al front de guerra».[165]

Arran del premi, Baltasar Porcel publicà a *Destino* (11-I-1975) un llarg comentari sobre Manent. Hi destacava els valors literaris, però, des de la seva perspectiva «revolucionària» d'aleshores, li retreia que no comprengués la «revolució integral», que algú assajà nefastament durant la guerra, i que fos catòlic. Judici primari per als qui coneguin la barbàrie i el crim imperants durant mesos a la zona republicana, en mans dels anarquistes. D'altra banda, com el mateix Manent subratllà en una entrevista del mateix número amb Joan Anton Benach, el crític no s'adonava que *El vel de Maia* era una obra «essencialment antibel·licista».

Curiosament Javier Villán, del diari falangista *Arriba*, de Madrid, va fer a Manent una extensa entrevista on repassava l'obra de l'escriptor i volia saber si *El vel de Maia* tenia intenció ideològica. Manent es queixà de l'error franquista de perseguir el català, sobretot d'ençà del 1939, com a llengua enemiga: «No puede identificarse una lengua con una actitud política.»[166]

Josep Pla dedicà al llibre de Manent un article, a tota plana, a *Destino* (8-V-1975) on, entremig de teoritzacions generals, destacava la qualitat literària, la capacitat d'observació de l'autor i arribava a escriure, hiperbòlicament, que «Manent ha llegado a extremos de expresividad que superan muchas veces lo que escribió sobre ellas [les muntanyes del Montseny] espíritu tan sensible como el poeta Bofill i Mates».

La transició política. Altres amics. Els 80 anys. Versions poètiques de D. Thomas, Blake, Dickinson i MacLeish

La mort del general Franco fou un alliberament, però hi havia la temença del buit que deixava darrera d'ell, que el règim havia fomentat tant. Manent comenta: «Per ara no hi ha desordres (...) L'enterrament ha estat d'una pompa faraònica. L'esplanada amb tants falangistes semblava un espectacle nazi.» Un mes abans, després de les cinc execucions de membres del GRAPO i d'ETA, havia escrit: «Ara ve una època dura, bàrbara, un temps inhumà, un temps de ferro.» L'ombra de la guerra civil tornava a planar sobre el país com una tempesta potser no gaire llunyana. Calia estar informat, llegir *Le Monde*, com feia de quinze anys ençà, ja que hi estava subscrit, tot i que de vegades la censura es quedava el diari, recollir notícies i intercanviar parers. El meu pare veia sovint Josep Andreu i Abelló, que gaudia de la màgia del vell polític:

«Quin home més serè! Quin governant!» comenta pel setembre de 1975, després de veure'l, al Mas de Segimon, on venia de vegades amb el reusenc Carles Martí i Messeguer, o a Salou, on estiuejava Andreu. I Manent també parlava força amb Antoni de Senillosa, l'*alter ego* a Catalunya de José Maria de Areilza, esperança de la transició que s'acostava. El triomf, inesperat, de Jordi Pujol el 1980 el va il·lusionar molt.

En la dècada que historiem van desaparèixer d'altres amics o familiars de Marià. Felip Graugés, el company de joventut, morí el 1973, el seu cunyat, Domènec Segimon i Cisa, l'any següent, igual que Dionisio Ridruejo, tan enyorat sempre pel meu pare: «Un dels castellans que han comprès millor Catalunya.» I també traspassava el vell i antic masover, Josep Climent, conegut per Josep Pelegrí, carregat de bonhomia i de fidelitats; o mossèn Ramon Muntanyola, poeta i catalanista enardit, que congriava entorn seu tantes voluntats. O Conxita Badia, amiga dels anys vint, i Clementina Arderiu, vídua de Carles Riba. I Manent també dedicava un record al poeta Melcior Font, mort a cinquanta-cinc anys, que va escriure els goigs a la Mare de Déu de l'Abellera, a Prades, amb una tornada que el meu pare sempre repetia: «Feu-nos ésser romaní / de la vostra serra blava.»

Però Manent mantenia i acreixia el conreu de l'amistat. Va conèixer la filla del poeta, Anna Maria Carner que «té l'aire d'una dama francesa» o veia el gravador i pintor Jaume Pla, amistat recent, o Carles Fontserè, artista multicairat, amb el qual van anar a veure Josep Pla que va fer «judicis brutals» sobre algunes persones.

Les visites rituals al Mas de Segimon es repetien: René Ledesert, especialista en diccionaris, alt empleat de la casa Harrap de Londres, l'economista Lluc Beltran, d'una gran sensibilitat literària, mossèn Josep Raventós i Giralt, antic rector de l'Aleixar de conversa tan afinada; Ester de Andreis i la seva germana Giuliana, Max Cahner i Eulàlia Duran. O anava a veure a la Selva del Camp el seu vell amic Ventura Gassol a qui dedicà un bell article.[167]

Mentrestant, el 1978 es va casar la filla petita de Manent, Josefina, amb Joan Campamà. El fill que els va néixer el 1980 es diria Arnau. Al dietari el meu pare fa observacions agudes i explica anècdotes divertides sobre la creixença i consciència que van prenent els onze néts. Al pròleg de *L'aroma d'arç* al·ludeix «l'embadaliment davant la imaginació surrealista dels néts».

El Mas de Segimon continua essent el centre nuclear del dietari. Un dia descobreix «un cel italià, de Caravaggio, amb un desplegament de nuvolets color d'or, equilibradament fragmentats i simètrics entorn del sol, ull vermell. Semblava la cua sedosa d'un paó» (juliol 1977). O l'estiu de l'any següent veu, sorprès, una àliga majestuosa: «Aviat s'ha perdut, magnífica en el seu Olimp vaporós.» I aquell mateix estiu, mirant el paisatge, escrivia: «Tot era encantat, transparent, irreal o sobrereal.» I les lectures seguien essent variades: una biografia de Julien Green, l'autobiografia de Rafael Alberti, els assaigs d'Emilie Noulet, muller de Carner, sobre Valéry, el teòleg Yves Congar, un estudi sobre Yeats, *Cartes de Cézanne*, de Rilke, una biografia de Blake, *La réalité du rêve*, d'Albert Beguin, un llibre de Lefevre sobre marxisme, l'obra de Betz sobre Rilke, el teatre (quatre o cinc obres) de Shakespeare, les memòries d'Antoni Tàpies...

Pel setembre de 1975 Frederic Roda i el seu grup organitzà un homenatge a Manent a Viladrau amb motiu de la publicació de *El vel de Maia*. El primer de juliol de 1976 Marià va rebre, de mans del cònsol anglès a Barcelona, mister Lawrence J. Evans, l'ensenya de Cavaller de l'Imperi Britànic per les seves traduccions de literatura anglesa.[168]

El 1975 Montserrat Roig publicà una intel·ligent entrevista amb el meu pare a *Serra d'Or* (abril). El 20 d'octubre de 1979 Lluís Busquets i Grabulosa a *El Correo Catalán* li'n va fer una altra, de molt completa i pedagògica, que recollí en el volum *Plomes catalanes contemporànies* (Edicions del Mall, 1980). Pel gener l'Ateneu Barcelonès, del qual havia estat soci actiu de molt jove, li féu un homenatge.[169]

Però el 1978 havia estat un altre any de glòria literària: Marià Manent va complir vuitanta anys. Agustí Pons a l'*Avui* (26 de novembre), Josep Faulí a *La Vanguardia* (26 de novembre), Jaume Fabre, a *Tele-exprés* (24 de novembre) i Maria Antònia Oliver a *Mundo Diario* (30 de novembre) s'encarregaren de subratllar-ho adequadament. Especialment ric, de records i de dades, fou l'article de Tomàs Garcés aquell 1978 a *Serra d'Or*.[170] També l'Editorial Joventut —empresa i treballadors— li dedicaren un homenatge. I la revista universitària *Delta* (núm. 4, 1979) dedicà tot un dossier a Manent amb una antologia de l'escriptor i treballs d'Àlex Susanna i Josep Palau i Fabre.

En aquest període Manent col·laborà en català a tres diaris: *Avui* (1976-1987), *El Correo Catalán* (1979-1980) i *La Vanguardia* (1981-1986). I fou molt sol·licitat com a prologuista. De 1971 a 1987 en publicà vint-i-nou, quan a la resta de la seva vida només n'havia escrit quinze. Generalment eren destinats a llibres de poetes: Josep Carner, Guerau de Liost, Felip Graugés, Marià Villangómez (amb qui féu una gran amistat literària), Pere Puig i Llensa (de Blanes), Llorenç Gomis, Josep Maria Fabra o gent de la meva lleva: Josep Maria Bosch i Torrents, Núria Albó, Maria Àngels Anglada, Jordi Gebellí i finalment poetes de les darreres promocions com Àlex Susanna, Carles Torner o Francesc Prat. Aquests, Joan Serra, Antoni Clapés, Rosa Fabregat i algun altre venien sovint per casa del meu pare...

També prologà un volum del gravador Jaume Pla, un de memòries de Josepa Armangué, vídua de Santiago Rubió i Tudurí, i del jesuïta Joan B. Bertran, contertulià de casa d'Ester de Andreis; un llibre sobre l'escultor Ernest Maragall, els assaigs de Josep Ramoneda, l'obra de l'editor de bibliofília Miquel Plana i un llibre de John Langdon-Davies sobre els Fets de Maig de 1937. Massa pròlegs l'abassegaven i ens deia que no podia escriure allò que voldria.

Entre 1974 i 1981 Manent publicà quatre tries, traduïdes, d'altres tants poetes de llengua anglesa. Les traduccions eren en vers i sovint amb rima. L'ofici i la sensibilitat es potenciaven i, en general, no li costaven gaire. Ja el juliol de 1966, preparant *Com un núvol lleuger*, va anotar al dietari: «Em resulta fàcil de trobar, gairebé sense vacil·lació, la forma que escau a cada poema i faig les versions de pressa, gairebé sense retocs, com si me les dictessin.» El 1974, dins Els llibres de l'Escorpí, d'Edicions 62, com les tres següents antologies, Manent publicà *Poemes* de Dylan Thomas, «un dels poetes més dotats del nostre temps», com reconeixia en el pròleg. Autèntic bard, Thomas expressava «amb la mateixa força l'ardor vital i el sentit de la destrucció i la mort». En l'escaiença del volumet de Thomas, l'Institut Britànic organitzà un homenatge a Manent. El 1976 aparegueren *Els llibres profètics*, de William Blake. Poeta visionari, amb trets èpics, metafísicament religiós, d'una bellesa marejadora, era un líric que Manent ja havia traduït els anys vint. En un comentari a *La Vanguardia* (26-XI-1976), «El cónsul Marià Manent», Ángel Carmona

Ristol va comparar la versió blakeana de Toni Turull, anterior i d'estil més popular, amb la de Manent, «que tiende a una expresión más culta, escogida y refinada».

De totes quatre traduccions, la que tingué més ressò i fins i tot influència foren els *Poemes* (1979) d'Emily Dickinson, coneguts, en bona part, per la versión castellana que n'havia fet el mateix Manent el 1957. Pere Gimferrer, des de *El Correo Catalán* (12-XII-1979), sota el títol de *La dama de Nova Anglaterra*, ponderà les versions de Manent: «L'art del poeta poques vegades ha estat tan supremament afinat, rigorós i precís com en aquestes versions, matisadíssimes, d'uns textos que per la seva mateixa naturalesa s'acosten a la immaterialitat.» Josep Cruset a *La Vanguardia* (12-VI-1980) féu l'elogi de les versions —castellana i catalana— de Manent i definí Dickinson com «adorable, insòlita, mística, rebelde, secreta, cifrada y humanística».

Finalment amb els *Poemes* (1981) d'Archibald MacLeish anostrà un poeta nord-americà, de registres variats, el qual amb *Conquistador* oferí un poema èpic sobre la conquesta de Mèxic. Manent al pròleg, igual que féu en els altres volumets, analitza la poesia de MacLeish i, com va escriure Àlex Susanna a *La Vanguardia* (4-III-1982), «*a penas extrae conclusiones, pero nos provee de todos los elementos necesarios para sacarlas por nuestra cuenta*».[171]

Més versions poètiques. Premi d'Honor de les Lletres Catalanes. La poesia completa definitiva

Els darrers divuit anys de la vida de Marià Manent foren pròdigs en edicions de volums de crítica literària, de traduccions i en homenatges. La curiositat per la seva obra s'estengué més enllà dels cercles i la premsa habituals.

El 26 de novembre de 1980 el professor Antoni Comas presentà l'obra de Manent a l'Aula Magna de la Universitat de Barcelona, dins un cercle de lectures de poesia. S'hi llegiren trenta-tres poemes i Manent no hi assistí però hi envià un missatge.[172] El mateix any, Editorial Joventut li publicà *Espígol blau*, que se subtitula «Poemes anglesos per a infants». Aquestes traduccions havien aparegut els anys vint a la revista *Jordi*, de la qual Manent fou redactor. A la postguerra volia fer-ne una edició de bibliòfil, il·lustrada per Pierrette Gargallo, però no hi reeixí. Un comentari del moment judicava l'obra: «Farcits d'al·literacions, amb un sentit del ritme segur i agudtizant i de gran musicalitat, plens d'imatges incisives i senzilles, recullen dels romàntics aquella sensació d'allunyament, aquella evocació del món desaparegut de la infantesa.»[173]

El 1982 la Generalitat de Catalunya atorgà a Manent la Creu de Sant Jordi. El 1983 Triadú a l'article «Un parèntesi en els anys d'historicisme: Marià Manent» (*Avui*, 2-XII) el reivindicava dins el context hostil del «realisme social».[174]

El 1982 Marià publicaria *Poema del vell mariner*, de Coleridge, en edició bilingüe (Llibres del Mall). Una primera versió es va perdre durant la guerra civil. Manent la tornà a fer per a incloure-la a *Poesia anglesa i nord-americana*. Àlex Susanna remarcà el valor de la traducció que era més fàcil de copsar gràcies al doble text, anglès i català.[175] Aquest és, sens dubte, un dels poemes més llargs que traduí Manent.

El 1983 va aparèixer una segona edició, molt ampliada, de *Versions de l'anglès* (1938), sota el nou títol de *El gran vent i les heures*. No era una antologia sistemàtica sinó una panoràmica molt personal, útil a les noves generacions d'estudiants, lectors i professors. Hom hi trobarà, en text bilingüe, fins i tot els poetes joves del moment.

El 27 de novembre de 1984 l'Institut d'Estudis Nord-americans organitzà, dirigida per Sam Abrams, una lectura-homenatge a Manent que comportà l'edició d'una breu antologia bilingüe: *The shade of mist*.

El 1985, Manent, retornant novament als orígens, va refer i ampliar aquells primicers *Sonets i odes* (1919) de John Keats. El pròleg també constitueix un estudi històric sobre la poesia d'aquell famós romàntic anglès. Enric Bou des de *El País* (3-III-1985) descobrí afinitats electives entre ambdós poetes: «Quan llegim un poema traduït per Manent, tenim una rara sensació. No sabem si fou escrit perquè ell el traduís o bé es falseja l'original o el converteix en la pròpia veu.»

Aquell 1985 Òmnium Cultural atorgà a Marià Manent el Premi d'Honor de les Lletres Catalanes. Fou una altra revifada de «popularitat» que provocà una seixantena de cartes i telegrames de felicitació i una llarga entrevista amb Borja Calzado a *La Vanguardia* (24-XII-1985).

El 10 de juny l'Ateneu Barcelonès l'homenatjà pel premi i hi van intervenir Àlex Susanna i Francesc Parcerissas.

El 1986 el professor extremeny José Muñoz Millanes publicà una tria dels dietaris sota el títol de *Diario disperso* (Ed. Trieste, Madrid).[176]

I el mateix 1986, aprofitant les versions literals del xinès de Maria Dolors Folch, Manent publicà *Vell país natal* (Empúries), de Wang Wei. En una nota preliminar el poeta confessa que aquestes versions li han resultat molt més fàcils que les que havia fet partint de textos anglesos ja versificats. Maria Dolors Folch hi feia alhora una llarga i esclaridora introducció i, fet insòlit, el lector hi trobarà el text bilingüe: xinès i català! Joan Teixidor a «Poesia xinesa encara» (*El País*, 23-XI-1986) comentava que el «caràcter personalíssim» de les traduccions de Manent han arribat a fer ombra a la seva pròpia obra poètica, però, al capdavall, «sempre acabem llegint Manent».

La *Poesia completa* (Columna 1986) comprèn obres des de 1916 al 1986 amb l'afegitó d'un llibre inèdit, molt breu: *El cant amagadís*. Una bella edició aplegà, doncs, només setanta-nou poemes.[177] Es tractava ja, de fet, d'una obra closa perquè el poeta només hi afegí a la segona edició (1989) quatre poemes sobre paisatge, Suïssa o sobre l'onzè centenari de Sant Joan de les Abadesses.

Un altre dietari i quatre llibres de crítica i d'assaig. La mort a frec dels noranta anys

L'aroma d'arç (Laertes 1982) era una nova tria, del període 1919-1981, extreta de l'extens dietari de l'escriptor. El subtítol defineix ben bé allò que és el contingut: «dietari dispers». A la nota preliminar Manent reitera una vella obsessió: «Aquestes notes disperses em semblen, almenys per al meu ús personal, com unes petites zones salvades de la marea del temps i de la inexorable erosió de la memòria.» El libre consolidà aquest gènere, escàs i apassionant, dins el conjunt de l'obra de Manent. *L'aroma d'arç* aquell any va obtenir el premi de la Generalitat de Catalunya a la millor creació literària.

Recordo com va costar que Joaquim Molas convencés el meu pare perquè apleglés en un primer volum els seus treballs de crítica literària. Ell ho defugia i considerava que no interessaria els lectors. Finalment preparà *Poesia, llenguatge, forma* (Edicions 62, 1973), amb trenta-tres textos, quasi tots sobre poetes catalans, sobretot noucentistes i del període 1951-1972. No hi manquen treballs sobre Rosselló-Pòrcel o Pere Gimferrer i el polèmic *Poesia i «realisme històric»*. Faulí hi ressaltà la coherència com a poeta-crític (*Diario de Barcelona*, 24-XI-1973) i Pere Gimferrer (*Destino* 5-I-1974) el qualificà com un dels nostres primers crítics i hi descobrí «toda una concepción postsimbolista de la poesía».[178]

El 1981 Manent publicà *Notícies d'art* (Edicions 62), un recull que devia sorprendre algú i que aplegava articles de l'*Avui* i *El Correo Catalán*, publicats entre 1973-1980. Eren fruit del seu interès per la pintura i de la seva amistat amb tants artistes, des de Ricart i Miró a Obiols i Tàpies. L'aspecte més original del llibre, remarca el prologuista Albert Ràfols-Casamada, «el trobem en aquesta mena de mètode consistent a posar en confrontació coses aparentment tan allunyades com, per exemple, l'art d'un miniaturista anglès del Renaixement i els regalims entrellaçats de les pintures de Pollock». Matisse, Klee, Picasso, Mondrian, Miró, Mir, Tàpies, Jaume Pla, etc. són alguns noms que mereixen una glossa en el llibre.

Llibres d'ara i d'antany (Edicions 62, 1982) aplegava estudis i articles entre 1938 i 1981 que classifica entre autors catalans, castellans i estrangers. De Rilke, Maritain, Valéry o Heidegger passem a Marià Villangómez, Josep Sebastià Pons, Teixidor o Dionisio Ridruejo.

Rellegint (Edicions 62, 1987) té una estructura semblant a l'anterior i reuneix articles recents, sobretot de *La Vanguardia* i l'*Avui*, i estudis diversos. Hi evoca des dels seus mestres Ruyra, Guerau de Liost o Carner fins a sant Ignasi de Loiola, Tolstoi, Leopardi, Victor Hugo, Yeats, Chesterton, Joubert, Pound, Vicente Aleixandre, Francis Jammes, etc. També hi recull diversos pròlegs a llibres d'autors joves: Josep Ramoneda, Carles Torner i Francesc Prat i altres «notícies d'art»: Goya, Miró, Ernest Maragall...[179]

El 1988 també fou d'homenatges i de reculls monogràfics sobre l'obra de Manent. *Reduccions* de Vic (núm. 37, març) hi dedicà tot un *dossier* amb assaigs de Muñoz Millanes, Miquel Desclot, Àlex Susanna, Antoni Clapés i Josep Paré. Pel març l'Institut de Ciències de l'Educació (ICE) organitzà un simposi Marià Manent (al qual ell, molt malalt, no va poder assistir) a la Universitat de Barcelona, amb la participació de Triadú, Parcerissas, Sam Abrams, Àlex Susanna i Ramon Pla i Arxé que analitzaren gairebé totes les facetes de la seva obra i que es publicà en un volum d'unes cent planes l'any següent.[180]

A mitjan 1987 el meu pare s'havia jubilat i aviat començà a no trobar-se bé, però es mig refeia. Aparentment tenia una depressió i perdia forces. Com a amic el veia el doctor Dídac Parellada, escriptor catòlic, que el distreia molt. Però s'anava decandint, amb alts i baixos. No fou fins pel setembre de 1988 que els metges, en una revisió especial, s'adonaren que tenia un mal inguarible, molt avançat. Patia molt, però el sedaven a fons. Ens havia comentat: «No pot ser que el dolor no tingui sentit. Ens cal anar a l'altre món per a poder comprendre-ho.» I amb plena lucidesa mental i segur de les seves vivències cristianes, tan arrelades des de la jovenesa, morí el vespre del 24 de novembre de 1988. Faltaven tres dies perquè complís noranta anys. Preveient la mort, dos anys abans havia escrit un poema, que figura en el bell recordatori que imprimí i dissenyà Ricard Giralt-Miracle, de Filograf, i que és el que tanca la *Poesia completa*:

> *Prou sé que he de dir-vos adéu,*
> *núvol lila i de foc, neu de vidalba.*
> *El temps de l'home és breu*
> *i la posta es confon amb la claror de l'alba.*
>
> *Però espero que un dia veuré,*
> *renovada i més gerda, la Terra:*
> *potser encara hi haurà, rosat, el presseguer*
> *i encara la mel d'or adormida a la gerra.*

Notes

CAPÍTOL I

1. Vegeu Ramon Coll i Monteagudo, *El poblat ibèric de la Cadira del Bisbe (Premià de Dalt, El Maresme): història de la investigació i estat de la qüestió* (A.E.C.C. i Museu Municipal de Premià, Premià de Mar, 1988).
2. Informació que dec al pare Agustí Altisent, monjo de Poblet, el qual prepara el nou volum del diplomatari.
3. Vegeu Virgínia Martínez Martínez, «Els cognoms premianencs (1519-1975)», *Les nostres arrels*, núm. 12, A.E.C.C., Premià de Mar, 1992, pàg. 22.
4. Josep Viñal i Iglésias, *Premià a començaments del segle XVIII: un assaig d'història local* (Caixa d'Estalvis Laietana, Mataró, i Rafael Dalmau, Barcelona, 1983). Sobre Premià vegeu també Pau Manent i Abril, *Fets de Premià de Dalt* (Premià de Dalt, 1979) i Rafael Rafanell, *La història sense història. Malnoms i sobrenoms de Premià de Dalt. 1850-1950*, (L'Opinió, Premià de Dalt, 1991).
5. Virgínia Martínez Martínez, «Els cognoms premianencs...», citat a nota 3.
6. L'arbre genealògic ha estat preparat per la família Font de Premià de Mar, que procedeixen de Can Manent. El meu per Adrià Canal.
7. Vegeu Antoni Maria Alcover i Francesc de B. Moll, *Diccionari català-valencià-balear* (Palma de Mallorca, 1930-1962) i Joan Coromines, *Diccionari etimològic i complementari de la llengua catalana* (Barcelona, 1980-1991).
8. He parlat d'Anton Pla al retrat de Cèlia Suñol dins el meu llibre *Semblances contra l'oblit* (Editorial Destino, Barcelona, 1990), pàgs. 191-193.
9. Vegeu el meu treball «La presència del nom Marian a la toponímia i l'onomàstica del Camp de Tarragona», publicat a *Amb el barret a la mà. Homenatge a Ramon Amigó i Anglès* (Reus, 1989), pàgs. 69-79.
10. Ho diu Joan Triadú a «Introducció general», pàg. 11, dins *Marià Manent*, «Col·lecció Quaderns del Finestral», núm. 4. ICE, Universitat de Barcelona, 1989. Probablement devia ésser «En Patufet».
11. *Els follets*, núm. 10, Barcelona, 6 de març de 1913. Agraeixo a Josep Maria Cadena aquesta informació.
12. *La Veu de Catalunya*, 26-VI-1920.
13. Antoni Closas, *Vells amics i hores passades* (Editorial Pòrtic, Barcelona 1976), pàg. 41.

14. Recordem els famosos llibres de Nicolau Maria Rubió i Tudurí, *Caceres a l'Àfrica tropical* (1926) i *Sahara-Níger* (1932), reeditat fa poc.
15. A les noves edicions de *La collita en la boira* (1920) Manent canvià una rima de la primera estrofa en adonar-se que no es podia dir «paraguaia» sinó «paraguaiana».
16. Conservem dues cartes de Miquel Costa i Llobera a Manent comentant-li els seus versos.
17. Vaig editar aquest aplec folklòric a «Cançons de dansa i corrandes de Gratallops», publicat a *Notes del Col·loqui sobre cançó tradicional* (Publicacions de l'Abadia de Montserrat, Barcelona, 1994), pàgs. 29-36.
18. Vegeu Lluís Calvo i Calvo, *Catàleg de materials etnogràfics de l'Arxiu d'Etnografia i Folklore de Catalunya* (Consell Superior d'Investigacions Científiques, Barcelona, 1990), pàg. 78.

CAPÍTOL II

19. Marià Manent, «López-Picó, poeta-editor», *Serra d'Or*, núm. 322-323, juliol-agost de 1986, pàg. 526.
20. Vegeu Antoni Closas, *La penya del Continental* dins *Vells amics i hores passades* (Editorial Pòrtic, Barcelona 1976), pàgs. 69-80.
21. Rossend Llates, *30 anys de vida catalana* (Editorial Aedos, Barcelona 1969), pàgs. 281-282.
22. Vegeu Albert Manent, «El Camí, revista de joves noucentistes», *Serra d'Or*, núm. 344, juny de 1988, pàgs. 492-493.
23. Marià Manent, «L'aspect musical dans l'oeuvre lyrique de Joaquim Folguera», *Hispania*, Institut d'Études Hispaniques, París, 1919, juliol-agost-setembre, pàgs. 247-249.
24. Vegeu «Francesc Fontfreda», *La Revista*, núm. 89, juny de 1919, pàg. 154.
25. Joan Capdevila era germà del pare de Maria Capdevila, muller de Joaquim Molas.
26. Manent resumeix aquesta conversa al seu llibre *A flor d'oblit* (Edicions 62, Barcelona, 1986, 2a. edició), pàgs. 25-26.
27. Marià Manent, *L'aroma d'arç* (Editorial Laertes, Barcelona 1982), pàg. 19.
28. Marià Manent, *A flor d'oblit*, pàgs. 36-37.
29. Domènec Guansé, *Abans d'ara* (Edicions Proa, Barcelona 1966), pàg. 98.
30. Marià Manent, *Joaquim Ruyra, un art conscient* dins *Rellegint* (Edicions 62, Barcelona 1987), pàgs. 9-10.
31. El poema fou publicat a *Revista de Sabadell* el 22 d'agost de 1915.
32. Societat «La Alianza», *Jocs Florals* (Tip. La Moderna, Poble Nou, 1916).
33. *Jocs Florals de Nostra Senyora de la Bonanova* (Barcelona 1915).
34. Agraeixo aquesta informació, que ha estat molt difícil de trobar, a mossèn Jesús Castells, canceller-secretari del bisbat de la Seu d'Urgell.
35. Un volum recollí aquell any el material dels Jocs Florals de Cornellà.
36. Vegeu Esteve Fàbregas i Barri, *El nostre Josep Carner* (Lloret de Mar 1990), on explica l'estada de Carner a la vila i els Jocs Florals.

37. Trobo en una nota de dietari que l'impressor Josep Badal, que treballava per a «La Caixa», el 1917 li havia promès imprimir-li de franc el llibre.
38. Vegeu la carta a *Contribució a l'epistolari de Joan Alcover*, anotat per Miquel Gayà (Editorial Barcino 1964), pàg. 86.
39. La carta de Plana a Ruyra es conserva a l'arxiu de Marià Manent.
40. Cf. Marià Manent, *A flor d'oblit* (1986, 2a edició), pàg. 26.
41. Marià Manent, *L'aroma d'arç* (Editorial Laertes, Barcelona 1982), pàg. 20. Es refereix a Manuel Alcàntara i Gusart (Barcelona 1892-Mèxic 1981), membre de la Unió Catalanista i gran activista de l'exili cultural català a Montpeller (on organitzà la Residència d'Intel·lectuals Catalans) i a Mèxic.
42. M. Manent, *A flor d'oblit*, ja esmentat, pàg. 52.
43. M. Manent, *A flor d'oblit*, pàg. 58.
44. M. Manent, *A flor d'oblit*, pàgs. 63-64.
45. M. Manent, *A flor d'oblit*, pàg. 72.
46. M. Manent, «Avui», 27-IX-1981, que és recollit al volum de crítica *Rellegint* (Edicions 62, Barcelona 1987), pàgs. 17-23.
47. M. Manent, *A flor d'oblit*, pàgs. 23-24.
48. M. Manent, *A flor d'oblit*, pàgs. 47 i 51.
49. Reproduït al llibre de Manent, *Rellegint*, ja esmentat, pàgs. 15-17.
50. M. Manent, *A flor d'oblit*, pàgs. 71-72.
51. Vegeu *Cartes de Carles Riba* (Edicions de la Magrana, 1993), a cura de Carles-Jordi Guardiola, volum II, pàg. 526.
52. Vegeu *Cartes a Carles Riba*, ja esmentades, vol. I (1990), pàg. 137.
53. *Ibidem*, pàg. 140.
54. *Ibidem*, pàg. 496.
55. M. Manent, *A flor d'oblit*, pàg. 75.
56. M. Manent, *Llibres d'ara i d'antany* (Edicions 62, Barcelona, 1982), pàg. 9.
57. Tomàs Garcés, «Els vuitanta anys de Marià Manent», *Serra d'Or*, núm. 229, octubre de 1978, pàgs. 639-641.
58. M. Manent, *A flor d'oblit*, pàgs. 57-58.
59. Josep Pla, *El quadern gris* (Edicions Destino, Barcelona, 1966), pàg. 488.
60. M. Manent, *L'aroma d'arç*, ja esmentat, pàg. 46.
61. Jaume Bofill i Ferro, *Els poetes catalans moderns* (Editorial Columna, Barcelona, 1986), pàg. 186.
62. M. Manent, *A flor d'oblit*, pàg. 56.
63. M. Manent, *L'aroma d'arç*, pàgs. 20-21.

CAPÍTOL III

64. *Revista de Vich*, núm. 19, juny de 1919, pàgs. 339-340.
65. *La Revista*, núm. 92, 16 de juliol de 1919, pàgs. 211-212.
66. *La Revista*, núm. 93, 1 d'agost de 1919, pàgs. 223-225.
67. *Hispania*, esmentada, pàgs. 284-285. També un altre catalanòfil, Enrique Díez Canedo, en publicà una recensió a *El Sol*, de Madrid.
68. Article de J. B. Trend a *The Atheneum* de Londres, publicat el 14-XI-1919.

69. Ho cito de la crònica anònima «Catalunya a l'estranger» que es publicà a *La Veu de Catalunya*, 4-III-1920.
70. L'article fou publicat dins C. Riba, *Escolis i altres articles* (Barcelona, 1921), pàgs. 186-188.
71. *Estudios Franciscanos*, núm. 164, Barcelona, gener de 1921, pàgs. 29-34.
72. *La Revista*, núm. 131, 1 de març de 1921, pàg. 279.
73. J. Pané, «La recepció crítica de la poesia de Marià Manent (1918-1968)», *Reduccions*, núm. 37, març de 1988, pàgs. 60-72.
74. *Vida americana*, maig de 1921, pàgs. 18-19.
75. M. Manent, *A flor d'oblit*, pàg. 50.
76. *La Revista*, núm. 132, 15 de març de 1921, pàgs. 79-80.
77. *La Revista*, núms. 193-198, desembre de 1923, pàgs. 199-200.
78. M. Manent, *A flor d'oblit*, pàgs. 49-50.
79. M. Manent, *A flor d'oblit*, pàg. 50.
80. Glòria Bulbena, *Barcelona, trossos de vida i records de l'ahir* (Editorial Pòrtic, Barcelona 1976), pàgs. 102-104.
81. Joan Samsó ha publicat *La cultura catalana: entre la clandestinitat i la represa* (Publicacions de l'Abadia de Montserrat, Barcelona, 1994), on hi ha un capítol dedicat als Amics de la Poesia de la postguerra. Alexandre Galí al volum XI de la seva *Història de les institucions i del moviment cultural de Catalunya. 1900-1936* (Barcelona, 1984), vol. XI, pàgs. 105-106, parla de la primera època dels Amics de la Poesia.
82. M. Manent, *A flor d'oblit*, pàg. 53.
83. Montserrat Roser en el seu treball, en curs, sobre les relacions del meu pare amb els escriptors anglesos, considera, sobretot a través d'algunes cartes, que J. Bartlett l'ajudà a encaminar-se en algunes lectures fonamentals d'escriptors anglosaxons.
84. M. Manent, *A flor d'oblit*, pàg. 37.
85. M. Manent, *L'aroma d'arç*, pàgs. 62-63.
86. M. Manent, *A flor d'oblit*, pàgs. 42-43.
87. M. Manent, *A flor d'oblit*, pàg. 69.
88. Vegeu Albert Manent, «Jaume Bofill i Ferro: retrat d'un crític humanista», *Revista de Catalunya*, núm. 73, abril de 1993, pàgs. 95-100.
89. M. Manent, *A flor d'oblit*, pàg. 71.
90. M. Manent, *L'aroma d'arç*, pàg. 65.
91. M. Manent, *L'aroma d'arç*, pàg. 81.
92. M. Manent, *L'aroma d'arç*, pàg. 70.
93. M. Manent, *L'aroma d'arç*, pàg. 33.
94. M. Manent, *A flor d'oblit*, pàg. 45.
95. M. Manent, *L'aroma d'arç*, pàgs. 50-56.
96. M. Manent, *L'aroma d'arç*, pàg. 60.
97. He d'agrair a Ramon Roset i Brangarí les informacions que m'ha donat de la relació del meu pare amb la impremta Atenas i també de l'activitat que aquesta empresa va dur a terme al llarg de prop de mig segle.
98. «La Publicitat», 18-VI-1923.
99. Vegeu Miquel Berga, *John Langdon-Davies (1897-1971). Una biografia anglo-catalana* (Editorial Pòrtic, Barcelona 1991).
100. M. Manent, «Un poeta anglès a Catalunya», *La Revista*, núm. 153-

155, 1-16 de febrer de 1922, pàgs. 40-42. Els poemes són traduïts pel meu pare i la nota de presentació, que signa «C», déu ésser l'enginyer Ramon Casanova i Darné, de Ripoll, molt amic també de Langdon-Davies.
    101. Tomàs Garcés, «L'aire daurat», *La Publicitat*, 19 d'octubre de 1928.
    102. M. Manent, *A flor d'oblit*, pàg. 34.
    103. M. Manent, *A flor d'oblit*, pàgs. 29-32.
    104. M. Manent, *L'aroma d'arç*, pàg. 43.
    105. M. Manent, *L'aroma d'arç*, pàgs. 70-71.
    106. Vegeu *La Crònica de Valls*, 7 de febrer de 1931, a la plana que duu el títol de «Jocs Florals».
    107. Alex Susanna, «L'obra poètica de Marià Manent», *Reduccions*, núm. 37, Víc, març de 1988, pàgs. 45-52.
    108. Pere Gimferrer, pròleg a *Antologia poètica de Marià Manent* (Edicions Proa 1978), pàgs. 7-13.
    109. Citat per Enric Bou, «Entre l'alba i el vent: Marià Manent en la poètica postsimbolista», *Els Marges*, núm. 36, gener de 1987, pàg. 7,
    110. Enric Bou, *loc. cit*, pàg. 8.
    111. Sobre Rilke vegeu els articles de Manent aplegats a l'obra *Llibres d'ara i d'antany* (1982), pàgs. 129-141, i també articles anteriors a *Notes sobre literatura estrangera*.
    112. Vegeu M. Manent, *A flor d'oblit*, pàgs. 118-127.
    113. Enric Bou, *loc. cit.*, pàg. 20.
    114. En el seu article inèdit «Marià Manent. A man of English letter: the early years, 1916-1934».
    115. Aquesta carta es conserva al fons Montoliu de la Biblioteca de Catalunya.
    116. P. Gimferrer, pròleg a M. Manent, *Antologia poètica* (1978), ja esmentada, pàg. 7.
    117. Joan Triadú, «La literatura estrangera vista per Marià Manent en un recull d'articles», *Avui*, 26 de setembre de 1992.
    118. Ramon Pla i Arxé, dins *Marià Manent*, «Quaderns de Finestral», ICE, Universitat de Barcelona 1989, pàgs. 61-86.
    119. Eudald Tomasa, «Aproximació a l'obra crítica de Marià Manent», *Els Marges*, núm. 48, Barcelona, 1993, pàgs. 7-22.
    120. Antonina Rodrigo, *García Lorca en Cataluña* (Editorial Planeta, Barcelona, 1975), pàgs. 425-426.
    121. Vegeu Josep C. Cid, *El Centre Català del PEN. 70 anys d'història* (Centre Català del PEN i Ajuntament de Barcelona, 1992).
    122. Vegeu el meu article «Viladrau 1936», *Serra d'Or*, núm. 376, abril de 1991, pàgs. 316-317.
    123. Vegeu Miquel Berga, *John Langdon-Davies. Una biografia anglo-catalana* (Editorial Pòrtic, Barcelona 1991), pàg. 174.
    124. Jaume Bofill i Ferro, *Vint-i-cinc anys de crítica* (Editorial Selecta 1959), pàgs. 99-105.
    125. Jaume Bofill i Ferro, *ibidem*, pàgs. 91-97.

CAPÍTOL IV

126. M. Manent, *L'aroma d'arç*, pàg. 89.
127. Vegeu Josep Benet, *Catalunya sota el règim franquista* (Edicions Catalanes de París, 1973). Se n'han fet d'altres edicions a Barcelona i n'hi ha una d'augmentada, editada per Publicacions de l'Abadia de Montserrat el 1995.
128. M. Manent, *L'aroma d'arç*, pàgs. 95-98.
129. *Cartes de Carles Riba. II: 1939-1952* (Edicions de la Magrana, Barcelona, 1991), a cura de Carles-Jordi Guardiola, pàg. 84.
130. M. Manent, *A flor d'oblit*, pàg. 93.
131. Albert Manent, «Adiós a Ester de Andreis», *La Vanguardia*, 21-IX-1989.
132. M. Manent, *L'aroma d'arç*, pàg. 101.
133. M. Manent, *A flor d'oblit*, pàg. 89.
134. M. Manent, *L'aroma d'arç*, pàg. 105.
135. *Cartes de Carles Riba. I 1910-1938* (Edicions de la Magrana, 1990), a cura de Carles-Jordi Guardiola, pàg. 496.
136. Vegeu la biografia de Jaume Medina, *Carles Riba* (Publicacions de l'Abadia de Montserrat, Barcelona, 1989), en dos volums, i la meva, molt breu, *Carles Riba* (Editorial Alcides, 1963).
137. Albert Manent, «Relació literària entre T. S. Eliot i Marià Manent» dins *Homenatge a Esteve Pujals* (Editorial Columna, Barcelona, 1994), pàgs. 231-240.

CAPÍTOL V

138. Albert Manent, *Carles Riba* (Editorial Alcides, Barcelona, 1963), pàg. 71.
139. José Luis Cano, *Los cuadernos de Velingtonia* (Seix y Barral, Madrid, 1986), pàgs. 26-27.
140. M. Manent, *Riba i el diàleg* recollit a *Poesia, llenguatge, forma* (Edicions 62, Barcelona, 1973), pàgs. 132-136.
141. Vegeu Segimon Serrallonga, «Les cartes entre Carner i Marià Manent per a l'edició de "Poesia" (1957)», *Reduccions*, núm. 29-30, Vic febrer-juny 1956, pàgs. 18-48.
142. *Ínsula* núm. 89, maig de 1953.
143. També en feren ressenyes Àngel Marsà (*El Correo Catalán*, 12-III-1957), *The New Vida Hispánica* (Londres, hivern de 1957), novament Badosa a *Destino* (11-V-1957) i Àngel Carmona a *La Girafa*, núm. 13-14, Barcelona, 1958.
144. Juan Beneyto, «Marià Manent en mi recuerdo» dins *Annals of Archive of Ferran Valls i Taberner's Library*, núm. 5 (PPU, Barcelona 1989), pàgs. 319-320.
145. Josep Pla, *Notes per a Sílvia* (Edicions Destino, Barcelona 1974), pàgs. 165-166.
146. M. Manent, *A flor d'oblit*, pàgs. 113-128.
147. Josep Palau i Fabre, signant «L'Alquimista», «La poesia de Marià

Manent tocada pel silenci», *Ariel* (en comptes del títol, diu «Fascicle»), número 20, 1950, pàgs. 19-20.

148. Josep Paré, «Sobre la recepció crítica de la poesia de Marià Manent», *Reduccions*, núm. 37, Vic, març de 1988, pàgs. 59-72.

149. Lluís Busquets i Grabulosa, *Plomes catalanes contemporànies* (Edicions del Mall, Barcelona, 1980), pàgs. 29-38.

150. Joan Fuster, *Destino*, núm. 1.270, 9-XII-1961.

151. Àlex Susanna, «L'obra poètica de Marià Manent», *Reduccions*, núm. 37, Vic, març de 1991, pàgs. 45-52.

152. M. Manent, *L'aroma d'arç*, pàgs. 137-143.

153. La resta de participants eren J. M. Castellet, Jordi Carbonell, José M. Valverde, Fèlix Millet, Víctor Hurtado, Ferran Cuito, Rafael Tasis, J. A. Maravall, J. L. Aranguren i Pablo Martí Zaro.

154. La resta d'assistents foren Lluc Beltran, Josep Benet, Jordi Carbonell, Josep M. Castellet, Llorenç Gomis, Víctor Hurtado, Marià Manent, Joan Raventós, Maurici Serrahima, Rafael Tasis, J. L. Aranguren, Fernando Baeza, Carlos M. Bru, Luis Díez del Corral, Paulino Garagorri, J. A. Maravall i Dionisio Ridruejo.

155. Els altres assistents eren Josep Benet, Ernest Lluch, Marià Manent, Jordi Maragall, Maurici Serrahima, José M. de Lasarte (basc), Domingo García Sabell, Pedro Altares, Carlos M. Bru, Paulino Garagorri, Pedro Laín Entralgo, Raúl Morodo, Jesús Prados Arrarte, Enrique Ruiz García, Dionisio Ridruejo i Pablo Martí Zaro.

156. La resta d'assistents eren Joan Cornudella, Josep A. González Casanova, Llorenç Gomis, Pere Pi-Sunyer, Antoni de Senillosa, Maurici Serrahima, Francesc Vallverdú, Josep M. Vilaseca, Marià i Albert Manent, els valencians Josep Lluís Blasco, Alfons Cucó, Vicent Ventura i els procedents de Madrid Raúl Morodo i Pablo Martí Zaro.

157. D'aquesta trobada Josep M. Vilaseca conserva les cintes. Vegeu el magnífic resum dels diversos *diàlegs* a «Las relaciones de los años 60» de Josep M. Castellet, dins *Relaciones de las culturas castellana y catalana* (Generalitat de Catalunya, 1983).

158. M. Manent, *L'aroma d'arç*, pàg. 134.

159. Al pròleg de *Com un núvol lleuger* (1967) Manent torna a explicar com va descobrir l'oriol.

160. Pere Gimferrer, pròleg a Marià Manent, *Antologia poètica* (Edicions Proa, Barcelona 1978), pàg. 7.

161. També comentaren l'obra J. Faulí (*Tele-estel*, 10-V-1968), i Martí Torrent (*Revista*, 5-VI-1968). Anys més tard, Josep Palau i Fabre publicà l'estudi «Marià Manent i les seves versions de poesia xinesa», *Delta*, núm. 4, Universitat de Barcelona, Barcelona, 1979, pàgs. 75-79.

162. Sam Abrams, *El dietari*, «Col·lecció Quaderns del Finestral», núm. 4, Institut de Ciències de l'Educació (ICE), Universitat de Barcelona, 1989, pàgs. 26-34. També comenta el llibre J. Faulí a *Tele-estel* (12 de juliol de 1968).

163. M. Manent, *L'aroma d'arç*, pàgs. 174-188.

CAPÍTOL VI

164. Antonio Tovar, «Poetas», *Gaceta Ilustrada* (1972). També comentaren l'obra Concha Castroviejo a *Hoja del Lunes* de Madrid (6-II-1972) i Octavi Saltor a *Diario de Barcelona* (6-VI-1972).

165. Jaume Guillamet, «Marià Manent y su guerra entre Viladrau y Barcelona», *Tele-exprés*, 8 de gener de 1975.

166. No he pogut trobar la data exacta d'aquesta entrevista. J. Faulí dedicà un comentari afinat a *El vel de Maia*.

167. M. Manent, «La meva darrera visita a Ventura Gassol», *Avui*, 25-XII-1980.

168. Vegeu-ne notes a *Tele-exprés* (7-VII-1976) i *Mundo Diario* (11-VII-1976).

169. Vegeu la notícia a *Tele-exprés*, 24-I-1979.

170. Tomàs Garcés, «Els vuitanta anys de Marià Manent», *Serra d'Or*, núm. 229, octubre de 1978, pàgs. 639-641.

171. Sobre Marià Manent traductor vegeu Arthur Terry, «Marià Manent i la tasca del poeta traductor», *Revista de Catalunya*, núm. 40, abril de 1990, pàgs. 117-129. Miquel Desclot, «Marià Manent, poeta de la traducció», *Reduccions*, núm. 37, Vic, març de 1988, pàgs. 38-44. I finalment Francesc Parcerissas, *Marià Manent i la traducció*, «Quaderns del Finestral», núm. 4, ICE, Universitat de Barcelona, 1989, pàgs. 16-23.

172. Vegeu la notícia a *Avui*, 29-XI-1980.

173. C. A. a *Escola Catalana*, març de 1981, pàg. 20. Vegeu també un altre comentari intel·ligent, anònim, a *Comunidad educativa*, Barcelona, octubre de 1981, pàgs. 22-24.

174. Antoni Munné a «Marià Manent, el coneixement de la poesia», *El País* (22-I-1984) feia un comentari intel·ligent amb un balanç dels quatre llibres darrers del meu pare.

175. Àlex Susanna, «Coleridge y Manent, junto al "viejo marino"», *La Vanguardia*, 15-XII-1983.

176. Vegeu el comentari de Joaquim Aranda a *El Heraldo de Aragón*, Saragossa, 4-VI-1992.

177. L'obra es presentà al Palau Moja, de la Generalitat, al carrer de la Portaferrissa, de Barcelona. Vegeu *Avui* (21-III-1986).

178. També comentaren l'obra Josep Albertí a *Diario de Mallorca*, 31-I-1974 i Àlex Broch a *El Correo Catalán*, 2-V-1974.

179. Joan Triadú, a *Avui*, 27-XII-1987, i Julià Guillamon a *El Temps*, 26-XII-1987, comentaren amb finor l'obra. Cal remarcar el llarg assaig d'Enric Bou, «A propósito de Pedro Salinas y Marià Manent», *Revista de Estudios Hispánicos*, núm. 2, Vassar College, USA, mayo de 1988, pàgs. 63-79.

180. Diversos autors: *Marià Manent*, Institut de Ciències de l'educació de la Universitat de Barcelona, «Col·lecció Quaderns del Finestral», núm. 4, Barcelona 1989.

ÍNDEX ONOMÀSTIC

Abrams, Sam: 201, 210, 213.
Adolf, germà: 38.
Adroher, Enric («Gironella»): 189.
Agelet i Garriga, Jaume: 155, 180, 184.
Agneta (masovera): 129.
Aguilar i Feliu, Antoni: 146, 157, 165.
Aguilar Moré, Ramon: 146.
Agustí d'Hipona, sant: 134.
Agustí, Ignasi: 150.
Alba de Liste, comte d': *vegeu* Viñamata Emmanueli, Lluís August.
Albaigès, Esteve: 13.
Alberich i Iraizoz, Rafael: 125.
Albert i Corp, Esteve: 198.
Alberti, Rafael: 207.
Albó, Núria: 208.
Alcover i Maspons, Joan: 35, 59, 62, 76.
Alcover i Sureda, Antoni Maria: 13.
Aldington, Richard: 120.
Aleixandre, Vicente: 159, 177, 212.
Alfons XIII, rei d'Espanya: 25, 165.
Alfonso i Orfila, Frederic: 144.
Almirall, Valentí: 191, 192.
Alonso, Dámaso: 172.
Altisent, Agustí: 97, 196.
Alzina (pintor): 79.
Ametlla, Claudi: 183
Amiel, Henri Frédéric: 166.
Anaxágoras: 198.
Andreis, Ester de: 146, 158, 159, 197, 206, 208.
Andreis, Giuliana de: 206.
Andreu i Abelló, Josep: 194, 205, 206.
Anglada, Maria Àngels: 208.
Anglada i Vilardebò, Joan: 80.
Anglès, Higini: 197.
Anguera, Pere: 109.
Antoni Maria Claret, sant: 94.
Antònio i Guàrdias, Joan: 33.
Apa, Feliu Elies, *dit*: 104.
Apollinaire, Guillaume: 197.
Aragó, Ricard: 31, 59, 100.
Aragon, Louis: 166.
Aramon i Serra, Ramon: 201.
Aranguren, José Luis L.: 191, 193, 197.

Arcy, P. M. d': 101.
Arderiu, Clementina: 57, 58, 70, 178, 206.
Arderiu, Ramon: 159.
Areilza, José María de: 193, 206.
Arimany, Miquel: 199.
Armangué, Josepa: 208.
Arnold, Matthew: 122.
Arquer i Darder, Armand d': 27, 28, 48, 100, 101, 150.
Artells i Àvila, Carme: 109.
Artells i Vallverdú, Anton: 109.
Artells i Vallverdú, Miquel: 109.
Artells i Vallverdú, Ramon: 109, 161.
Arús, Joan: 31, 36, 50, 54, 58, 59, 62, 76, 89.
Austen, Jane: 166.
Ayné i Rabell, Joan: 55, 57.
Azorín, José Martínez Ruiz, *dit*: 35, 36, 59, 166.

Badia, Conxita: 86, 91, 206.
Badia i Margarit, Antoni: 193.
Badosa, Enric: 179, 182, 191, 200.
Baldelló, Francesc: 38.
Barat, Joan: 158.
Barbarà, Lluís: 165.
Barca, J. de la: 61.
Barclay, F.: 101.
Barnils i Giol, Pere: 35.
Baró, Josep: 35.
Barrera, Jaume: 37, 60, 157.
Barrie, James Matthew: 123.
Bartlett, Josephine: 90, 104.
Basili, germà: 92.
Basili de Rubí, Francesc Malet i Vallhonrat, *dit*: 199.
Batallla, Miquel: 10.
Batista i Roca, Josep Maria: 39, 59, 76, 88.
Batlle i Mestre, Antoni: 31, 33, 35, 36, 47, 48, 59, 68, 81, 97.
Batllori, Miquel: 159, 193.
Baudelaire, Charles: 51.
Beethoven, Ludwig van: 91.

225

Beguin, Albert: 197, 207.
Bell, Aubrey Fritz Gerald: 134, 151.
Belloc, Hilaire: 134.
Bellpuig, Tomàs: 42.
Belshaw, Doris: 157.
Beltran, Lluc: 206.
Benach, Joan Anton: 205.
Benavente, Jacinto: 33.
Benda, Julien: 166.
Benet i Morell, Josep: 191, 193, 194, 197.
Beneyto, Juan: 184.
Benguerel, Xavier: 113.
Bennet, Arnold: 90.
Berdiaev, Nicolai A.: 134.
Berga, Pau: 76, 130.
Bertran, Joan B.: 159, 208.
Bertran i Pijoan, Lluís: 36, 57, 59, 113.
Bertrana, Prudenci: 55, 57.
Betz: 166, 207.
Beyeler (galerista): 167.
Birot, Piere Albert: 50.
Blajot, Jordi: 182.
Blake, William: 38, 104, 112, 169, 170, 205, 207, 208.
Blasi i Vallespinosa, Francesc: 113.
Blyton, Enid: 153.
Bofarull, Jaume: 33.
Bofill i Ferro, Jaume: 64, 65, 69, 74, 75, 85, 87, 90, 91, 92, 93, 94, 95, 107, 112, 125, 129, 130, 133, 134, 158, 160, 165, 172, 180, 183, 195, 204.
Bofill i Mates, Jaume: 9, 35, 36, 37, 51, 55, 58, 60, 65, 69, 70, 85, 87, 88, 89, 103, 118, 122, 129, 155, 157, 208, 212.
Bofill i Mates, Teresa: 129.
Bofill i Pascual, Santiago: 128.
Boileau, Nicolas: 134.
Boix i Raspall, Josep Maria: 138.
Boix i Selva (Joan), Maur M.: 97, 157.
Boix i Selva, Josep Maria: 132, 138, 157.
Bonet, Jocund: 110.
Bonet i Garí, Lluís: 158.
Borbons, els: 146.
Borrassà, Lluís: 167.
Borrat, Maria Montserrat: 142, 143, 144, 145.
Boscà, Joan (Juan Boscán): 156.
Bosch Gimpera, Pere: 191.
Botey, Joan: 21, 26, 27, 34, 47, 59, 93, 107.
Botey, Josep: 21, 26, 27, 34, 59, 88, 93.
Bou, Enric: 114, 115, 189, 210.
Bowra, Cecil Maurice: 197.
Brémond, Henri: 115, 134.
Breton, André: 91.
Brion, Marcel: 106.
Brooke, Rupert: 58, 77, 116, 117.
Browning, E. Barrett: 170.
Bru de Sala i de Valls, Jordi: 153.
Bruguera, Joaquim: 33.

Bruguière de Gorgot, Andrée: 81.
Brunet, Manuel: 57.
Bulart i Rialp, Alexandre: 116.
Bulbena, Glòria: 87.
Busquets, Hilari: 129.
Busquets, les: 39.
Busquets i Grabulosa, Lluís: 187, 207.
Butler, Samuel: 90.
Byron, George Gordon, lord: 134.

Cabot, Just: 30.
Cahner, Max: 206.
Caldera, Rafael: 102.
Calsamiglia, Josep: 132, 155.
Calzado, Borja: 210.
Cambó, Francesc: 34, 109.
Campamà, Joan: 206.
Campamà i Manent, Arnau: 206.
Campbell, Roy: 177.
Camps-Ribera, J.: 168.
Canby, Henry S.: 130.
Canito, Enrique: 170.
Cano, José Luis: 169, 170, 178, 191.
Capdevila i de Balanzó, Josep Maria: 57, 83.
Capdevila i Recasens, Carles: 104.
Capdevila i Rovira, Joan: 38, 49, 51, 57, 59, 60, 62, 75, 76, 77, 87, 88.
Capmany i de Montaner, Ramon de: 40, 104, 139, 150.
Capmany i Farnés, Maria Aurèlia: 200.
Capmany i Farrés, Aureli: 31.
Caravaggio, Michelangelo Merisi, *dit*: 207.
Carbonell i Gener, Josep: 50, 57, 77, 103, 116.
Cardó, Carles: 51, 88.
Cardonnel, Louis de: 36, 46, 77.
Carducci, Giosuè: 61.
Carles II d'Anglaterra: 144.
Carles III, rei d'Espanya: 94, 125.
Carles, germà: 31.
Carmona Ristol, Ángel: 208, 209.
Carner, Anna Maria: 206.
Carner, Josep: 9, 22, 35, 36, 38, 45, 49, 51, 54, 55, 57, 60, 63-66, 69, 72, 75, 76, 84, 85, 86, 87, 88, 90, 97, 103, 104, 114, 115, 117, 123, 172, 175, 181, 182, 185, 192, 201, 202, 203, 207, 208, 212.
Caro Baroja, Julio: 191, 192, 193.
Carreras, Lluís: 157.
Carreras i Artau, Tomàs: 40.
Carrion, Ambrosi: 203.
Carroll, Lewis: 151.
Carselade, Juli: 67.
Casabò, Josep Maria: 47.
Casacuberta i Roger, Josep Maria de: 35, 88.
Casals, Pau: 196
Casanova i Darné, Ramon: 104.
Casanovas, Enric: 46.

Casaponce, Esteve: 76.
Casas de Muller, Josep Maria: 55, 88.
Casas i Amigó, Francesc: 22.
Casas i Homs, Josep Maria: 113.
Casellas, Pere: 108.
Casellas, Raimon: 35.
Caselles, Maria: 164.
Cassadó i Moreu, Gaspar: 91.
Castellano, Pablo: 194.
Castellet, Josep Maria: 191, 198, 200.
Castellet, Pere: 33.
Castillo, Albert del: 171.
Català, Caterina Albert, *coneguda per* Víctor: 76.
Catasús, Trinitat: 57.
Cela, Camilo José: 177, 192.
Cervantes Saavedra, Miguel de: 120, 123, 143.
Cerveto, doctor: 47.
Chantepleure, Guy de: 90.
Chaucer, Geoffrey: 197.
Chesterton, Gilbert Keith: 63, 89, 90, 91, 103, 157, 212.
Chueca Goitia, Fernando: 191, 193.
Ciciri i Pellicer, Alexandre: 194.
Cisa, cosins: 48.
Cisa, Pau (*dit* Cussó*)*: 30.
Cisa i Artells, Agustina: 107, 108, 111, 203.
Cisa i Artells, Carme: 107, 108, 110, 130, 132, 142.
Cisa i Boatella, Josep: 30, 98, 110.
Cisa i Cisa, Josefina: 30, 47, 55, 98.
Cisa i Cisa, Pere: 26, 31, 47.
Cisa i Manent, Francesc: 107.
Cisa i Manent, Joan: 108, 109.
Cisa i Masachs, Pere: 98.
Cisa i Quer, Alberta: 19, 28, 30, 39, 54, 68, 98, 99, 102, 104, 108, 110, 111, 112, 125, 141, 142, 148, 149.
Cisa i Quer, Maria: 18, 19, 20, 28, 30, 31, 55, 104, 110, 141, 148.
Cisco (carboner): 163.
Civera, Joaquim: 38.
Clapés, Antoni: 208, 212.
Clara, santa: 158.
Claudel, Paul: 36, 49, 59, 77, 89, 166.
Climent, Josep: 206.
Closas, Antoni: 21, 25.
Coleridge, Samuel Taylor: 49, 64, 90, 134, 168, 210.
Coll, Juli: 173.
Coll i Alentorn, Miquel: 198.
Collell, Jaume: 37, 55.
Colom, Guillem: 76.
Colson (pintor): 145.
Comas, Antoni: 200, 209.
Comillas, Claudi López i Bru, marquès de: 38.
Comorera, Joan: 138.
Companys i Jové, Lluís: 125.
Congar, Yves: 207.
Conrad, Joseph: 90.

Constantí I, *dit* el Gran, emperador: 22.
Contijoch i Manent, Àlex: 187.
Contijoch i Manent, Mariona: 187.
Contijoch i Manent, Mònica: 187.
Contijoch i Mestres, Agustí: 15, 187.
Conxita (tarragonina): 33, 39.
Coromines, Joan: 14.
Corredor, Josep Maria: 186.
Cortès i Vidal, Joan: 171.
Costa i Llobera, Miquel: 24, 36, 59, 62, 76, 175.
Costa i Carrera, Francesc: 91.
Costa, Joaquín: 186.
Costa del Río, Diego: 165.
Costafreda, Alfons: 178.
Crexells, Joan: 46, 51.
Cromwell, Oliver: 101, 134.
Crusat, Paulina: 170, 178, 181, 183, 188, 199, 201.
Cruzet, Josep Maria: 150, 156, 172, 174, 180, 181, 184, 200, 209.
Curell, Ramon de (pseud.): *vegeu* Sastre, Ramon.
Curtius, Ernst Robert: 134.

Dant Alighieri: 35, 52, 86.
Darío, Félix Rubén García Sarmiento, *dit* Rubén: 35, 91.
Daudet, Alphonse: 166.
Davies, W. H.: 105.
Debussy, Claude-Achille: 91.
Delafield, F. M.: 130.
Desclot, Miquel: 212.
Despujol de Ventosa, senyora: 85.
Díaz-Plaja, Guillem: 155, 159.
Dickens, Charles: 36, 120.
Dickinson, Emily: 182, 190, 205, 209.
Diego, Gerardo: 19.
Díez-Canedo, Enrique: 81, 143.
Disraeli, Benjamin: 134.
Dolç, Miquel: 166, 179, 181, 199.
Domènech: 42.
Domingo, Frederic: 23.
Domingo, Marcel·lí: 42.
Domingo i Segura, Francesc: 69, 104.
Donne, John: 120.
Draper i Fossas, Joan: 54, 56, 62, 76, 104.
Du Bos, Charles: 134.
Duhamel, Georges: 89, 170.
Duque, Aquilino: 186.
Duran, Eulàlia: 206.
Duran i Sanpere, Agustí: 132, 149.

Eduard, germà: 35.
Elias, Feliu: 130.
Eliot, T. S.: 124, 130, 134, 166, 174.
Elliot, John: 180.
Éluard, Paul: 197.
Emmanuel, Pierre: 193.
Engels, Friedrich: 134.

Entrambasaguas, Joaquín de: 156.
Escandón, Blanca: 159.
Esclasans, Agustí: 46, 90.
Espona, Santiago: 166.
Espriu, Salvador: 184, 202.
Esquerra, Ramon: 120, 132.
Estanislau, germà: 37.
Estelrich, Joan: 90, 154, 156, 159, 160.
Evangelista de Montagut, Esteve Blanch i Busquets, *dit*: 68, 83, 97, 157.
Evans, Lawrence J.: 207.

Fabra, Josep Maria: 208.
Fabra, Pompeu: 124, 141.
Fabra-Ribas, Antoni: 131.
Fabre, Jaume: 207.
Fabregat, Rosa: 208.
Fages de Climent, Carles: 87, 88, 89, 127.
Farran i Mayoral, Josep: 59, 60, 62, 80, 130.
Faulí, Josep: 199.
Fenelon, François de Salignac de la Mothe: 166.
Fernández Almagro, Melchor: 182, 183, 191.
Ferrà, Miquel: 55, 76.
Ferraté, Amadeu: 110.
Ferrer, Ignasi: 56.
Ferrer-Vidal, Alícia: 104.
Figuerola, Joaquim: 133.
Foix, Josep Vicenç: 9, 37, 46, 59, 77, 88, 97, 103, 116, 120, 123, 124, 127, 140, 155, 178, 183.
Folch, Maria Dolors: 211.
Folch i Camarasa, Ramon: 9.
Folch i Torres, Joaquim: 157.
Folch i Torres, Josep Maria: 9, 32.
Folch i Torres, Manuel: 52, 56.
Folguera, Joaquim: 37, 46, 51, 57, 59, 61, 83, 86, 116, 118, 172, 173.
Fonseca, Manuel: 153.
Font, Melcior: 87, 88, 104, 126.
Font i Casas, Josep Antoni: 38, 49, 51, 57, 59, 61, 62, 76, 77.
Fontfreda, Francesc: 51, 76, 77.
Fontserè, Carles: 206.
Fornells, Benet: 129.
Fornells, Gaietà: 129.
Forteza, Miquel: 76
Fraga Iribarne, Manuel: 192.
Francesc d'Assís, sant: 81, 88, 103, 163, 197.
Franco Bahamonde, Francisco: 137, 139, 154, 160, 170, 182, 205.
Franquesa i Gomis, Josep: 56.
Frison-Roche, R.: 151.
Fuster, Joan: 179, 181, 187, 191, 192, 197, 200.

Galindo, Eloy: 153.
Galinsoga, Luis de: 183.

Galofré, Maria Teresa: 165.
Galsworthy, John: 90.
Galwey, Enric: 31.
Gallart i Monés, Francesc: 92.
Garagori, Paulino: 192.
Garcés, Carme: 189.
Garcés, Tomàs: 19, 62, 72, 84, 87, 88, 101, 103, 104, 105, 114, 124, 155, 170, 178, 180, 183, 185, 186, 207.
García Lorca, Federico: 123, 124.
Gargallo, Pierrette: 209.
Garney, Lluís: 144.
Garriga, Alfred: 17, 47.
Garriga, Àngel: 54.
Garriga, cosins: 47, 48.
Garriga, família: 75.
Garriga, Lutgarda: 57.
Garriga i Boixader, Ramon: 39, 97, 156.
Garriga i Manent, Alfred: 17.
Garriga i Manent, Anton: 17, 30, 46.
Garriga i Manent, Carme: 17, 30, 110, 140.
Garriga i Manent, Marià: 17, 30.
Garriga i Manent, Pau: 17, 30.
Gasch, Sebastià: 21.
Gaspar, Mercè: 110.
Gassó i Carbonell, Francesc: 48, 158.
Gassó i Carbonell, Lluís: 158.
Gassol i Rovira, Bonaventura: 35, 57, 75, 86, 87, 97, 101, 126, 206.
Gautier, Théophile: 38.
Gayà, Miquel: 188, 199.
Gebellí, Jordi: 208.
Geis, Camil: 164.
Gerhard, Robert: 31.
Gide, André: 90, 120, 134.
Gil-Robles y Quiñones, José María: 189, 190.
Gilet: 166.
Gili i Esteve, Gustau: 183.
Gili i Roig, Gustau: 157, 168.
Gili i Serra, Joan: 124, 166, 174, 197.
Gimeno, Francesc: 167.
Gimferrer, Pere: 114, 120, 198, 209, 211.
Giral d'Arquer, Manuel: 35, 36, 38, 49, 50, 53, 59, 62, 73, 77, 85, 118.
Giral d'Arquer, Maria: 85.
Giralt-Miracle, Ricard: 213.
Giraudoux, Jean: 76
Girona, Josep Maria: 35, 37, 48, 56, 62, 76, 157.
Glanadell, Francesc: 61.
Goethe, Johann Wolfgang: 123.
Gomis i Sanahuja, Joan: 183.
Gomis i Sanahuja, Llorenç: 178, 191, 192, 208.
Góngora, Luis de: 166.
Goya Lucientes, Francisco: 212.
Goytisolo, José Agustín: 200.
Gracian, August: 110.
Grahame, Kenneth: 151.
Granados, Joan: 168.

Granger i París, Josep: 24, 38.
Graugés i Camprodon, Felip: 35, 55, 58, 59, 76, 133, 154, 156, 157, 158, 206, 208.
Greco, Doménikos Theotokópoulos, *dit* el: 167.
Green, Julien: 207
Grey, Zane: 101.
Gual, família: 75.
Guansé i Salesas, Domènec: 53, 106.
Guardiola, Carles Jordi: 172.
Guardiola i Grau, Josep: 109, 148.
Guarro, família: 75.
Guarro, Maria: 87.
Guasch, Joan Maria: 55, 116, 142, 156.
Gudiol i Cunill, Josep: 56.
Guillamet, Jaume: 204.
Guillem II de Prússia, emperador: 42.
Guimerà, Àngel: 33.
Guitton, Jean: 197.
Guix, família: 131.
Gutiérrez, Fernando: 169, 172.
Gutiérrez-Gili, Joan: 87, 132.

Haggard, Rider: 90.
Hardy, Thomas: 90.
Hazard, Paul: 151.
Heidegger, Martin: 212.
Herder, Johann Gottfried von: 88.
Hergé, Georges Rémi, *dit*: 153.
Homer: 52, 90.
Horaci: 32, 105.
Hugo, Victor: 212.
Hugué, Manolo: 45.
Huguet, Jaume: 75.
Huguet, Oleguer: 164.
Huidobro, Vicente: 50.
Huizinga, Johan: 166.
Hurtado, Adela: 93.
Hurtado, Amadeu: 93.
Hurtado, Víctor: 189, 190.

Iglésies i Fort, Josep: 13, 158.
Iglésies i Izard, Josep: 55.
Iglésies i Pujades, Ignasi: 33, 57.
Ignasi de Loiola, sant: 212.
Inglada i Sallent, Pere: 104.
Irujo, Manuel: 190.
Isern i Arnau, Antoni:
Isern i Dalmau, Eusebi: 50, 59, 76.
Ivern i Salvó, Josep: 59.

Jacques (company de cacera): 26.
Jammes, Francis: 36, 53, 62, 77, 115, 133, 143, 212.
Janés, Josep: 123, 151, 168, 171.
Jaquetti, Palmira: 158, 159.
Jaume (masover): 129.
Jaumet de can Vergés (company de cacera): *vegeu* Xarrié, Jaume.

Jeremias, Pepeta: 31.
Jiménez, Juan Ramón: 36, 50, 59, 124.
Joan de la Creu, sant: 150, 190.
Joan de Joanes: 167.
Joergensen: 123.
Joffre, Joseph: 103.
Jordana i Mayans, Cèsar August: 104.
Joubert: 212.
Joyce, James: 120, 122.
Junoy i Muns, Josep Maria: 46, 104, 130, 155.
Junyent, Albert: 203.
Junyer i Vidal, Carles: 166.
Junyer i Vidal, Sebastià: 166.

Kant, Immanuel: 35.
Keats, John: 21, 45, 49, 53, 60, 62, 68, 70, 73, 79, 80, 81, 82, 116, 118, 168, 210.
Ker, W. P.: 120, 122, 134, 197.
Keyserling, Hermann: 159.
Khayam, Omar: 150.
Kipling, Rudyard: 36, 49, 63, 79, 84, 85, 89, 151, 172.
Klee, Paul: 212.
Kramer (galerista): 167.
Kurimoto, Toyo: 145.

La Fontaine, Jean de: 21.
Laguia LLiteras, Joan: 102.
Laín Entralgo, Pedro: 177, 191, 193.
Lamarca, Tomàs: 132, 157.
Landowska, Wanda: 91.
Lang: 144.
Langdon-Davies, John: 15, 73, 104, 105, 130, 133, 167, 185.
Langdon-Davies, Constance: 105.
Lapesa, Rafael: 193.
Larra, Mariano José de: 143.
Lavalette: 144.
Lawrence, D. H.: 120, 122.
Lefebvre, Henri: 207.
Lehmann, Rosamond: 120, 151.
Lenin, Vladímir Ilic Uliànov, *dit*: 90, 134.
Lenôtre, Georges: 144.
León, fray Luis de: 24, 166.
Leopardi, Giacomo: 212.
Leveroni, Rosa: 183.
Ley, Charles David: 169, 171.
Limat i Manent, Annick: 194.
Limat i Manent, Caroline: 194.
Limat i Manent, Denis: 194.
Limat i Manent, Dominique: 194, 195.
Liost, Guerau de (pseud.): *vegeu* Bofill i Mates, Jaume.
Liszt, Franz: 91.
Llacuna i Carbonell, Joan: 188.
Llangort, Josep: 56.
Llates, Rossend: 49, 50, 57, 64, 73, 74, 77, 87, 88, 181.

Lleal Coloma: 42.
Lleó, germà: 31, 34, 37, 48, 92.
Lleonart, Josep: 55, 60, 80, 83, 84, 88, 90, 130, 134.
Llimona, Mercè: 150.
Llongueres, Jaume: 75, 87.
Llopis, Rodolfo: 189.
Llorach, Isabel: 85, 87.
Llorens i Artigas, Josep: 77.
Llorente, Teodor: 31.
Lluch (amic del pare del biografiat): 48.
Llull, Ramon: 36, 151.
London, Jack: 90.
López, Manuel: 194.
López-Picó, Josep Maria: 19, 35, 36, 38, 45, 46, 52, 55, 57, 59, 60, 61, 62, 76, 79, 82, 88, 103, 116, 118, 119, 130, 155, 156, 172.
López Salinas, Armando: 194.
Lotte: 95.
Lowell, James Russell: 203

MacLeish, Archibald: 120, 130, 205, 209.
Macy, George: 123, 130.
Madariaga, Salvador de: 90, 189.
Mainou, Robert: 88.
Maistre, Joseph de: 90.
Maluquer (de la revista *El Camí*): 48.
Mallarmé, Stéphane: 90.
Manent, Antoni: 13.
Manent, Arnau: 13.
Manent, Bartomeu: 13.
Manent, Salvador: 13.
Manent, els: 13, 14, 15, 16, 29, 30, 31, 33, 39, 126, 137.
Manent i Abril, Pau: 15, 16.
Manent i Cisa, Marià (avi del biografiat): 18.
Manent i Comas, Marià: 19.
Manent i Maristany, Josepa: 16.
Manent i Maristany, Marcel: 16.
Manent i Maristany, Rita: 16.
Manent i Martí, Pau: 14.
Manent i Pla, Josep: 16, 18.
Manent i Pla, Marià: 16, 17, 18, 20, 31, 46, 47, 48, 55.
Manent i Pla, Paquita: 17, 31, 47, 54, 110, 125, 140.
Manent i Vilamala, Josep: 14.
Manent i Segimon, Josefina: 10, 15, 147, 174, 206.
Manent i Segimon, Maria: 10, 125, 174, 194.
Manent i Segimon, Roser: 10, 15, 17, 112, 141, 145, 146, 147, 155, 165, 174, 187.
Manent i Tomàs, Jordi: 204.
Manent i Tomàs, Lluís: 204.
Manent i Tomàs, Oriol: 204.
Mann, Thomas: 124.

Manyà, Joan B.: 42.
Maquiavel, Niccolò Machiavelli, *dit*: 69, 134.
Maragall, família: 75.
Maragall, Joan: 9, 35, 36, 61, 64, 86, 197, 203, 204.
Maragall i Noble, Ernest: 75, 208, 212.
Maragall i Noble, Gabriel: 9.
Maragall i Noble, Jordi: 159.
Maravall, Juan Antonio: 191.
March, Jordi (pseud.): *vegeu* Riba, Carles.
Marcial: 166.
Marco, Joaquim: 199, 201.
Marco, Santiago: 148.
Mare, Walter de la: 90, 112, 120, 134, 162.
Marías, Julián: 191, 193.
Marichalar, Antonio: 156.
Marinetti, Filippo Tommaso: 124.
Maristany, Carles: 150.
Maristany i Maristany, Rita: 16.
Maritain, Jacques: 134, 183, 186, 189, 190, 197, 212.
Marlet i Saret, Ricard: 87, 102, 104, 105.
Marsà, Àngel: 180.
Martí i Bas, Montserrat: 156.
Martí i Messeguer, Carles: 206.
Martí i Monteys, J.: 52, 57.
Martí i Peydró, Pere: 54.
Martí i Rodés, Joaquim: 156, 158.
Martí Zaro, Pablo: 191.
Martínez Barbeito, Carlos: 180, 197.
Martínez Ferrando, Ernest: 132.
Martínez Martínez, Virgínia: 14.
Martorell, Bernat: 167.
Marx, Karl: 134.
Mas, Josep: 34.
Mas i Oliver (bisbe): 104.
Maseres, Alfons: 116.
Masó i Valentí, Rafael: 75.
Masoliver, Joan Ramon: 156, 171, 179.
Massachs, Maria: 31.
Massó de Casas, Aurora: 87.
Massó i Ventós, Josep: 55.
Matheu, Francesc: 9, 37.
Matheu, Roser: 9.
Matisse, Henri: 212.
Maupassant, Guy de: 91.
Mauriac, François: 90, 134.
Maurois, André: 134.
Maurras, Charles: 90, 155.
Medina-Sidonia, duquessa de: 193.
Meifrèn, Carolina: 93.
Melo, Francisco Manuel de: 166.
Mendizábal, Alfredo: 186.
Merleau Ponty, Maurice: 197.
Merli, Joan: 103.
Mestre i Noè, Francesc: 116.
Mestres, Apel·les: 88, 196.
Metge, Bernat: 38.
Meynell, Alice: 90.

Mialet, Pere: 113.
Milà i Camps, Pere: 110, 138, 147.
Millàs-Raurell, Josep Maria: 37, 46, 77, 87, 123, 131.
Milton, John: 157.
Miquel d'Esplugues, Pere Campreciós i Bosch, *dit*: 97, 116.
Miquel i Planas, Ramon: 57, 208.
Miquel i Vergés, Josep Maria: 123.
Mir, Joaquim: 31, 110, 126, 167, 195, 212.
Mir i Deulofeu, Enric: 158.
Mirambell, Joan: 132.
Miró, Gabriel: 143, 166.
Miró, Joan: 168, 197, 212.
Mirsky, D. S.: 101.
Mistral, Frederic: 35, 124, 198.
Moeller, Charles: 197.
Molas, Joaquim: 181, 192, 198, 211.
Moles, Josep: 56.
Molho, Maurice: 159, 168.
Molière, Jean-Baptiste Poquelin, *dit*: 72.
Moll, Francesc de B.: 13, 14.
Mompou, Frederic: 91.
Mondrian, Piet: 212.
Monjo, Enric: 157.
Montaigne, Michel Eyquem, senyor de: 86.
Montaner, Joaquim: 86.
Montes, Eugenio: 156.
Monteverdi, Claudio: 159
Montoliu, Manuel de: 88, 106, 113, 118, 121, 140, 155.
Montserdà, Dolors: 76.
Montserrat i Cabré, Eduard: 150.
Mora, Evarist: 144, 150.
Moragas i Barret, Francesc: 40, 41, 42, 48, 99, 100, 101.
Morales, Rafael: 177.
Moréas, Jean: 68, 90, 105.
Morera i Galícia, Magí: 35, 86.
Morlius, Remei: 55.
Mostaza, Bartolomé: 191.
Moulnier, T.: 166.
Mounier, Emmanuel: 186.
Mozart, Wolfgang Amadeus: 91.
Muntanyola, Ramon: 206.
Muñoz (bisbe de Vic): 41.
Muñoz, Ildefons: 33.
Muñoz Millanes, José: 69, 201, 211, 212.
Muñoz Seca, Pedro: 33.
Mussolini, Benito: 160.
Mussons, Joan: 38, 39.

Nadal, Eugeni: 156, 159.
Nadal, Santiago: 200.
Napoleó I Bonaparte: 144.
Narro, Josep: 102, 154, 173.
Nartop: 35.
Navarro, Anton: 35, 37.
Nazariantz (poeta armeni): 90.

Nebreda, José María: 154.
Negre i Balet, Raimon: 50.
Nicolau d'Olwer, Lluís: 35, 36, 46.
Niell Manent, Arcadio: 16.
Niell Manent, Graciela: 16.
Niell Manent, José: 16.
Niell i Pagès, Josep: 16.
Nogueras i Oller, Rafael: 57.
Nogués i Casas, Xavier: 70, 104.
Nolde, Boris: 90.
Nonell, Isidre: 167.
«Norbert»: 60.
Noulet, Emilie: 202, 207.

Obiols, Joan Prat i Esteve, *dit* Armand: 46, 104, 106.
Obiols i Palau, Josep: 104, 125, 212.
Oliva i Sedó, Laura: 167.
Oliva i Segimon, Pere: 167.
Olivé Busquets, D.: 171.
Oliver, Maria Antònia: 207.
Oller, Narcís: 76.
Omar i Barrera, Claudi: 54.
Ors, Eugeni d': 23, 34, 35, 36, 37, 45, 48, 51, 53, 54, 59, 62, 66-68, 79, 80, 81, 110, 111, 141, 155, 156.
Ors, Lluïsa: 93.
Ortega Costa, Juan: 186.
Ortega y Gasset, José: 90, 91, 166, 192.
Ortega Spottorno, José: 192.
Ossa, Carmen de: 64.
Ossan, Cristiana: 166.
Ovsenko, Antonov: 131.

Palau, Francisco: 56.
Palau-Fabre, Josep: 132, 153, 155, 156, 170, 175, 187, 207.
Palla, Lluís: 162.
Parcerissas, Francesc: 210, 213.
Pardo, José: 172.
Paré, Josep: 83, 187, 212.
Parellada, Dídac: 213.
Parellada de Ferrer Vidal, Maria: 85, 86.
Partella, Berenguer: 13.
Pascal, Blaise: 36, 91.
Pascual, María: 110.
Pasternak, Boris: 182.
Pater, Walter: 134.
Patxot i Jubert, Rafael: 88, 186.
Pedreira, Josep: 172.
Péguy, Charles: 36, 76, 77, 89, 90, 134, 197.
Peix, Teresa: 22.
Pelegrí, Josep Climent i Català, *conegut per* Josep: 162, 206.
Pepet de cal Ballador (company de cacera): 26.
Pepito de can Pumàs (company de cacera): 26.
Pepito de can Pere Bord (company de cacera): 26.

Perdigó, Manuel: 166.
Pere, germà: 48.
Pere del Figueral: 27.
Pérez Alfonseca: 131, 145.
Pérez-Jorba, Joan: 50, 77.
Pérez de Olaguer, Antonio: 102.
Pérez de Olaguer, Gonzalo: 157.
Pérez-Peix (esposa d'Eugeni d'Ors): 66.
Pérez-Peix (sogre d'Eugeni d'Ors): 66.
Pérez-Peix, Álvaro: 48, 68, 110.
Pérez-Peix, Fernando: 48.
Pérez-Peix, Teresita (sogra d'Eugeni d'Ors): 67, 111, 141.
Pérez Villanueva, Joaquín: 177.
Pérez Viñeta, Alfonso: 198.
Pergolesi, Giovanni Battista: 159
Perico de can Buixó (company de cacera): 26.
Permanyer, Ricard: 158, 178.
Perramon, Domènec: 113.
Perucho, Joan: 178.
Piaget, Jean: 197.
Picasso, Pablo R.: 166, 167, 168, 212.
Pijiula: 147.
Pitollet, Camille: 81.
Pius X, papa: 34.
Pla, Jaume: 206, 208, 212.
Pla, Josep: 50, 73, 76, 101, 104, 141, 154, 185, 205, 206.
Pla, Lluís G.: 55.
Pla i Arxé, Ramon: 121, 122, 200, 213.
Pla i Manent, Anton: 16, 17, 30.
Pla i Rosés, Walda: 17.
Plana, Alexandre: 36, 37, 51, 57, 59, 62, 73.
Plató: 134.
Poe, Edgar Allan: 36, 90.
Pollock, Jackson: 212.
Pons, Agustí: 207.
Pons, Josep Sebastià: 46, 180, 184, 198, 203, 212.
Pons i Freixa, doctor: 146.
Pons i Marquès, Joan: 57.
Pons i Navarro, Francesc: 146.
Porcel, Baltasar: 204.
Porter, Josep: 173.
Pound, Ezra: 212.
Pous i Pagès, Josep: 126, 132.
Prat, Francesc: 208, 212.
Prat de la Riba, Enric: 68.
Prat i Ballester, Jordi: 189.
Prats, Enric: 164.
Praz, Mario: 190.
Press, John: 197.
Priestley, J. B.: 130.
Primo de Rivera y Orbaneja, Miguel: 86, 103, 118.
Proust, Marcel: 91, 93, 120.
Psichari, Ernest: 90.
Pugès, Josep: 84.
Puig i Cadafalch, Josep: 56, 86, 94, 97, 156, 171.
Puig i Llensa, Pere: 208.

Puig-Palau, Albert: 167.
Pujol (caçador): 28.
Pujol i Casademont, Pere: 56, 77, 97, 157.
Pujol i Soley, Jordi: 152, 183, 193.
Puntí i Cullell, Joan: 37, 38, 48, 59, 60, 62, 97, 150.

Quart, Joan Oliver, *dit* Pere: 38, 184.
Quer i Sagristà, Isidre: 18, 66, 98.
Queralt i Clapés, Josep: 99.
Quevedo y Villegas, Francisco de: 166.

Racine, Jean: 36, 54, 134.
Rackham, Arthur: 123.
Ràfols-Casamada, Albert: 212.
Rahola i Trèmols, Frederic: 54.
Raine, Katheleen: 182.
Ramoneda, Josep: 208, 212.
Ramos, Demetrio: 183, 184.
Ramuz, Charles Ferdinand: 197.
Raventós i Domènec, Jaume: 56.
Raventós i Giralt, Josep: 197, 206.
Read, Herbert: 119, 120.
Redosinda (minyona): 127.
Reig i Codolar: 62.
Reventós i Carner, Joan: 193.
Revérdy, Pierre: 50.
Riba, Carles: 9, 36, 46, 50, 51, 53, 57, 58, 62, 63, 68, 70, 79, 81, 83, 87, 88, 97, 104, 114, 117, 118, 119, 124, 125, 130, 132, 134, 141, 142, 158, 159, 170, 172, 173, 177, 178, 182, 183, 184, 195, 203, 206.
Riber, Llorenç: 35, 38, 54, 55, 59, 76.
Ribot, Pere: 155, 184.
Ricart i Nin, Enric Cristòfor: 104, 112, 143, 154, 212.
Ridruejo, Dionisio: 158, 159, 177, 178, 189, 190, 191, 192, 193, 194, 197, 206, 212.
Riera, Genar: 26.
Riera, Pau: 201.
Riera i Bertran, Joaquim: 57.
Rifà i Anglada, J.: 88.
Rilke, Rainer Maria: 67, 87, 88, 112, 115, 120, 134, 154, 157, 166, 187, 189, 190, 203, 207, 212 .
Rimbaud, Arthur: 134.
Riquer i Morera, Martí de: 9, 123, 155, 159, 160, 168.
Riquer i Palau, Emili de: 9.
Riquer, els: 9.
Riu i Dalmau, Fidel: 38, 41, 50, 54, 59, 62, 81.
Robinet de Cléry: 186.
Rocamora, Pedro: 172.
Roda, Frederic: 207.
Rodés, Manuel: 57.
Rodríguez i Codolà, Manuel: 56.
Roig, Montserrat: 207.

Roig i Llop, Tomàs: 57.
Roig i Raventós, Josep: 147.
Romain, Jules: 46, 89.
Romanones, Álvaro de Figueroa, comte de: 34.
Romeu, Josep: 156, 170.
Ronsard, Pierre de: 36, 134.
Ros, el (company de cacera): 26.
Ros, Fèlix: 150.
Rosales, Luis: 177.
Roser, Montserrat: 116.
Rosés, Ubalda: 17.
Roset i Brangarí, Manuel: 101.
Roset i Brangarí, Ramon: 100, 102, 149.
Roset i Salabert, Josep: 27, 28, 40, 92, 100, 101, 102, 107, 138, 149.
Roset (de la revista *El Camí*): 48.
Rossell, Camil: 59.
Rosselló, Joan: 13.
Rosselló-Pòrcel, Bartomeu: 132, 135, 170, 212.
Rossetti, Dante Gabriel: 82.
Rouquette, Pierre: 62, 142.
Rousseau, Theodor: 167.
Rousseaux: 166.
Roussolet: 197.
Rovira i Artigues, Josep Maria: 21, 106.
Rovira i Virgili, Antoni: 36, 54, 106.
Rubió i Balaguer, Jordi: 81, 140, 159, 171, 184, 193.
Rubió i Tudurí, Nicolau Maria: 26, 62.
Rubió i Tudurí, Santiago: 208.
Ruibal: 48.
Ruiz-Giménez Cortés, Joaquín: 177.
Ruiz-Manent, Jaume: 157, 183.
Rupert Maria de Manresa, Ramon Badia i Mullet, *dit*: 97.
Rusiñol, Santiago: 9, 167.
Rusiñol de Planàs, Maria: 9, 85.
Ruyra, Joaquim: 31, 36, 38, 52-54, 55, 56, 58, 59, 61, 62, 76, 77, 79, 130, 140, 172, 212.

Saavedra, Anna Maria de: 87.
Sagarra, Josep Maria de: 33, 35, 36, 41, 46, 55, 57, 60, 71, 72, 73, 97, 155, 159, 175, 184, 195.
Sagristà, Pep: 26.
Sainte-Beuve, Charles Augustin: 134.
Sala de Fornells, Benita: 129.
Salinas, Pedro: 124.
Saltor, Octavi: 87, 180.
Salvà, Maria Antònia: 38.
Salvador (de la revista *El Camí*): 48.
Salvat-Papasseit, Joan: 19, 71, 72, 77, 88, 118, 175.
Sanabre i Sanromà, Josep: 97, 133, 189.
Sánchez Cotán, Juan: 167.
Sànchez-Juan, Sebastià: 110, 130, 156, 164, 187.

Sans i Cardona, Anton: 195.
Santos, Félix: 194.
Santos Torroella, Rafael: 177, 178.
Saperas, Miquel: 158.
Saragoza, Gaspar: 56.
Sardà i Dexeus, Joan: 193.
Sartre, Jean-Paul: 197.
Sastre, Ramon: 50, 76, 77.
Sauer, Emil von: 91.
Scheler, Max: 134.
Schendel, Robert van: 190.
Schubert, Franz: 91.
Scott, Walter: 150.
Sécondaire, germà: 21.
Segimon i Artells, Domènec: 109, 110, 125, 131, 134, 140, 141, 148, 161, 185, 206.
Segimon i Artells, «tia Rosario»: 108, 110, 131, 138, 148, 195.
Segimon i Cisa, Anton: 110.
Segimon i Cisa, Domingo: 29, 110, 134.
Segimon i Cisa, Josefina: 10, 91, 107, 108, 110, 111, 112, 123, 131, 139, 141, 144, 150, 164.
Segimon i Cisa, Josep Maria: 110, 126.
Segimon i Cisa, Magdalena: 111, 144.
Segimon i Cisa, Maria: 108.
Segimon i Cisa, Pere: 108.
Segimon i Cisa, Roser: 107, 110, 138, 141, 148.
Segimon i Freixa, Domingo: 108.
Segimon i Freixa, Pere: 108, 161.
Segimon, els: 109.
Segura (escultor): 158.
Sempere, Màrius: 203.
Senesteva, Josep: 172.
Senillosa, Antoni de: 189, 206.
Sentís, canonges: 164.
Serpa: 177.
Serra, Fermí: 26.
Serra, Josep: 185.
Serra, Joan: 208.
Serra-Hunter, Jaume: 116.
Serra i Buxó, Eudald: 38, 150.
Serra i Vilaró, Josep: 97, 141.
Serrahima, família: 75.
Serrahima i Bofill, Maurici: 9, 97, 192.
Serrahima i Palà, Maurici: 9.
Sertillanges, Antonin Dalmace: 90.
Shakespeare, William: 35, 52, 90, 112, 134, 156, 207.
Shaw, George Bernard: 91.
Shelley, Percy Bysshe: 49, 73, 90, 116, 150, 169, 171.
Sitjà i Pineda, Francesc: 85, 189.
Sitwell, S.: 134.
Sòfocles: 36.
Solà, Lluís: 100.
Solà i Sellarès, Maria: 130.
Solà de Cañizares, Felip: 143, 144.
Soldevila i Zubiburu, Carles: 36, 57, 58, 85, 87, 104, 141, 159.
Soldevila i Zubiburu, Ferran: 35, 125.

233

Solé i Sabaté, Josep Maria: 125.
Solervicens, Joan B.: 179.
Southeuy, Robert: 168.
Spender, Stephen: 124, 130, 134.
Spengler, Oswald: 91.
Starkie, Walter: 171.
Stein, Gertrude: 120.
Suero, Manuel: 135.
Sunyer i Clarà, Ramon: 85, 87, 92, 110, 156, 157, 195.
Suñol, Cèlia: 133.
Supervielle, Jules: 124, 131.
Surinyac, família: 75.
Susanna, Alex: 114, 189, 207, 208, 209, 210, 212, 213.

Taborga, Benjamín: 76.
Tagore, Rabindranâth: 36, 90.
Tàpies, Antoni: 168, 207, 212.
Tarradell, Miquel: 170.
Tasis, Rafael: 188, 189, 190.
Tate, Allen: 130.
Teixidor i Comes, Joan: 120, 121, 123, 124, 132, 151, 154, 159, 169, 172, 183, 199, 200, 201, 211, 212.
Tennyson, Alfred: 38.
Teòcrit: 69.
Teresa d'Àvila, santa: 35.
Tereseta de can Pere Xic: 33.
Teshendorff, Marta: 95, 112.
Texeira de Pascoes: 67.
Teyà, Consol: 143, 144.
Tharaud, Jean: 151.
Tharaud, Jerôme: 151.
Thibaudet, Albert: 166.
Thomas, Dylan: 171, 190, 205, 208.
Thompson, Francis: 88, 118, 168.
Tierno Galván, Enrique: 191, 192, 193.
Tobella, Rafael: 49, 51, 59, 62, 77, 87.
Toda, Eduard: 167.
Tolstoi, Liev Nikolaievic: 212.
Tomàs i Roig, Teresa: 203, 204
Tomasa, Eudald: 121.
Torné i Esquius, Pere: 104.
Torner, Carles: 208, 212.
Torra, Anna Maria: 183.
Torras i Bages, Josep: 34, 68.
Torrell, Salvador: 113.
Torrents, Antoni: 50, 57, 62.
Torres, Jaume: 31.
Tovar, Antonio: 191, 203.
Toynbee, Arnold J.: 166.
Travers, P. L.: 151.
Traversi, Derek: 170, 194.
Trend, J. B.: 81.
Trens, Manuel: 157.
Triadú, Joan: 121, 170, 178, 181, 184, 188, 213.
Trotskij, Lev: 109.
Trueta, Josep: 174
Tura, Joana Maria: 31, 32, 92, 93, 96.
Tura, Miquel: 75.

Turull, Toni: 209.
Tusell, Xavier: 65.

Ubach, doctor: 46, 47.
Unamuno, Miguel de: 180.
Ungaretti, Giuseppe: 159, 177.
Urgell, Modest: 24, 27, 31.
Uriach, Joan: 21.
Urruela, Josep Lluís d': 189.
Utrillo i Vidal, Miquel (junior): 141.

Valente, Ángel: 186.
Valera, Juan: 143.
Valeri, Lluís: 38, 55.
Valéry, Paul: 90, 207, 212.
Vall i Perdigó, Josep Maria: 145, 166.
Valle Inclán, Ramón del: 35.
Vallery-Radot, Robert: 36, 46, 59.
Vallès i Vidal, Emili: 35.
Valls i Taberner, Ferran: 138.
Vallverdú, Francesc: 192.
Valverde, José María: 170.
Vancells, Antoni: 150, 159.
Vandellòs, J. A.: 49, 50.
Vandercammen, Edmond: 177.
Vargas Tamayo, José: 175.
Vayreda, Francesc: 57.
Vega Carpio, Félix Lope de: 143, 144, 166.
Velázquez, Diego: 167.
Ventosa i Calvell, Joan: 48, 100.
Ventura, Pere: 62, 99.
Verdaguer, Jacint: 22, 23, 35, 55, 67, 76, 115, 174, 184.
Verlaine, Paul: 36.
Verrié, Frederic-Pau: 153, 170, 172.
Viadé, Octavi: 56.
Vidal i Jové, J. F.: 50.
Vidal Salvó, Joan: 50.
Vila, Juli: 100.
Vila, Teclita: 93.
Vilanova (amo del Mas de l'Anguera): 164.
Vilanova, Antoni: 179.
Vilardell i Permanyer, Jacint: 91, 146.
Vilàs, Darius: 58.
Vilaseca, germanes: 30, 55.
Vilaseca-Roca, família: 194.
Vildrac, Charles: 90, 105.
Villán, Javier: 205.
Villangòmez, Marià: 208, 212.
Villarroya, Joan: 125.
Villon, François: 134, 166.
Viñals i Iglésias, Josep: 14.
Viñamata Emmanueli, Lluís August (comte d'Alba de Liste): 198.
Vinyeta, Ramon: 164.
Vinyoli, Joan: 132, 154, 159, 197.
Virgili: 52, 69.
Vives i Tutó, Josep de Calassanç: 34.

Voltaire, François Marie Arouet, *dit*: 123.
Vossler, Karl: 121, 166.

Waley, Artur: 104.
Walpole, Hug: 130.
Wang Wei: 211.
Webb, Mary: 120.
Weber, Carl Maria von: 91.
Wells, Herbert George: 36, 63, 124, 134.
Wike-Smith: 151.
Wilhelm de Suècia, príncep: 151.
Wilson, Thomas Woodrow: 34.
Woolf, Virginia: 120, 166.
Wordsworth, William: 87, 90, 93.

Xammar, Eugeni: 186.
Xarrié, Jaume: 26, 27, 167.
Xarrié, Josep Maria: 167.
Xela: 39.

Yeats, William Butler: 79, 88, 90, 91, 93, 103, 115, 179, 197, 207, 212.
Younghusband, Francis: 151.

Zaldumbide, Gonzalo: 80.
Zannotti (director de l'Institut Italià): 159.
Zazurca, Filomena: 33, 148.
Zendrera, Conxita: 151, 153, 154.
Zendrera, Jordi: 153, 154.
Zendrera, Josep Maria: 152, 153, 154.
Zendrera, Lluís Manuel: 152, 153, 154.
Zendrera, Pau: 152.
Zendrera i Fecha, Josep: 139, 151, 152, 153, 195.
Zúñiga, Ángel: 169.

Imprès a Talleres Gráficos
DUPLEX, S. A.
Ciudad de Asunción, 26, int., D
08030 Barcelona